Surfing con Satoshi
Arte, blockchain e NFT
Domenico Quaranta

Surfing con Satoshi
Arte, blockchain e NFT
di Domenico Quaranta

© 2021 Postmedia Srl, Milano

www.postmediabooks.it
isbn 9788874903030

Introduzione

I heard of nfts recently
And i did not like it
Because it was a money thing
But then it kind of got interesting
And I do not know why
It just got interesting
And now i hope this is
The first poem
To be sold as an nft
It would be cool
Nikola Tosic 2021[1]

Il 19 febbraio 2021 Chris Torres, il creatore originale dell'animazione universalmente nota come *Nyan Cat*, la vende per circa 561.000 dollari su Foundation, una piattaforma online nata pochi mesi prima. In realtà, a essere venduto è l'NFT (*non fungible token*) associato all'opera, una stringa di codice digitale che fa riferimento all'immagine e la identifica permanentemente sulla blockchain di Ethereum.

Tre giorni prima, sulla stessa blockchain viene registrato (*minted*) l'NFT di *Everydays. The First 5000 Days*, un collage digitale di 5000 illustrazioni del graphic designer e animatore americano Mike Winkelmann, meglio noto come Beeple. Orchestrata dalla vecchia signora delle case d'asta – Christie's – su una base d'asta di 100 dollari, la vendita di *Everydays* si conclude l'11 marzo 2021, totalizzando più di 69 milioni di dollari e facendo impallidire in pochi giorni la scia arcobaleno del *Nyan Cat* – oltre a posizionare *Everydays* al terzo posto tra le opere d'arte più costose mai vendute di un artista vivente, dopo *Rabbit* (1986) di Jeff Koons e *Portrait of an Artist* (1972) di David Hockney.

Storie come queste hanno scaraventato, all'inizio del 2021, il mondo dell'arte contemporanea (e non solo) nel cuore di quello che il giornalismo anglosassone ha chiamato "NFT craze" – la moda degli NFT. Chi ha cercato di seguirla attraverso la tormenta di notizie e articoli prodotti da queste e altre vicende ha dovuto verosimilmente districarsi tra complicati tecnicismi, dichiarazioni entusiaste, accuse infamanti, intrecci intricati di denaro e interessi, criteri di giudizio e sistemi di attribuzione del valore poco comprensibili e decisamente non conformi a quelli a cui la storia e il mondo dell'arte ci hanno abituati. Le domande sollevate da queste storie sono numerose, e le risposte che possiamo dargli non sono sempre lineari e scontate come quelle che il potere affermativo del denaro vorrebbe indurci a pensare. È possibile, e in quali termini, considerare autentico e originale un file digitale? È possibile, e in quali termini, rivendicare l'autorialità di un meme, ossia di un contenuto che deve la sua popolarità e riconoscibilità a una serie infinita di variazioni e a un'ampia comunità di partecipanti, e tradurre questo valore culturale in valore economico? Sono davvero – Beeple e gli altri artisti che come lui stanno ottenendo crescenti riscontri economici dalla vendita degli NFT – fra i più grandi artisti del loro tempo, e fra i migliori rappresentanti di quella che torna a essere chiamata "digital art"? Di quali premesse – storiche, economiche, tecniche, culturali – è frutto il boom di un mercato che fino al dicembre 2020 esisteva come fenomeno di nicchia e passatempo per nerd, e nel marzo 2021 ha raggiunto il valore di 390 milioni di dollari?

Come molte delle cose che ho scritto, questo testo nasce dalla fiducia nella scrittura come mezzo per articolare e sviscerare questioni complesse, e dallo sforzo di offrire a me stesso e ai lettori gli strumenti concettuali utili per elaborare una propria risposta a domande destinate altrimenti a restare in sospeso. Esploro ormai da diversi anni il territorio scivoloso della "digital art", anche se ho sempre rifiutato questo e altri termini utili solo ad alzare barriere insormontabili tra le pratiche artistiche, e nel contempo a generare associazioni inutili e dannose tra sfere della creazione che possono coesistere solo all'interno di una caratterizzazione così fumosa e generica come quella offerta dal mezzo (un mezzo, nel caso specifico, tanto più indefinibile in quanto concepito e progettato come "metamedium", che fagocita e trasforma ogni altri mezzo e linguaggio). Nel corso di questi anni, ho avuto modo di affrontare più volte le domande sollevate qui sopra, e anche di articolare alcune risposte. Per me, il boom degli NFT non è arrivato senza preavviso; eppure, di esso mi hanno colpito e scioccato l'accelerazione, l'energia, la capacità improvvisa di riscrivere o cancellare la storia, di portare sulla scena figure e realtà nuove e trasformarne altre che hanno avuto un ruolo pionieristico in comprimari che arrancano per restare al passo. Quello che vedo accadere mi annoia e mi sorprende, mi inquieta e mi entusiasma, spesso per le stesse ragioni. Quello che leggo raramente riesce a darmi una motivazione per questi sentimenti contrastanti, e a farmi capire quale posizione dovrei assumere fra i poli opposti di queste reazioni emotive. Come il duo giapponese exonemo, anch'io "randomly love/hate NFTs"[2]. Come il poeta NEEN Nikola Tosic, anch'io ho provato per il fenomeno un'istintiva repulsione dettata dal fatto che "it's a money thing", ma sono altrettanto istintivamente attratto da una serie di aspetti che mi ricordano il modo in cui la rete ha cambiato i destini dell'arte nel corso della mia vita: sviluppando dinamiche orizzontali e comunitarie, accantonando il sistema dell'arte e la sua rigida articolazione di ruoli e *gatekeeper*, favorendo la costruzione identitaria, abbattendo confini e generando ibridazioni. Da qui l'esigenza di questo testo, che lungi dal proporre e argomentare una posizione presa, intende preparare le basi per svilupparne una.

Scrivere questo libro comporta dei rischi, di cui sono ben consapevole. Quando poche righe più sopra ho usato il termine "tormenta" non stavo facendo un'esagerazione retorica. Mi è capitato altre volte di intervenire su temi caldi, nel pieno di un dibattito in corso. Ma scrivere un libro – quindi, qualcosa che si presuppone duraturo – su un tema che ogni giorno produce decine di notizie, commenti, approfondimenti su questioni specifiche, discussioni sui social, *podcast*, servizi televisivi – può sembrare velleitario e presuntuoso. Nella migliore delle ipotesi, il risultato sarà bibliograficamente obsoleto nel giro di pochi mesi. Nella peggiore, mancherà di riferire sviluppi e questioni divenute cruciali nel breve lasso di tempo trascorso tra il "visto si stampi" e il momento in cui diventerà disponibile per l'acquisto. Stiamo surfando con Satoshi sul ciglio di un maelström, sui cui sviluppi molti si azzardano a fare previsioni, ma di cui è molto difficile indovinare il destino in questo momento. Ha senso scrivere un libro in mezzo a tanto fermento? Non sarebbe più sensato intervenire nel flusso, come fanno molti, con articoli, commenti, brevi esternazioni disseminate nel tempo, cercando di condizionarlo con le proprie prese di posizione o semplicemente di raccontarlo come un cronista attento e curioso?

Senza aver nulla contro queste modalità di intervento più militante o cronachistico – che peraltro nutrono questa riflessione di spunti continui – considero tuttavia la forma libro più funzionale ad altri scopi, che sono poi quelli che motivano questo lavoro: contenere la complessità del fenomeno in un unico ragionamento, e radicare quest'ultimo su fondamenta storiche e metodologiche meno precarie. Inoltre, sono sempre stato interessato all'influenza che hanno gli *hype* tecnologici sugli sviluppi della cultura contemporanea[3], e in particolare sulla peculiare temporalità della media art: e la possibilità di studiarne uno nel bel mezzo del picco era troppo seducente per lasciarsela sfuggire.

Coerentemente con queste premesse, questa investigazione si articola lungo due direttrici principali: la prima analizza il rapporto tra criptovalute, blockchain e pratiche artistiche; la seconda approfondisce le questioni dell'autenticità e della scarsità nell'arte contemporanea in generale, e nella media art in particolare. Il primo capitolo (*Utopia e distopia della blockchain*) si concentra sul funzionamento e sulla storia delle criptovalute e dell'infrastruttura tecnica su cui fanno affidamento, la blockchain: approfondendo le visioni che ne hanno nutrito lo sviluppo ma anche il progressivo allontanamento da quelle ragioni ideali. Ritengo questo passaggio cruciale, non solo perché la difficoltà a comprendere la blockchain è, come vedremo, la causa principale del riemergere di quegli intermediari che la stessa si proponeva di debellare, e del loro strapotere; ma anche perché molte delle contraddizioni della blockchain si riflettono nel fenomeno degli NFT, e perché quel dinamico equilibrio tra spinte radicali e realismo capitalista, tra pulsioni di cambiamento e adeguamento allo status quo genera uno spazio interessante di intervento per l'arte.

Il secondo capitolo (*Arte e blockchain*) si concentra appunto su questo binomio, approfondendolo in senso diacronico ma anche invertendo il quesito di fondo rispetto al modo in cui si è manifestato durante il boom degli NFT. Qui la domanda a cui rispondere non è che cosa la blockchain può fare per l'arte (in termini di certificazione della scarsità e dell'autenticità dei beni digitali), ma che cosa l'arte (in quanto territorio di ricerca, di critica, di speculazione nel senso non economico del termine, di sviluppo di narrative e di estetiche) può fare per la blockchain.

Il terzo capitolo (*La riproducibilità, il valore e il mercato della media art*) cerca di sostanziare storicamente e teoricamente la riflessione attuale sulle questioni dell'autenticità e della scarsità, in riferimento al digitale ma più in generale a tutto ciò che è effimero, immateriale, soggetto a obsolescenza o a deperimento; non per opporre l'arroganza dei vecchi all'ingenuità tecnodeterminista di chi crede che la registrazione di un'autentica su un database distribuito protetto dalla crittografia risolva magicamente il problema della riproducibilità di un'opera digitale, o al soluzionismo interessato di chi vuole farglielo credere; ma per indagare le radici storiche dei miti dell'autografia e della scarsità, e per mostrare come il consenso distribuito (uno dei fondamenti del funzionamento della blockchain) ne sia sempre stato il garante.

Se i primi tre capitoli preparano il terreno, gli ultimi due entrano nel vivo della questione. Il quarto (*Crypto Art?*) analizza il fenomeno degli NFT dal punto di vista dell'arte (i linguaggi, i contenuti, le estetiche) piuttosto che delle vendite, e si interroga sull'opportunità di una categoria comoda a fini discorsivi, apparentemente utile a fini promozionali, ma problematica quando si tratta di definire nelle sue molteplici articolazioni i rapporti tra arte e blockchain. Il capitolo conclusivo (*La moda degli NFT tra utopia e speculazione*), infine, cerca di ripercorrere questi ultimi mesi convulsi, e affianca a

Alterazioni Video, un'immagine dallo storyboard di
Surfing with Satoshi, 2013

una breve e inevitabilmente temporanea panoramica degli attori in gioco un altrettanto provvisorio bilancio.

Surfing con Satoshi prende il suo titolo a prestito dall'omonimo "turbofilm" girato da Alterazioni Video nel 2013. In questa sorta di bizzarro *mockumentary*, le tracce di Satoshi Nakamoto, il mitico inventore della blockchain, si perdono in una grotta di Puerto Rico, dove pare che stesse progettando "la prossima rivoluzione" in compagnia di hacker e artisti. Stiamo vivendo l'avverarsi di quella cospirazione? Che ruolo ha l'arte nel destino della blockchain? Nelle pagine che seguono, cercheremo di trovare una risposta a queste domande.

1. "Di recente ho sentito parlare di nft / e non mi è piaciuto / perché è una cosa di soldi / ma poi è diventato interessante / e non so perché / solo, è diventato interessante / e ora spero che questo sia / il primo poema / venduto come nft / sarebbe grandioso". Cf. https://foundation.app/nikolatosic/first-poem-to-be-sold-as-nft-10119.

2. Cf. https://foundation.app/exonemo/i-randomly-love-hate-nfts-27795.

3. Su questo argomento, cf. Domenico Quaranta, "Between Hype Cycles and the Present Shock. Art at the End of the Future", in *Nero Magazine*, 2020, https://www.neroeditions.com/docs/between-hype-cycles-and-the-present-shock/.

CAP. 1. UTOPIA E DISTOPIA DELLA BLOCKCHAIN
La crisi della fiducia e la nascita del Bitcoin

Nelle buone storie, l'inizio è tutto. A prescindere dal loro valore, certe storie non avrebbero avuto lo stesso seguito senza incipit come "In principio era il verbo" o "Il cielo sopra il porto aveva il colore della televisione sintonizzata su un canale morto." Su questo, fronte, c'è poco da discutere: la nostra storia ha un incipit di tutto rispetto. Lo sfondo è quello fornito da uno dei momenti più bui del secolo buio che stiamo vivendo: la crisi finanziaria del 2008. Causa di una recessione economica da cui il mondo non si è mai pienamente risollevato, ha avuto la sua origine nella crisi del mercato immobiliare e in quella dei *subprime*, prestiti ad alto rischio finanziario offerti dagli istituti di credito a clienti a forte rischio di insolvenza. A breve termine, la crisi ha causato il collasso di alcuni grandi istituti finanziari, come Lehman Brothers, e ha costretto gli stati a intervenire a supporto di molti altri istituti di credito, aumentando il debito pubblico.

A livello psicologico, la crisi del 2008 ha minato alla radice l'elemento su cui si fonda il rapporto con gli istituti di credito: la fiducia (*trust*). La disperata consapevolezza della mancanza di un'alternativa ha portato i cittadini a pagare la crisi e ad accettare, loro malgrado, gli sforzi statali di salvarne i veri responsabili, le banche.

Il giorno di Halloween di quell'anno funesto, un paper intitolato "Bitcoin: A Peer-to-Peer Electronic Cash System" viene inviato a una mailing list di crittografia. A diffonderlo è un misterioso personaggio di nome Satoshi Nakamoto, che presto si rivelerà uno pseudonimo. Ad oggi, nonostante diverse attribuzioni e rivendicazioni, non ci sono ancora certezze sull'identità anagrafica dell'individuo, o degli individui, che hanno concepito e sviluppato il Bitcoin, la prima criptovaluta. Il sommario di apertura inizia così: "Una versione puramente *peer-to-peer* di denaro elettronico permetterebbe di spedire direttamente pagamenti online da un'entità ad un'altra

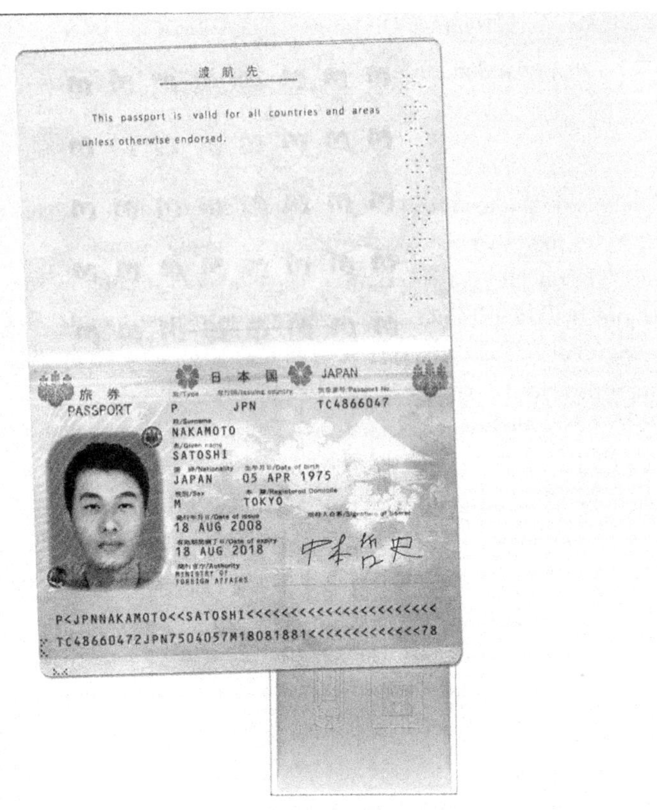

Emilie Brout, Maxime Marion, *Nakamoto (The Proof)*, 2014 – 2018
Scansione di passaporto, file .jpg, 2506 x 3430 px

senza passare tramite un'istituzione finanziaria"[1]. Il cosiddetto "white paper" non contiene riferimenti alla crisi finanziaria, ma ne fa diversi alle "debolezze intrinseche di un modello basato sulla fiducia" e alla necessità di superarlo:

> *È dunque necessario un sistema di pagamento elettronico basato su prova crittografica invece che sulla fiducia, che consenta a due controparti qualsiasi di negoziare direttamente tra loro senza la necessità di una terza parte di fiducia. Le transazioni che sono computazionalmente impraticabili da invertire proteggerebbero i venditori dalle frodi, e meccanismi consuetudinari di deposito di garanzia potrebbero essere facilmente implementati per proteggere gli acquirenti.*

Nel 2009 Satoshi distribuisce la prima versione (*open source*) del software client di Bitcoin, contribuendo allo sviluppo della rete fino al 2010. Come è ben leggibile nelle due citazioni, l'invenzione del Bitcoin scaturisce dalla volontà di sottrarre la circolazione del denaro al controllo e a qualsiasi possibile interferenza umana. L'autorità della banca viene rimpiazzata da un'infrastruttura decentralizzata, orizzontale e paritaria, il patto fiduciario da una prova crittografica, che ci mette al sicuro tanto da compratori insolventi quanto da eventuali malintenzionati esterni. In altre parole, Bitcoin e criptovalute in generale sono figlie, da un lato, di una totale sfiducia nell'uomo e nelle sue istituzioni, dall'altro di una fiducia incrollabile nei sistemi informatici – uno degli elementi di punta della cultura hacker e di quello che l'artista e scrittore James Bridle definisce "pensiero computazionale": "credere che un qualsiasi problema possa essere risolto grazie al mero calcolo"[2]. Un corollario del pensiero computazionale è l'idea che le tecnologie informatiche siano intrinsecamente emancipatrici – un'idea che gli evangelisti delle criptovalute sostengono a spada tratta, e che si riverbera come vedremo anche in molte dichiarazioni relative agli NFT, in grado "per loro natura" di risolvere il problema dell'autenticità di un file digitale e di garantire un'economia più equa per gli artisti.

Ma andiamo con ordine e cerchiamo di capire come funziona una criptovaluta. In breve, una criptovaluta è una rappresentazione digitale di valore basata sulla crittografia. Quest'ultima non è altro che un insieme di metodi utilizzati per offuscare o cifrare un messaggio in modo tale che sia comprensibile unicamente dal mittente e dal destinatario, i soli a possedere la chiave con cui il messaggio è criptato. Il messaggio viene offuscato attraverso l'uso di un algoritmo, che può essere tanto semplice come "sostituisci la lettera dell'alfabeto con il numero d'ordine corrispondente" o estremamente complesso. Nella crittografia tradizionale, o simmetrica, la chiave crittografica usata per offuscare il messaggio e per renderlo nuovamente leggibile è la stessa. La crittografia asimmetrica normalmente utilizzata nei sistemi di crittografia informatica, invece, si basa sulla distinzione di chiave pubblica (la chiave di codifica che chiunque può vedere) e chiave privata (la chiave di decodifica, in possesso solo del destinatario del messaggio). In questo modo, il messaggio resta pubblico e trasparente, il suo contenuto invece è disponibile solo al destinatario (finché rimane l'unico a possedere la chiave privata). A maggior sicurezza della comunicazione, un messaggio crittografato può avere una firma digitale, un metodo matematico che autentica il mittente, impedisce che possa negare di aver inviato il messaggio, e certifica che quest'ultimo è rimasto inviolato nel passaggio da mittente a destinatario.

Nakamoto definisce valuta elettronica "una catena di firme digitali". Le firme garantiscono la sicurezza della transazione, ma non risolvono il problema – intrinseco alle tecnologie digitali – della "doppia spesa", ossia l'eventualità fraudolenta che chi compra stia spendendo lo stesso titolo valutario più volte. Per risolvere questo problema, Nakamoto introduce un sistema che combina la "pubblicità" della transazione e una marcatura temporale. Se la transazione è pubblica, tutti possono vederla; se ha una marcatura temporale, tutti possono verificare la cronologia delle transazioni.

Una catena di combinazioni geniali

Siamo arrivati alla catena di combinazioni geniali che ha consentito la nascita delle criptovalute. Il registro pubblico all'interno del quale tutte le transazioni vengono registrate e rese visibili – la blockchain – non risiede su un server e non è gestito da un'autorità centralizzata (come ad esempio una banca) ma è distribuito su tutte le macchine a esso connesse attraverso lo sfruttamento della tecnologia *peer-to-peer* (la stessa utilizzata sin dagli anni Novanta per permettere lo scambio paritario di file tra utenti di una stessa rete, come Napster). Nessuno può "hackerare" o bloccare la blockchain, perché quest'ultima non esiste in un unico luogo, ma su ogni computer a essa connesso; nessuno può alterarne le informazioni, in parte perché farlo sarebbe incredibilmente complicato e costoso, in parte perché l'alterazione diventerebbe immediatamente visibile a quelli che Nakamoto chiama i "nodi onesti" della rete.

In altre parole, una blockchain (letteralmente "catena di blocchi") non è altro che un database distribuito le cui voci sono raggruppate in "blocchi", concatenati in ordine cronologico, e la cui integrità è garantita dall'uso della crittografia. Il tipo di dati registrati all'interno di ogni blocco dipende dalla tipologia di blockchain: ad esempio, la blockchain Bitcoin registra nei blocchi i dati delle transazioni (mittente, destinatario e ammontare della transazione); ma, come vedremo, le blockchain possono essere usate per archiviare e certificare in sicurezza qualsiasi tipo di dato. Ogni blocco ha un *hash*, un codice numerico molto difficile da generare che lo identifica in maniera univoca sulla blockchain, e contiene anche l'*hash* del blocco precedente nella catena. Questo sistema rende inalterabile sia la posizione del blocco nella catena che il suo contenuto; infatti se il contenuto cambia, anche l'*hash* va ricalcolato, ma questo impedisce di collegare il blocco a quelli successivi nella catena, che vengono invalidati. Dal momento che gli attuali sistemi di calcolo consentirebbero di ripristinare una blockchain manomessa ricalcolando tutti gli *hash* invalidati, a ulteriore protezione del sistema viene introdotto un secondo livello di protezione, la "proof-of-work" (PoW). La *proof-of-work* è un problema matematico molto complesso da risolvere ma molto semplice da verificare, che rallenta artificialmente la creazione di nuovi blocchi, oltre a impegnare ingenti risorse di calcolo e un notevole quantitativo di energia: la blockchain Bitcoin, ad esempio, impiega circa dieci minuti a calcolare la *proof-of-work* di un nuovo blocco.

Se questo livello di sicurezza non bastasse, la struttura *peer-to-peer* della rete fa sì che tutti i suoi nodi siano attivamente coinvolti nella validazione dei nuovi blocchi, che vengono riconosciuti come validi quando ottengono il consenso della maggioranza dei nodi della rete. Manomettere un blocco significherebbe quindi ricalcolare non solo l'*hash* e la *proof-of-work* di quel singolo blocco, ma anche di tutti i blocchi successivi della *blockchain*, e ottenere il controllo di almeno il 50% dei nodi della rete, con costi proibitivi a confronto degli eventuali vantaggi generati dalla manomissione.

Quanto detto finora spiega la struttura della blockchain e il suo inattaccabile livello di sicurezza, ma non chiarisce ancora come si generi il valore economico della valuta. Nakamoto introduce così l'argomento nel suo *white paper*:

Per convenzione, la prima transazione in un blocco è una transazione speciale che "conia" una nuova moneta di proprietà del creatore del blocco. Questo fornisce un incentivo ai nodi affinché sostengano la rete, e fornisce un modo per la distribuzione iniziale di monete in circolazione, dato che non vi è alcuna autorità centrale che possa emetterle. L'aggiunta costante di una data quantità di nuove monete è analoga al processo dei minatori d'oro, che spendono risorse per incrementare la quantità di oro in circolazione. Nel nostro caso, viene spesa potenza CPU e viene consumata energia elettrica.

In altre parole, il valore iniziale del Bitcoin (la valuta in corso sulla rete Bitcoin)[3] e di qualsiasi altra criptovaluta è determinato dai suoi costi iniziali di estrazione (*mining*), in termini di potenza

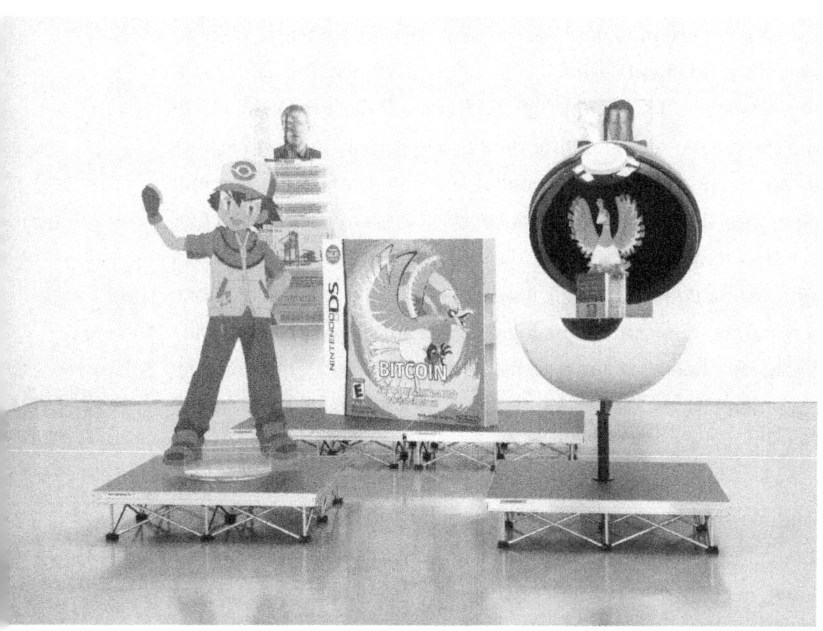

Simon Denny, *Bitcoin/Blockchain Founder Myth Oversized*, 2016.
Courtesy: Petzel, New York

di elaborazione e di energia consumata. In seguito, il suo valore fluttua in rispetto delle tradizionali regole del mercato, sulla base della disponibilità di valuta in circolazione e del numero di transazioni in cui viene utilizzata. I "minatori", ossia le macchine che contribuiscono all'estrazione della criptovaluta, ottengono una ricompensa in valuta direttamente dalla rete Bitcoin, che è proporzionale alla potenza computazionale che aggiunge alla rete in relazione al potere computazionale totale della rete stessa; questa ricompensa diminuirà negli anni secondo una linea di progressione geometrica predeterminata, fino a svanire completamente lasciando il passo alle commissioni di transazione incluse nei blocchi come principale fonte di guadagno.

Così come la diminuzione progressiva delle ricompense, un altro elemento fondamentale della rete Bitcoin definito per design sin dal suo lancio è il numero totale di Bitcoin, limitato a 21 milioni di unità. Si calcola che gli ultimi Bitcoin disponibili verranno estratti attorno all'anno 2140: dopo quella data non saranno più possibili "iniezioni" di nuova valuta. Secondo i sostenitori del Bitcoin, sul lungo termine la disponibilità di una quantità fissa di valuta produrrà una definanziarizzazione della società e una rivalutazione del risparmio, generando una logica inversa a quella prodotta dalla centralizzazione e dalle banche, che stampano continuamente nuovo denaro per abbassarne il valore, favorendo gli investimenti a scapito del risparmio[4]. Tuttavia questa prospettiva utopica, anche qualora si rivelasse vera, potrebbe funzionare solo in una economia mondiale che avesse adottato la disponibilità fissa di denaro (*fixed money supply*) come legge universale e inviolabile. Nella società attuale, in cui le criptovalute convivono con l'inflazione e la finanza tradizionale, il loro effetto è semmai l'opposto: presentandosi come beni di investimento ad altissima volatilità e rischio, le criptovalute hanno iper-finanziarizzato l'economia globale post Lehman Brothers e sono diventate l'emblema di un turbo-capitalismo accelerazionista che non cessa di fare danni e generare disuguaglianza sociale. In un'economia reale in cui convive con le valute tradizionali, con il sistema bancario e con dozzine di altre criptovalute, il Bitcoin può ambire al massimo a diventare un bene di investimento, l'oro del ventunesimo secolo[5].

Bitcoin, Ethereum e le altre criptovalute

Il primo blocco della blockchain Bitcoin – il cosiddetto Genesis Block, privo di *hash* al blocco precedente – è stato minato il 3 gennaio 2009 e conteneva 50 Bitcoin, del valore prossimo allo zero. Più di un anno dopo, il 22 maggio 2010, si registra la prima transazione in cui il Bitcoin viene usato per pagare un bene reale: due pizze vengono pagate 10.000 Bitcoin da un programmatore della Florida. Un anno ancora, e nel febbraio 2011 il Bitcoin raggiunge la quotazione di un dollaro su Mt.Gox, un sito per lo scambio di criptovalute[6]. Dieci anni e un mese più tardi, mentre scrivo queste righe, un Bitcoin viene scambiato a 43.568,50 euro. Sono stati anni di crolli e impennate, bolle speculative e accuse di riciclaggio, ma anche di progressiva legittimazione del Bitcoin come valuta di scambio e bene di investimento. Sono stati anche anni in cui i costi di *mining* dei Bitcoin sono diventati proibitivi in molti paesi, e le risorse di calcolo ed energetiche necessarie per estrarlo tali da produrre un progressivo accentramento delle attività estrattive. Inevitabilmente, questo ha condotto il Bitcoin a evolvere in qualcosa di molto diverso dalla originaria utopia anarchica, fondata su una infrastruttura paritaria e decentralizzata e sul rifiuto di qualsiasi autorità.

Oggi esistono al mondo migliaia di criptovalute, più o meno utilizzate, che con piccole o grandi differenze funzionano secondo il modello sin qui delineato. Alcune, come Ethereum, sono molto diffuse e popolari; altre esistono come mera ipotesi, progetto sperimentale in attesa di ottenere il supporto di una comunità. Singolare il caso del Dogecoin, una valuta nata per scherzo per poi evolvere in qualcosa di molto serio e utilizzato grazie alla partecipazione attiva di una vasta comunità. "Doge" è un meme di internet che si manifesta tipicamente con l'immagine (fotografica o grafica) di un cane Shiba Inus accompagnato da brevi frasi o esternazioni, per lo più in Comic Sans. Creato come parodia del Bitcoin nel dicembre 2013, Dogecoin (che riporta sul logo il ritratto del "doge" originale, Kabosu) ha trovato immediatamente il supporto di una comunità disposta a utilizzarlo, il che ha portato la sua capitalizzazione a crescere a ritmi vertiginosi. Questa pluralità è resa possibile dal fatto che l'uso di tecnologie *open source* e di una infrastruttura *peer-to-peer* rende relativamente facile la creazione di una criptovaluta, anche per scopi sperimentali e per un uso limitato nello spazio e nel tempo.

Un'altra innovazione che ha caratterizzato quest'ultimo decennio è stato il progressivo ampliamento delle funzioni della blockchain, anche al di fuori del mondo delle criptovalute. La blockchain va concepita come una sorta di tecnologia di base, in grado di autenticare e rendere unica qualsiasi informazione registrata su di essa. Le sue implementazioni potenziali sono innumerevoli: la blockchain potrebbe essere utilizzata per archiviare informazioni mediche, ricostruire i registri del catasto o il registro delle automobili, persino per pagare le tasse. Questo ci conduce a un altro *white paper*, quello pubblicato da un ventenne programmatore russo, Vitalik Buterin, nel 2014. Buterin è uno dei creatori di Ethereum, una rete distribuita basata su blockchain che viene lanciata il 30 luglio dell'anno successivo, e che così introduce nel suo libro bianco:

Quello che Ethereum intende garantire è una blockchain con un linguaggio di programmazione di Turing, completo e costruito al suo interno, che può essere usato per creare [...] "contratti intelligenti" – sistemi che automaticamente trasferiscono asset digitali in accordo con regole pre-impostate[7].

Il Dogecoin secondo Mohammad Hemati

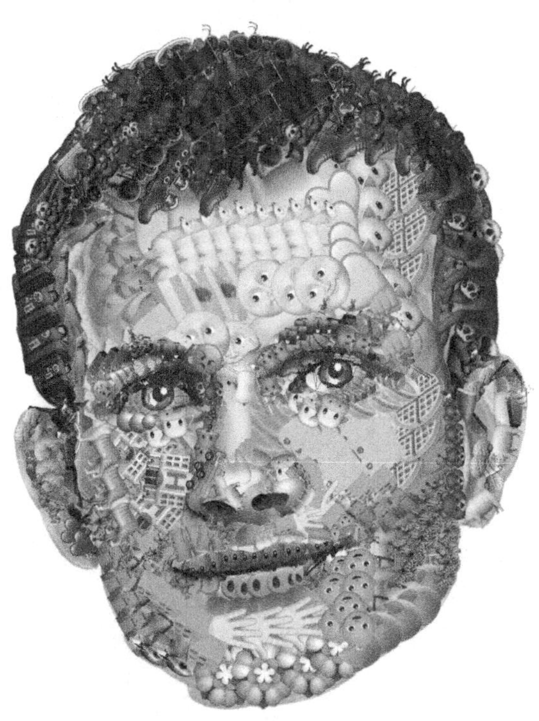

Yung Jake, *vitalik*, 2021. Ritratto emoji dipinto digitalmente usando emoji.ink

I contratti intelligenti (in inglese "smart contract") sono programmi informatici che possono essere personalizzati per facilitare, verificare o far rispettare l'esecuzione di diversi tipi di contratto, dalla gestione dei diritti di proprietà intellettuale ai contratti finanziari, senza l'interferenza di un mediatore umano potenzialmente corruttibile. Come per le criptovalute, il contratto legale è incorporato nel codice, reso unico e irripetibile dalla marcatura temporale, protetto da eventuali manipolazioni dalla crittografia e dalla trasparenza resa possibile dal fatto di essere registrato su una piattaforma distribuita, la blockchain. Diversamente dalle criptovalute, l'accento non è posto sul valore economico della transazione, ma sull'autenticità e sull'unicità dello *smart contract*, e di qualsiasi pezzo di informazione a esso associato.

Simon Denny, *Bitcoin/Blockchain Founder Myth "Dreambox". Gamer Custom Case Kit: Dorian Nakamoto*, 2016. Courtesy Petzel, New York

Scarsità digitale verificabile: gli NFT

L'informazione vuole essere libera. L'informazione vuole anche essere costosa… Questa tensione non è destinata a svanire.

Stewart Brand 1987[8]

Una delle implementazioni dei contratti intelligenti sono i *non fungible token* (NFT), o "gettoni non sostituibili". Una qualsiasi valuta, dall'euro al Bitcoin all'ether – la valuta utilizzata su Ethereum – può essere descritta come un "fungibile", un bene di proprietà che può essere scambiato con un altro di eguale valore: se A e B hanno una moneta di un euro e se la scambiano, entrambi continuano ad avere in mano lo stesso quantitativo di denaro; lo stesso dicasi per una banconota da 5 o per un Bitcoin. Un bene "non fungibile" costituisce invece qualcosa di unico, non scambiabile con qualcos'altro, e non utilizzabile come valuta. Quasi tutte le cose che possediamo sono "non fungibili", o "semi fungibili" (interscambiabili solo all'interno di una specifica classe). Alcune di esse, come gli oggetti collezionabili (dai francobolli alle pietre alle carte) e le opere d'arte, hanno la pretesa della rarità o addirittura dell'unicità.

Anche in ambito digitale esistono proprietà (*asset*) "non fungibili". Virtualmente, ogni pezzo di codice digitale può rientrare in questa categoria: un nome di dominio, un post sui social, un video, un suono, un'immagine, un sito web, un "corpo" (l'avatar) o un "oggetto" all'interno di un videogame o di uno spazio virtuale, una app. Alcuni di questi beni digitali hanno chiaramente un valore commerciale, sono regolati da contratti di licenza che ne assegnano l'uso esclusivo alla persona che li ha acquistati o noleggiati, e spesso protetti da sistemi che ne impediscono l'uso non autorizzato da terze parti: si pensi ai software commerciali, agli e-book protetti da DRM[9], e ancora ai nomi di dominio. Ma per la stragrande maggioranza, è difficile riconoscere a una informazione digitale lo statuto di bene di proprietà, e questo a ragione della sua facile replicabilità e trasmissibilità. Il selfie che ho appena scattato con il mio cellulare è senz'altro mio, ma se lo pubblico su un social, o se viene trafugato dal mio spazio di archiviazione online, può andare incontro a usi imprevedibili. Un tweet può essere ritwittato, o copiato e incollato e presentato come proprio da qualcun altro. Questo stesso testo, se lo pubblicassi online, potrebbe andare incontro a riusi imprevedibili, che inutilmente cerchiamo di proteggere attraverso il ricorso a leggi e costumi obsoleti come il "copyright", la "citazione", ecc. Sempre che Google non decida unilateralmente di impedirmi l'accesso al "mio" spazio di archiviazione su Drive, dove sto scrivendo queste righe. È il digitale, bellezza! Altri beni digitali hanno un valore riconosciuto all'interno di un contesto specifico, ma devono affrontare altre problematiche. In molti videogame e spazi virtuali posso ottenere con la pratica di gioco, o fabbricarmi beni virtuali che possono acquisire un valore economico significativo ed essere commercializzati "in world" utilizzando la valuta interna al mondo stesso, ma che raramente posso trasferire ad altri utenti utilizzando altre piattaforme, e altre valute.

Gli NFT promettono di risolvere questi problemi. Un NFT è un gettone crittografico registrato su una blockchain che rappresenta un bene digitale "non fungibile". Secondo la "Bibbia dell'NFT" pubblicata da OpenSea (la principale piattaforma per lo scambio di proprietà digitali),

Le blockchain offrono un livello di coordinamento per le proprietà digitali, garantendo agli utenti i diritti di proprietà e i permessi di utilizzo. Le blockchain aggiungono alcune caratteristiche uniche alle proprietà non fungibili, che cambiano la relazione dell'utente e dello sviluppatore con le suddette proprietà[10].

Queste caratteristiche sono, sempre secondo la "Bibbia", la standardizzazione, l'interoperabilità, la vendibilità, la liquidità, l'immutabilità, la scarsità verificabile, la programmabilità. Senza entrare troppo nel dettaglio delle singole caratteristiche, per capirle è sufficiente pensare che il processo di "tokenizzazione" consiste nella registrazione sulla *blockchain* di un *token* unico controllato da un contratto intelligente e associato in maniera univoca al nostro bene digitale (ad esempio, il mio selfie). Il contratto è un programma, scritto rispettando alcuni standard aperti (il corrispettivo di un formato di file) in cui vengono codificati la proprietà, gli eventuali trasferimenti, e altre caratteristiche rilevanti del file associato al gettone (ad esempio, il contratto può specificare dove può e dove non può essere utilizzato o esposto o venduto il nostro bene digitale); l'uso di standard consente a quest'ultimo di essere venduto e di circolare all'interno di diversi ecosistemi software, come possono essere diverse piattaforme di *trading*, o diverse gallerie digitali che si appoggiano alla blockchain; e consente di "programmarne" i comportamenti (ad esempio, specificando i "poteri" di una carta che fa parte di un set di carte collezionabili). *Last but not least*, lo *smart contract* rende il nostro file immutabile (perché qualsiasi cambiamento sarebbe immediatamente tracciabile e ne annullerebbe il valore) e unico (o esistente in un numero regolato di esemplari).

Ecco emergere l'idea della "scarsità digitale verificabile". Solo fino a pochi anni fa, questa espressione poteva esistere solo in forma di ossimoro. In fondo, non è un caso che i contratti intelligenti siano emersi alcuni anni dopo la nascita delle criptovalute, nonostante l'infrastruttura tecnologica necessaria per concepirli fosse già in essere dall'allestimento della prima blockchain: è più facile per noi immaginare la fine del denaro come siamo abituati a intenderlo che la fine della riproducibilità digitale. Era necessario che la sicurezza e l'inviolabilità della blockchain venisse testata con la rappresentazione più astratta, simbolica e virtuale del valore (il denaro) prima che decidessimo di affidarle dei beni reali, tangibili o intangibili che siano. Solo dopo anni di transazioni sicure e di crescenti investimenti economici, abbiamo potuto realizzare che, nello sforzo di creare le basi per una valuta digitale sicura, Nakamoto ha inavvertitamente risolto il nodo gordiano dell'era digitale: come rendere scarsa l'informazione. L'ironia (non sappiamo ancora se e quanto amara) è che l'abbia fatto attraverso una geniale combinazione di tecnologie sviluppate per favorirne la libera circolazione e replicabilità: le reti *peer-to-peer*, nate per favorire lo scambio orizzontale di dati; la crittografia, nata per proteggere un messaggio da intrusioni, blocchi e censure esterne nel corso della sua trasmissione.

Tuttavia, la domanda resta: la blockchain risolve veramente la tensione, formulata da Stewart Brand (il mitico creatore del *Whole Earth Catalogue*) e fatta propria dalla cultura hacker, tra valore e libertà dell'informazione? La risposta breve è: no. Come dice Brand, questa tensione non è destinata a svanire, e questo per due motivi: perché la scarsità digitale è un costrutto, e perché la blockchain è una tecnologia. Un pezzo di informazione digitale resta quello che è sempre stato: una stringa di dati che può essere liberamente copiata e trasmessa senza perdita di qualità. Per renderla unica e autentica, quindi scarsa, abbiamo bisogno in primi luogo di un soggetto "onesto" che rivendichi la proprietà della nostra stringa di dati e affermi che essa è diversa dalle sue infinite, potenziali o attuali, copie digitali; e di un secondo soggetto che accetti questa rivendicazione sulla base di una garanzia. Stiamo parlando di qualcosa che, per sussistere, ha bisogno di una rivendicazione (la proprietà), una menzogna (l'unicità) e di un accordo tra due parti. Sulla blockchain, l'origine di una transazione è verificabile; l'unicità viene costruita artificialmente combinando crittografia, marcatura temporale e registrazione pubblica della transazione. Il dispositivo di protezione è sia l'artefice che la garanzia dell'unicità dell'informazione in esso contenuta. La blockchain è come la fede: è sia la creatrice che la garante della verità che custodisce. Solo che in questo caso sappiamo che dietro l'affermazione si nasconde una menzogna, custodita da una tecnologia che, come ogni tecnologia, è inviolabile solo fino a quando non viene violata.

La questione si complica ulteriormente con i contratti intelligenti. In questo caso, infatti, la scarsità non è un attributo diretto del nostro bene digitale (ad esempio, il mio selfie), ma dell'NFT ad esso univocamente associato. Non registro il mio selfie sulla blockchain; quello che registro sono il gettone crittografico (una specie di ricevuta) e il contratto (sicuro, programmabile, dinamico, personalizzato) che ne regola l'utilizzo. Il mio bene digitale viene caricato su una piattaforma di scambio (come OpenSea), dove resta al sicuro nel mio "portafoglio" o in quello di chi decide di acquistarlo, ogni transazione o passaggio di proprietà regolata dal contratto e registrata pubblicamente sulla blockchain. I visitatori della piattaforma possono scaricarsi il jpg o la gif sul proprio computer, ma solo il proprietario dell'NFT associato può rivendicare la proprietà del bene digitale.

Suona familiare? Per chi conosce e frequenta il mondo dell'arte, un NFT è facilmente comprensibile come un upgrade digitale di un certificato di autenticità o di un accordo di vendita con l'artista. Come ha scritto Kevin Buist su *Artforum*:

> *Se possiamo tutti vedere queste immagini – se possiamo persino scaricarle e copiarle – che cosa vendono esattamente queste piattaforme? Non vendono lavori: vendono certificati digitali di proprietà. Vendono la cosa che la facile riproducibilità dei contenuti di internet sembrava progettata per eliminare: la scarsità… Gli NFT sono una innovazione finanziaria mascherata da innovazione artistica[11].*

Con queste premesse, è difficile sorprendersi davanti all'amore incondizionato che una parte del mondo dell'arte ha manifestato per gli NFT non appena ne ha capito (o si è illuso di capirne) il funzionamento: come vedremo nel terzo capitolo, dall'avvento della riproducibilità tecnica, la produzione artificiale della scarsità è diventata una delle principali occupazioni del mondo dell'arte in tutte le sue articolazioni e figure chiave. Il mondo dell'arte è una versione primitiva e analogica della blockchain: la costruzione della scarsità e del valore, poco digeribile in altri contesti, è del tutto accettabile e comprensibile per un mondo che è riuscito ad attribuirla a oggetti quotidiani, scarti, media riproducibili, eventi e processi, ma che aveva ancora qualche difficoltà a riconoscerla alle opere in formato digitale. Tanto più digeribile se accompagnata da ingenti flussi di liquidità, nuovi collezionisti e investitori, facilità e sicurezza delle transazioni.

Ma se le transazioni sono sicure (nei termini che abbiamo illustrato in precedenza); se il conio (*minting*) di un NFT lo associa in maniera (per ora) inviolabile a chi lo conia; non sempre l'associazione di un bene digitale con chi registra l'NFT sulla blockchain è altrettanto indiscutibile. I diritti di proprietà accampati su un bene digitale, ad esempio in quanto autori, non sono sempre facilmente verificabili o dimostrabili. Negli ultimi mesi, si sono moltiplicate le notizie di NFT che autenticano post sui social, tweet, versioni digitalizzate di opere da museo[12] (spesso condivise gratuitamente in pubblico dominio sui rispettivi siti dai legittimi proprietari) senza il consenso o la partecipazione del proprietario, dell'autore del post o del contenuto condiviso[13]. In ultima analisi, nel caso di un venditore non onesto, la verifica può essere fatta solo dalla piattaforma di vendita, e queste ultime hanno *policy* spesso differenti su questa questione. Oltre a fare da filtro – un filtro che sempre di più assume i caratteri e le funzioni della "curatela" – le piattaforme servono anche per rendere utilizzabile e accessibile un'infrastruttura altrimenti incomprensibile e inaccessibile ai più. Come spiega Tim Schneider su *Artnet News*:

> *A rigor di logica, non c'è bisogno di piattaforme per comprare e vendere NFT. Si potrebbe addirittura sostenere che, come intermediari online, queste piattaforme minano le relazioni dirette, da pari a pari, che gli NFT e le altre transazioni basate sulla blockchain sono state progettate per facilitare. Ma qui sta il punto: nel 2021, per la persona qualunque, la crittografia è ancora super complicata da comprendere, e ancor di più da usare. Queste piattaforme rendono estremamente più semplice la partecipazione attiva[14].*

Ma, anche dando per scontata l'onestà di chi registra l'NFT associato a una determinata opera, è la stessa natura indissolubile del legame tra *token* e bene digitale associato che può essere messa in discussione. L'ha fatto, tra gli altri, un esperto di sicurezza di nome Robert Graham proprio analizzando il caso di *Everydays. The First*

Beeple, *Everydays: The First 5000 Days*, 2021. Immagine digitale, 21.069 x 21.069 pixel

5000 Days di Beeple[15]. Una volta creato il file dell'opera, spiega Graham, Beeple ha generato l'*hash* dell'opera: una procedura in cui un algoritmo di crittografia analizza il file e genera una stringa alfanumerica unica, in questo caso QmXkxpwAHCtDXbb ZHUwqtFucG1RMS6T87vi1CdvadfL7qA. Se facciamo un piccolo cambiamento, anche impercettibile alla vista, al file, anche l'*hash* associato cambia; ma se sottoponiamo allo stesso algoritmo un duplicato identico dello stesso file, l'*hash* generato sarà lo stesso. Generato l'*hash*, Beeple ha creato un file di metadati che contiene alcune informazioni e l'*hash* del lavoro, ha generato un altro *hash* per i metadati, e ha caricato entrambi i file su IPFS. IPFS (sigla di InterPlanetary File System) è un protocollo *peer-to-peer* creato nel

2015 che permette di archiviare dati su una rete distribuita, e che assicura di realizzare la promessa originaria del protocollo HTTP, poi tradita da una progressiva centralizzazione della rete: quello di dare vita a un internet pienamente decentralizzato. IPFS funziona in maniera molto simile a un software *peer-to-peer* come BitTorrent: quando carichiamo un file sulla rete, questo non viene archiviato su un server centralizzato, ma distribuito (leggi: copiato) tra i vari nodi della stessa. Quando vogliamo accedere a quel file, non lo richiamiamo da una specifica location (come nel protocollo http, in cui il nostro file risiede su un indirizzo specifico), ma ci limitiamo a dichiarare il nome che lo identifica in maniera univoca sulla rete (il suo *hash*, appunto); la rete recupera il file richiesto da uno dei nodi, e noi possiamo verificarne l'identità attraverso l'*hash*[16]. Al seguente link, chiunque di noi può accedere, in tutta la gloria della sua piena risoluzione, al file caricato da Beeple su IPFS:

https://ipfsgateway.makersplace.com/ipfs/QmXkxpwAHCtDXbbZ
HUwqtFucG1RMS6T87vi1CdvadfL7qA[17]

Fatto questo, Beeple ha registrato un *token* sulla blockchain Ethereum, governato dalle regole di uno *smart contract*. Il *token* contiene l'*hash* del file dei metadati, l'indirizzo univoco del portafoglio di Beeple, e l'indirizzo dello *smart contract* che regola l'uso del *token*. In altre parole, si viene a creare una catena, in cui il *token* contiene l'*hash* dei metadati, i metadati contengono l'*hash* associato al lavoro. Questo è ciò che Christie's ha messo all'asta:

Beeple (b. 1981)
EVERYDAYS: THE FIRST 5000 DAYS
token ID: 40913
wallet address:
0xc6b0562605D35eE710138402B878ffe6F2E23807
smart contract address:
0x2a46f2ffd99e19a89476e2f62270e0a35bbf0756
non-fungible token (jpg)

Monsieur Personne, *NFTheft*, 2021. Screenshot, nftheft.com

21,069 x 21,069 pixels (319,168,313 bytes)

Minted on 16 February 2021. This work is unique.

Quello che ha venduto, secondo Graham, non è altro che il diritto, per il proprietario, di trasferire il *token* a qualcun altro. La catena *hash* > metadati > *hash* > opera che abbiamo delineato collega in maniera sicura il *token* al file caricato da Beeple su IPFS. Ma, come notano Kal Raustiala e Christopher Jon Sprigman su *Slate* facendo propria l'analisi tecnica di Graham, questa catena non ci aiuta a identificare quel file come l'autentico e originale *Everydays*, perché non indica una copia specifica del file: ci dice solo che quella copia – la stessa che ho appena scaricato sul mio computer usando il link qui sopra – contiene gli stessi dati di quella da cui è stato generato l'*hash*. "In altre parole, l'NFT ti dice se hai UNA copia. Non ti dice se hai LA copia." Raustiala e Springman concludono: "Christie's non ha venduto l'opera *Everydays*. Né ha venduto una copia unica di *Everydays*. Né ha venduto un pezzo di tecnologia capace di identificare una copia unica di *Everydays*. Ha semplicemente venduto un NFT"[18]. Quello che l'acquirente (uno dei grandi investitori in criptovalute) ha comprato, come vedremo meglio più avanti, è una straordinaria iniezione di fiducia negli NFT come sistema di certificazione, in Ethereum e nella blockchain in generale.

Quelli che abbiamo illustrato potrebbero suonare come sofismi tecnici, ma fanno emergere i limiti e le zone d'ombra di un'infrastruttura senz'altro promettente, ma non ancora pienamente testata e matura. All'inizio di aprile 2021, uno pseudonimo che si identifica come Monsieur Personne (Signor Nessuno) ha rivendicato un'azione ai danni di Beeple, che ha definito "sleepminting". Il nome ironico suggerisce il fatto che l'hack avvenga "quando l'artista dorme": è allora che Personne agisce, usando il *wallet* di un altro artista per registrare un NFT per poi trasferirlo a se stesso a sua insaputa. Nello specifico, il 4 aprile 2021 Personne ha registrato, usando il wallet di Beeple, una "seconda edizione" di *Everydays*, e l'ha trasferita a un altro pseudonimo di nome Arsenio Lupin che l'ha messa in vendita su Rarible e Opensea, due dei marketplace NFT più noti. Le due piattaforme hanno prontamente rimosso il lavoro, ma ciò che non può essere rimosso è il *token* associato, chiamato *NFTheft*, e ormai permanentemente registrato sulla blockchain[19]. Al momento in cui scrivo, le modalità dell'hack non sono ancora completamente chiare, ma le motivazioni di Personne sono chiarissime: "Il mio obiettivo è prendere l'NFT più costoso e storico, e mostrare che se perfino questo non è protetto, come si può garantire che ogni altro NFT sia al sicuro da dolo intenzionale, frode, falsificazione, furto ecc.?"[20] Da buon "hacker cappello bianco", Personne vuole svelare i limiti di sicurezza e le vulnerabilità di una tecnologia in cui crede, ma che è stata adottata, a suo dire, in modo troppo veloce e irresponsabile; vuole mostrare agli artisti la truffa di cui sono, a suo dire, vittima.

In conclusione: reintroducendo la necessità degli intermediari e la possibilità della truffa nell'ingranaggio quasi perfetto della blockchain, il mercato degli NFT viene a chiudere il cerchio utopico aperto da Satoshi Nakamoto nel 2008 con la concezione di un sistema di scambio che avrebbe reso obsolete autorità centralizzate e la necessità della fiducia. Così come il Bitcoin non ha tolto di mezzo le banche, allo stesso modo gli NFT – come vedremo meglio nel capitolo quattro – si illudono soltanto di eliminare la necessità di una intermediazione tra creatore e collezionista. Più che un'eliminazione dell'autorità centralizzata finora attribuita a gallerie, case d'asta, musei, critici e curatori, ci troviamo di fronte a un trasferimento di questa autorità alle piattaforme di vendita.

Utopia e distopia della blockchain

La blockchain è come Giano bifronte. Da un lato i suoi aspetti di trasparenza e decentralizzazione promettono molto in termini di equità e affidabilità, dall'altro le sue radici monetarie, il fatto che sia nata come un sistema di scambio finanziario, per quanto basato su software open-source, fanno sì che le sue implementazioni siano spesso fastidiosamente capitalistiche. Inoltre, le persone coinvolte nel suo sviluppo sembrano oscillare tra posizioni radicalmente etiche e un determinismo tecnologico riduzionista.
Nathan Jones e Sam Skinner 2017[21]

Nathan Jones e Sam Skinner colgono bene il punto: la blockchain è un crogiolo non risolto di utopia e distopia, idealismo hacker e anarcocapitalismo, determinismo tecnologico e speculazione finanziaria, spirito di comunità e sfruttamento sconsiderato delle risorse energetiche, istanze di cambiamento radicale e facile adeguamento allo status quo. Molti vi riconoscono analogie con l'internet degli esordi, e la considerano un'infrastruttura di base che potrebbe essere usata per ricostruirlo su fondamenta più sicure. Di vero c'è che, come l'internet degli esordi, la blockchain è una promessa di cui abbiamo compreso solo una piccola parte del potenziale reale. Ma se internet è nato per scambiarsi messaggi, la blockchain è nata per scambiare denaro; il suo design incorpora un'idea di sicurezza degli scambi, di rifiuto delle gerarchie che fanno ben sperare, ma anche una implicita equivalenza tra informazione e denaro che inquieta. Internet era figlio della guerra fredda ma anche di un'utopia di mondo pacificato; la blockchain nasce in un'era di realismo capitalista, di crisi economiche, di sorveglianza intrusiva e di collasso globale.

Di vero c'è anche che la blockchain, come internet, è una innovazione dirompente (*disruptive*), una di quelle tecnologie destinate a cambiare sin dai suoi esordi le regole del gioco e il contesto in cui si inseriscono. Insomma: la blockchain è qui per restare. Si può essere critici nei suoi confronti, ma non è possibile ignorarla.

Per questo è importante capirla, farne oggetto di dibattito pubblico, sollecitare cambiamenti strutturali prima che sia troppo tardi.

Un esempio è il dibattito che si è acceso, in coincidenza con il boom degli NFT, sulla sostenibilità ambientale della blockchain. Come abbiamo visto, un blocco deve il suo valore alla sua scarsità, e la sua scarsità alla difficoltà e ai costi del *mining*, che a loro volta dipendono dalle risorse di calcolo impiegate e dall'energia consumata. Ingegnoso, ma poco sostenibile in un mondo sull'orlo del collasso climatico. I costi del *mining* sono divenuti negli ultimi anni così alti da vanificare in parte l'originaria struttura distribuita della blockchain, e hanno portato alla nascita delle "mining pool" e delle "Bitcoin farm". Le prime sono aggregazioni di "minatori" individuali che condividono le proprie risorse per calcolare collettivamente un blocco; le seconde sono capannoni pieni di macchine superpotenti impegnate nell'attività di *mining*. Il 70% delle *Bitcoin farm* hanno sede in Cina, le altre la cercano in paesi dove il costo dell'energia è ancora molto contenuto. Gran parte del consumo energetico dell'attività di *mining* dipende dalla *proof-of-work* (PoW), il sistema di certificazione inventato da Nakamoto e implementato sia sulla blockchain Bitcoin, sia su Ethereum e su molte delle principali blockchain. Nel 2012 è stato introdotto – con l'intenzione esplicita di abbattere il consumo energetico della PoW – un nuovo sistema di verifica, la *Proof-of-Stake* (PoS), implementato l'anno successivo sulla blockchain di Peercoin[22]. In sostanza, la PoS cerca il consenso distribuito dei *miner* assegnando il blocco successivo nella catena a un nuovo *miner*, attraverso una combinazione di casualità, età e disponibilità finanziaria. La PoS riduce in maniera consistente tanto i costi del *mining*[23], quanto il consumo di energia e le emissioni di ossido di carbonio, raggiungendo così un doppio risultato: il *mining* diventa più accessibile e meno remunerativo (generando quindi meno competizione), e la blockchain diventa più ecosostenibile. Ad oggi, tuttavia, sono ancora poche le blockchain che hanno adottato la PoS; Ethereum[24], che da anni promette la transizione al nuovo modello, l'ha recentemente fissata al 2022.

Restato per anni nella comunità crypto[25], il dibattito sulla sostenibilità ambientale della blockchain si è infiammato di recente grazie a un articolo molto polemico scritto dall'artista inglese Memo Akten[26] e a un lavoro associato, il sito *cryptoart. wtf.* Lanciato nel dicembre 2020, *cryptoart.wtf* condivideva in tempo reale le informazioni disponibili sul consumo di energia e sull'impatto ambientale del mercato degli NFT. Mosso da un'esigenza di consapevolezza e di responsabilizzazione delle piattaforme, che raramente mettono a disposizione con trasparenza dati affidabili sul proprio impatto ambientale, Akten – con l'intervento di altri artisti e collaboratori[27] – ha fatto emergere dati inquietanti. L'artista francese Joanie Lemercier, sensibile a queste tematiche al punto da essersi sforzato di calcolare e ridurre il consumo energetico del suo studio – ha calcolato che la registrazione da parte sua di sei NFT sulla piattaforma crypto Nifty Gateway ha consumato in dieci secondi più energia di quanta il suo studio ne abbia consumata in due anni. Da qui la sua decisione di ritirarsi da Nifty Gateway e cercare una nuova strada su piattaforme ecosostenibili[28]. Secondo Akten, la registrazione di un singolo NFT produce 211 kg di ossido di carbonio. Stando a un articolo di *The Art Newspaper*, l'asta milionaria di Beeple avrebbe riversato nell'aria più di 78.000 kg di CO2, e consumato l'elettricità usata da 13 abitazioni in un anno [29].

Cryptoart.wtf – offline dal 12 marzo 2021 perché "le informazioni da esso fornite sono state usate come strumento di abuso e molestia"[30] – ha offerto l'occasione per la raccolta e la divulgazione di informazioni poco accessibili e trasparenti, e per una riflessione diffusa sull'impatto ambientale di un movimento culturale e un mercato agli albori. Se è vero che gli NFT sono causa di una minima percentuale delle emissioni complessivamente generate dalle blockchain, e che queste ultime sono una minima percentuale delle emissioni globali[31], questa campagna testimonia di come le *community* che investono sulle blockchain possano e debbano sforzarsi di governarne l'evoluzione. Il potere contrattuale attribuito agli artisti dal boom delle vendite può essere ignorato

John Gerrard, *Western Flag (NFT)*, 2021. Edizione di 1. Il ricavato dell'asta sarà devoluto a regenerate.farm, un fondo in criptovaluta per la rigenerazione del terreno

e minimizzato da alcune piattaforme, ma può essere in grado di orientare e condizionare le scelte di altre. A seguito del dibattito scaturito da queste prese di posizione, alcuni artisti hanno scelto piattaforme più eco-sostenibili, perché fondate sulla PoS o perché adottano il "lazy minting", una procedura in cui il *token* non viene registrato finché non avviene la transazione; altri, pur continuando a usare Ethereum, hanno optato per pratiche di "carbon offset", in cui si cerca di compensare al danno ecologico generato dalla propria attività partecipando a programmi di riduzione del diossido di carbonio presente nell'atmosfera, ad esempio finanziando la piantumazione di alberi.

Come ha spiegato Akten in una recente inchiesta pubblicata su *Flash Art*:

La ricerca sulle nuove tecnologie (inclusa la blockchain) è essenziale. Ma deve seguire un modello più consapevole, meno estrattivista. Riconosco la ricerca essenziale che viene portata avanti in questo contesto, ma non c'è dubbio che la recente impennata del mercato degli NFT sia esemplificativa dell'accelerazionismo vai-veloce-spacca-tutto della Silicon Valley [...] Se il profitto sta diventando la motivazione primaria della crescita e della ricerca, allora una delle nostre strategie deve essere quella di dimostrare alle aziende che agire responsabilmente genera profitto. Purtroppo, questo genere di pressione sociale resta essenziale per indurre le compagnie alla responsabilità sociale[32].

1. Satoshi Nakamoto, "Bitcoin: un sistema di moneta elettronica peer-to-peer", 2008. https://bitcoin.org/files/bitcoin-paper/bitcoin_it.pdf.

2. James Bridle, *New Dark Age. Technology and the End of the Future*, Verso, New York 2018. Trad. italiana *Nuova era oscura*, NERO, Roma 2019, p. 12.

3. Per convenzione, Bitcoin (con iniziale maiuscola) è il nome della valuta e della blockchain, Bitcoin (con iniziale minuscola) il nome della singola unità valutaria.

4. Parker Lewis, "Bitcoin is the Great Definancialization", in *The Bitcoin Times*, 19 dicembre 2020. https://nakamotoinstitute.org/mempool/bitcoin-is-the-great-definancialization/.

5. Cf. Ferdinando Ametrano, "Bitcoin. L'oro del ventunesimo secolo", *TEDx Livorno*, 9 maggio 2019. https://youtu.be/3XRF9erlMmU.

6. Cf. Eugenio Spagnuolo, "Storia breve del Bitcoin", in *Wired*, 3 gennaio 2019, https://www.wired.it/economia/finanza/2019/01/03/bitcoin-2009-trasformazione-storia/. Cf. anche Usman W. Chohan, "A History of Bitcoin", in *SSRN*, 30 settembre 2017. https://ssrn.com/abstract=3047875.

7. Vitalik Buterin, *Ethereum. Libro bianco*, 2014. Tradotto in italiano da Leonardo Maria Pedretti, https://www.ethereum-italia.it/white-paper/. Cf. anche Gavin Wood, *Ethereum: A Secure Decentralised Generalised Transaction Ledger*, 6 aprile 2014, http://gavwood.com/Paper.pdf.

8. Stewart Brand, *The Media Lab: Inventing the Future at MIT*, Viking Penguin 1987, p. 202. La citazione riformula una frase pronunciata da Brand alla prima Hackers Conference nel 1984, e riprodotta nella *Whole Earth Review* nel maggio 1985.

9. DRM sta per "Digital Rights Management" (gestione dei diritti digitali), e indica "i sistemi tecnologici mediante i quali i titolari di diritto d'autore (e dei diritti connessi) possono tutelare, esercitare ed amministrare tali diritti nell'ambiente digitale." Cf. *Wikipedia*, https://it.wikipedia.org/wiki/Digital_rights_management.

10. Devin Finzer, "The Non-Fungible Token Bible: Everything you need to know about NFTs", in *OpenSea*, 10 gennaio 2020, https://opensea.io/blog/guides/non-fungible-tokens/.

11. Kevin Buist, "Chain Reaction", in *Artforum*, 10 marzo 2021, https://www.artforum.com/slant/kevin-buist-on-the-nft-boom-85221.

12. Cf. Sarah Cascone, "A Collective Made NFTs of Masterpieces Without Telling the Museums That Owned the Originals. Was It a Digital Art Heist or Fair Game?", in *Artnet News*, 22 marzo 2021, https://news.artnet.com/art-world/global-art-museum-nfts-1953404.

13. Interessante la riflessione dell'artista olandese Rosa Menkman, che ha trovato su OpenSea alcuni NFT generati da altri a partire da suoi lavori – nello specifico, degli autoritratti – attraverso la mediazione di marble.cards, una piattaforma che "tokenizza" indirizzi internet, consentendo di trasformare ogni cosa che sia associata a un URL – immagine, sito, articolo, tweet – in una "carta collezionabile". Cf. Geert Lovink, "Remarks on Crypto-Art by Rosa Menkman", in *Moneylab*, 3 marzo 2021, https://networkcultures.org/moneylab/2021/03/03/remarks-on-crypto-art-by-rosa-menkman/.

14. Tim Schneider, "The Gray Market: Why the Hack of Nifty Gateway Raises Far-Reaching Questions About the Entire NFT Market (and Other Insights)", in *Artnet News*, 22 marzo 2021, https://news.artnet.com/opinion/nifty-gateway-nft-hack-gray-market-1953549.

15. Robert Graham, "Deconstructing that $69million NFT", in *Security Boulevard*, 20 marzo 2021, https://securityboulevard.com/2021/03/deconstructing-that-69million-nft/.

16. Cf. https://ipfs.io/.

17. Attraverso un browser standard, ai contenuti di IPFS si accede attraverso un *gateway*; utilizzando browser alternativi come Brave, che supportano alcuni protocolli darknet come IPFS, per accedere al file è sufficiente l'*hash*: ipfs://QmXkxpwAHCtDXbbZHUwqtFucG1RMS6T87vi1CdvadfL7qA.

18. Kal Raustiala, Christopher Jon Sprigman, "The One Redeeming Quality of NFTs Might Not Even Exist", in *Slate*, 14 aprile 2021, https://slate.com/technology/2021/04/nfts-digital-art-authenticity-problem.html.

19. Per maggiori informazioni, cf. il sito del progetto: https://nftheft.com/.

20. In Tim Schneider, "The Gray Market: How a Brazen Hack of That $69 Million Beeple Revealed the True Vulnerability of the NFT Market (and Other Insights)", in *Artnet News*, 21 aprile 2021, https://news.artnet.com/opinion/sleepminting-nftheft-monsieur-personne-1960744.

21. Nathan Jones e Sam Skinner, "A Quasi Proto Preface", in Ruth Catlow, Marc Garrett, Nathan Jones e Sam Skinner (a cura di), *Artists Re:Thinking the Blockchain*, Torque Editions e Futherfield, Liverpool 2017, p. 6.

22. Cf. [Guest Author], "The History and Evolution of Proof-of-Stake", in *Coin Telegraph*, 15 ottobre 2017, https://cointelegraph.com/news/the-history-and-evolution-of-proof-of-stake.

23. Nei *marketplace* degli NFT, i costi del *mining* sono all'origine di una sorta di "tassa" dall'importo fluttuante (ma che può raggiungere anche livelli considerevoli), la cosiddetta *gas fee*, che per lo più si scarica sul venditore (ossia il creatore / artista). Un calcolo dettagliato delle spese che gli artisti devono sostenere sulle cinque piattaforme di vendita principali è stato effettuato da Kimberly Parker in "Fees for the Top 5 CryptoArt Sites", in *Medium*, 28 marzo 2021, https://thatkimparker.medium.com/fees-for-the-top-5-cryptoart-sites-574b8816ec44; e offre un ulteriore spunto di riflessione sulla presunta assenza di intermediazione.

24. "Upgrading Ethereum to radical new heights", in *ethereum.org*, https://ethereum.org/zh/eth2/.

25. Cf. Eric Holthaus, "Bitcoin could cost us our clean – energy future", in *Grist*, 5 dicembre 2017, https://grist.org/article/bitcoin-could-cost-us-our-clean-energy-future/.

26. Memo Akten, "The Unreasonable Ecological Cost of #CryptoArt (Part 1)", in *Medium*, 14 dicembre 2020, https://memoakten.medium.com/the-unreasonable-ecological-cost-of-cryptoart-2221d3eb2053.

27. Uno strumento utile messo a punto da Akten con altri nove collaboratori è il documento in progress "A guide to ecofriendly CryptoArt (NFTs)", che suggerisce una serie di strategie individuali per ridurre l'impatto ambientale dei propri NFT e fa un censimento di piattaforme e *marketplace*, suddividendoli in *eco-friendly* e non *eco-friendly*. Cf. AAVV, "A guide to ecofriendly CryptoArt (NFTs)", in *Github*, https://github.com/memo/eco-nft.

28. Joanie Lemercier, "The problem of CryptoArt", 17 febbraio 2021, https://joanielemercier.com/the-problem-of-cryptoart/. Un'altra disamina molto dettagliata dei costi ambientali della blockchain è stata offerta da Everest Pipkin in "Here Is The Article You Can Send To People When They Say "But The Environmental Issues With Cryptoart

Will Be Solved Soon, Right?"", in *Medium*, 4 marzo 2021, https://everestpipkin.medium.com/but-the-environmental-issues-with-cryptoart-1128ef72e6a3.

29. Anny Shaw, "NFT breakthrough: Ethereum co-founder Joe Lubin creates 99% energy efficient blockchain – and Damien Hirst is its first artist", in *The Art Newspaper*, 30 marzo 2021, https://www.theartnewspaper.com/news/nft-breakthrough-ethereum-co-founder-joe-lubin-creates-energy-efficient-blockchain-and-damien-hirst-is-its-first-artist. L'articolo annuncia la nascita di Palm, una nuova blockchain ecosostenibile, che aprirà con il rilascio di 10.000 NFT collegati ad altrettanti dipinti su carta di Damien Hirst – un "drop" che, su una piattaforma tradizionale, avrebbe generato tonnellate di CO_2.

30. Cf. http://cryptoart.wtf/.

31. Secondo l'artista Sterling Crispin, che ha accusato Akten e Lemercier di aver ingigantito pericolosamente il problema ("questo genere di articoli apocalittici spinge all'inazione, e fa il gioco delle grandi compagnie del petrolio"), le blockchain di Bitcoin e Ethereum messe assieme totalizzano lo 0,09% delle emissioni complessive del pianeta; il che non significa che siano da minimizzare, ma che un'autentica agenda ambientalista dovrebbe soffermarsi su problemi di più vasta scala. Cf. Sterling Crispin, "NFTs and Crypto Art: The Sky is not Falling", 22 febbraio 2021, http://sterlingcrispin.blogspot.com/2021/02/crypto-art-sky-is-not-falling.html.

32. AAVV, "Episode V. Toward a New Ecology of Crypto Art: A Hybrid Manifesto", in *Flash Art*, 26 febbraio 2021, https://flash---art.com/2021/02/episode-v-towards-a-new-ecology-of-crypto-art/.

Jonas Lund, *Control (Strings Attached)*, 2015. Dipinto, acrilico su tessuto, 160 × 120 × 4 cm. http://strings-attached.info/works/1/

Cap. 2. Arte e blockchain

Dear capitalism,
Technology is yours but technique is mine
Infrastructure is yours but the network is mine
Platform is yours but the economy is mine
Vuk Ćosić 2021[1]

Faremmo un torto all'arte e agli artisti se pensassimo che il loro rapporto con la blockchain si limiti alla registrazione di beni digitali in forma di NFT, e che sia iniziato con il boom del mercato crypto che ha interessato l'inizio del 2021; che il loro interesse dipenda principalmente dai (presunti) facili guadagni resi possibili dalla (presunta) assenza di intermediazione e dal flusso degli investimenti, o dalla popolarizzazione del concetto di scarsità associato agli *asset* digitali. In questo capitolo, passeremo in rassegna alcuni progetti di artisti che hanno affrontato criticamente la blockchain, di volta in volta contribuendo attivamente alla sua progettazione, servendosene come medium o infrastruttura su cui fare affidamento per lo sviluppo di progetti performativi e installazioni, dando vita a monete d'artista, o cercando di esplicitare le numerose narrative che ne nutrono lo sviluppo.

Personalmente, la prima volta in cui ho visto le criptovalute emergere come tema di riflessione e di dibattito nel mondo dell'arte è stato nel 2013. Il Bitcoin faceva già ampiamente parlare di sé, soprattutto in relazione alle sue contraddizioni e fluttuazioni. Le contraddizioni erano quelle di una moneta la cui legittimità veniva ancora messa in dubbio dalle regolamentazioni finanziarie di molti paesi, soprattutto per l'acquisto di beni reali, ma veniva al contempo consolidata dalla sua accettazione per donazioni e pagamenti online da parte di istituzioni alla frontiera della cultura digitale, come la Electronic Frontier Foundation (EFF), Internet Archive e Wikileaks, e da servizi popolari come Wordpress e il sito di *dating* OkCupid; una valuta il cui potenziale avveniristico, sottolineato dal mondo dell'attivismo hacker e dell'*open source*, veniva minato dalla sua associazione con i mercati neri della Darknet come Silk Road, il cui fondatore Ross William Ulbricht venne arrestato nell'ottobre di quell'anno. Una valuta il cui valore in pochi mesi era in grado di oscillare da 266 a 50 dollari (aprile 2013), da 100 a 70 (giugno), da 140 (ottobre) a più di 1200 dollari a fine novembre 2013[2].

All'inizio dell'anno, il collettivo italiano Alterazioni Video aveva lanciato su Indiegogo un crowdfunding per finanziare un nuovo turbo film, intitolato *Surfing with Satoshi*[3]. Per chi non lo conoscesse, Alterazioni Video è uno dei migliori team di antropologi in circolazione, anche se la loro antropologia non assume forma discorsiva, ma di film, installazioni, performance. Dalla loro fondazione nel 2004, indagano gli immaginari, i fenomeni culturali e le manifestazioni "locali" (sia in termini spaziali che temporali) di una cultura contemporanea sotto l'influenza della globalizzazione economica, dei flussi di informazione e di denaro, delle strategie politiche nazionali e internazionali, passando con disinvoltura dall'Africa tribale al Mediterraneo delle migrazioni, dalla censura cinese ai fenomeni social, dalla speculazione edilizia in Italia (che hanno trasformato in uno stile architettonico, l'*Incompiuto Siciliano*) alla New York del crollo finanziario. Sono anche dei superbi titolisti, come dimostra la mia decisione di prendere a prestito da loro il titolo di questo libro. Come tutti i turbo film, termine da loro coniato, *Surfing with Satoshi* è frutto di una pratica cinematografica sregolata, basata sull'auto produzione, il DIY, l'utilizzo di soluzioni creative suggerite dalla necessità, l'assenza di script, l'adozione di un ciclo non lineare di produzione e postproduzione. In tutto il film, non c'è un singolo elemento che possa garantire senza ombra di dubbio che la ricerca di Satoshi Nakamoto non sia altro che un pretesto inventato da un gruppo di amici per finanziare un viaggio come si deve a Puerto Rico, uno dei luoghi più ricchi, divertenti, eccitanti e pericolosi al mondo. La storiella della ragazza che, prima di essere trovata morta, dichiara di aver vissuto con lui e altri crypto hacker in una caverna di Puerto Rico è un escamotage da spy story dozzinale. Eppure il film riesce come pochi lavori di quel periodo a catturare e restituire l'atmosfera del momento, frutto dell'incontro

Alterazioni Video, *Surfing with Satoshi*, 2013

tra una crisi finanziaria senza precedenti e un'innovazione che promette di cambiare il mondo come lo conosciamo, come viene vissuta e filtrata attraverso la rete, punto di incontro tra le due mitologie che convergono nel film: quella di Puerto Rico, coacervo di sottoculture che si riversano online in forma di gif, video amatoriali, re-enactment poveri di successi pop, che Alterazioni Video saccheggia e raccoglie in un blog – storyboard su Tumblr[4]; e quella stratificata del Bitcoin, la valuta "fine di mondo" inventata da un misterioso pseudonimo scomparso senza lasciare traccia, e che sta dando vita online a un fiorente mercato della droga, delle armi e del sesso e a una corsa all'oro senza precedenti. Le due mitologie si combinano perfettamente e si rafforzano a vicenda in questo "film database" generosamente supportato dalla *community* Bitcoin, non

Geraldine Juárez, *Hello Bitcoin!*, 2013. Performance, documentazione video, 1:30 min

solo con donazioni ma anche con dichiarazioni e contributi video poi confluiti nel film[5].

Quello stesso anno, stavo lavorando al *F.A.T Manual*, un archivio in forma cartacea delle attività del Free Art & Technology Lab (F.A.T. Lab), un'aggregazione dispersa di artisti, ricercatori, ingegneri, scienziati, musicisti fondata nel 2007 da Evan Roth e James Powderly durante una residenza a Eyebeam, New York. L'idea di fondo del F.A.T. Lab era quella di mantenere una infrastruttura comunicativa che consolidasse i legami tra amici con professionalità differenti ma un approccio comune alle tecnologie, sollecitando la collaborazione interdisciplinare a distanza nel segno dell'apertura e della velocità – caratteri mutuati dalla filosofia *open source*. L'obiettivo era quello di arricchire il pubblico dominio attraverso lo sviluppo di tecnologie creative e di soluzioni trasmissibili e riproducibili, con un approccio che collega la cultura hacker ai Fluxus score e all'etica D.I.Y. di tanta arte contemporanea. Da qui l'idea del "manuale" in opposizione al più tradizionale "catalogo": più che documentare opere, il *F.A.T Manual* raccoglie codici, istruzioni, soluzioni critiche potenzialmente riformulabili con altri linguaggi, e in altri contesti[6].

Fra i lavori inseriti nel *F.A.T Manual* c'è la documentazione di una performance realizzata nell'aprile 2013 dall'artista (e co-curatrice

Addie Wagenknecht, *Limited Editions of Unlimited*, 2012
File digitale in edizione illimitata

del libro) Geraldine Juárez, intitolata *Hello Bitcoin!* Entrata in possesso di 9 mBTC (un'unità che corrisponde a un millesimo di Bitcoin), Juárez salva il suo portafoglio su una scheda SD dorata per poi cancellarlo dalla blockchain. Quindi la scheda viene estratta dal laptop e bruciata in un fuoco da campo. Il brevissimo video di documentazione[7] si conclude con una citazione che l'artista definisce un "proverbio IRC", una massima che circola sui canali di chat: "ciò che lo rende veramente una valuta non è il fatto di essere speso, ma di essere bruciato." Il "money burning" è un atto simbolico, illegale in alcuni paesi (tra cui gli Stati Uniti), in cui

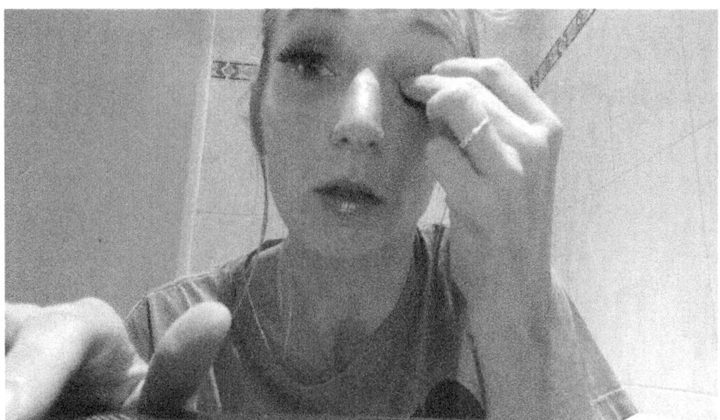

Addie Wagenknecht, *how to use bittorrent without a boyfriend and apply fake lashes*, 2019. YouTube video, 4:00 min

una quantità di denaro viene sottratta alla disponibilità economica complessiva (e ovviamente alla ricchezza del proprietario), senza beneficiare nessuno. Nella tradizione cinese e vietnamita è anche un modo per onorare i defunti, che trasmuta valuta reale in valore "virtuale" che possa migliorare la loro vita dopo la morte. In occidente è stato spesso usato come gesto politico, con motivazioni specifiche o come generico attacco all'ideologia del valore del capitalismo (come quando la K Foundation, fondata dai musicisti inglesi Bill Drummond e Jimmy Cauty al momento del loro ritiro dal business musicale, bruciò un milione di sterline guadagnate quando i due musicisti erano attivi come KLF, senza mai spiegare le sue motivazioni)[8].

Il gesto di Juárez sottrae simbolicamente e permanentemente una piccola somma (allora pari a 1.11 dollari, oggi a circa 535 dollari) all'ammontare complessivo dei Bitcoin, che come sappiamo è fisso per design. L'atto performativo mantiene una ambiguità di fondo, come gesto che saluta l'avvento di una nuova valuta distribuita e *peer-to-peer* (valori condivisi dall'artista) ma che rivendica al contempo la propria indifferenza per le idee di valore e di proprietà. Sacrifica del denaro, ma intervenendo su una valuta a ammontare fisso, ne aumenta la scarsità. Nel suo complesso, è frutto dello spirito anarchico delle prime comunità crypto.

Di F.A.T. Lab faceva parte anche Addie Wagenknecht, artista statunitense di base a Vienna che ha acquisito un ruolo cruciale nel dibattito sugli NFT, seppur da una posizione molto diversa da chi si è limitato a cavalcarne l'effervescente economia. Wagenknecht è un'artista, un'hacker e un'attivista che, pur avendo ottenuto un crescente riconoscimento nel mondo e nel mercato dell'arte, ha i valori di condivisione e apertura dell'hacking incorporati nel suo DNA. Fra i progetti sviluppati nell'ambito di F.A.T. Lab, nel maggio 2012 lancia *Limited Editions of Unlimited*, una serie di immagini digitali firmate che chiunque può scaricare, stampare e riutilizzare a piacimento. Il progetto polemizza con la creazione artificiale della scarsità nel mondo dell'arte, e invoca una "disintermediazione" ormai possibile[9]. Nello stesso periodo, come "ministro della propaganda" di F.A.T. Lab, pubblica *HOW TO: Licenses Your Artworkz*, un'ironica rivisitazione delle licenze Creative Commons in slang hip-hop che propone i principi di quella che chiama l'attitudine *copyrap*: "libertà di usare, copiare, distribuire, trasformare, divieto di appropriazione esclusiva"[10].

Wagenknecht sa che il potenziale emancipatorio delle tecnologie non è un dato di fatto, ma dipende strettamente da come queste ultime vengono progettate e continuamente riorientate dalle comunità che le sviluppano. È frutto di una negoziazione continua, di una tensione e di un conflitto tra interessi divergenti che non si ferma mai. Dopo l'esperienza di F.A.T. Lab è stata tra le fondatrici di Deep Lab (dal 2014)[11], "un gruppo collaborativo di ricercatrici, artiste, scrittrici, ingegneri e produttrici culturali interessate alla privacy, alla sorveglianza, al codice, all'arte, al social hacking e all'anonimato" che intende rafforzare la presenza delle donne nello sviluppo delle tecnologie. Il riconoscimento dell'anonimato come valore l'ha portata a interessarsi alla crittografia, il *trait d'union* tra libertà d'espressione e criptovalute. Tra i suoi lavori recenti c'è una serie di "make-up tutorial" su YouTube, in cui questo genere molto popolare (soprattutto tra il pubblico femminile) viene adottato e sovvertito per rendere accessibili a un pubblico più ampio informazioni e istruzioni sugli usi e l'utilità della crittografia[12]. Da criptoattivista, Wagenknecht viene riconosciuta come autorevole voce critica del movimento cripto, attiva nel sollecitare la transizione verso modelli di blockchain ecosostenibili e nel denunciare il ruolo problematico delle piattaforme e dei marketplace, che vanificano l'orizzontalità della blockchain e introduce tra artisti e collezionisti un intermediario che rischia di essere più autoritario, orientato al business e disinteressato alle problematiche specifiche dell'arte di quel mondo di intermediari che promette di smantellare (oltre a imporre commissioni spesso significative sulle vendite):

... ciò che vediamo accadere in tempo reale è che la complessità [della blockchain] porta la maggior parte delle persone a comprare e vendere NFT sulle piattaforme... L'abbiamo visto accadere milioni di volte. Facebook ha vinto perché imparare a farsi il proprio sito, i propri canali di chat e i propri blog richiedeva troppo lavoro. Ciò che sta accadendo è che le stesse persone che hanno sconvolto finanza, tecnologia e web nella Silicon Valley rivendicano di aver cambiato il mondo di nuovo, quando in realtà sono sempre le stesse persone che fanno le stesse cose per le stesse persone, su cui arricchirsi[13].

Ripensare la blockchain

Furtherfield è un'istituzione londinese dedicata alla media art, nata nel 1996 come comunità online, per iniziativa degli artisti Ruth Catlow e Marc Garrett, con radici nel mondo dell'attivismo, della street art e delle radio pirata. Negli anni successivi il network online è cresciuto, e Furtherfield è andata consolidandosi come infrastruttura istituzionale, pur mantenendo un approccio radicale alle culture digitali, trovando anche un luogo di aggregazione fisica in un piccolo edificio al centro di Finsbury Park, rinominato Furtherfield Commons.

Nel maggio 2017, Furtherfield propone una mostra dall'ambizioso titolo *New World Order*, che presenta installazioni, performance e progetti che riflettono sulla blockchain e sul suo impatto sulla nostra vita presente e futura. Il mese dopo segue la pubblicazione del volume *Artists Re:thinking the Blockchain*, che espande in una pubblicazione i temi della mostra. Due dei più ambiziosi progetti proposti, tuttavia, non riflettono sulla blockchain come infrastruttura della finanza decentralizzata, o come registro su cui autenticare le opere, ma come tecnologia che consente di gestire sistemi viventi. Entrambi vivono sul territorio di confine tra progetto di ricerca, ipotesi speculativa e opera d'arte.

Plantoid è un progetto lanciato nel 2015 dalla studiosa legale, artista e attivista italo-francese Primavera De Filippi con alcuni collaboratori. De Filippi è autrice di numerosi paper sulla blockchain, e (con Aaron Wright) del volume *Blockchain and the Law: The Rule of Code* (2018), pubblicato da Harvard University Press. Come attivista, fa parte della Open Knowledge Foundation, è *advisor* per la P2P Foundation e ha preso parte all'Internet Governance Forum. Dalla sua genesi, *Plantoid* è stato presentato in numerose conferenze, esposto in mostre ma anche in eventi come lo spettacolare Burning Man, il festival di installazioni effimere che si tiene ogni anno nel deserto del Nevada.

I suoi *Plantoid*, in realtà, sono tutt'altro che effimeri. Il progetto prevede la creazione di robot progettati per agire e crescere

Primavera De Filippi, *Plantoid*, 2015 – in corso

come piante, che esistono nel mondo fisico (come assemblaggi meccanici di acciaio riciclato ed elementi elettronici) e come *smart contract* sulla blockchain Ethereum. Lo *smart contract* associato a ogni plantoide è la sua "anima" che gli permette di essere autonomo, capace di alimentarsi e di riprodursi come qualsiasi altra forma di vita. Il contratto codifica le regole attraverso le quali gli spettatori possono interagire con il plantoide e le procedure con cui l'essere, che possiede se stesso, può avviare il proprio processo di riproduzione.

In sostanza, ogni plantoide ha un portafoglio a cui possiamo effettuare donazioni in Bitcoin. Ogni volta che riceve una donazione, il plantoide si illumina e si anima, restituendo la sua gratitudine in forma di bellezza; al contempo, effettuando la donazione, il finanziatore ottiene il diritto di partecipare alla *governance* della fase che si apre quando il plantoide ha accumulato sufficiente capitale, ossia la riproduzione. Quando è pronto per riprodursi, il plantoide apre una *call* per raccogliere (da hacker, artisti, designer, programmatori) proposte per la creazione della sua progenie, proposte che devono essere coerenti con le sue caratteristiche (il suo codice genetico); le proposte pervenute vengono votate dai finanziatori, e quella scelta verrà affidata in autonomia dal plantoide a degli esecutori, pagati con i fondi raccolti attraverso le donazioni. Quando nasce un nuovo plantoide, il ciclo di capitalizzazione e riproduzione riprende da capo. In questo modo, i plantoidi si rivelano essere una forma di vita che si riproduce ed evolve autonomamente, secondo un principio darwiniano: alcuni fiori (più belli, più adatti al contesto in cui vengono esposti) saranno in grado di raccogliere più fondi e generare una lunga progenie; altri resteranno esemplari unici della propria specie.

Un plantoide esiste come metafora visiva o rappresentazione fisica di una DAO, una forma peculiare di *smart contract* che da vita a un'organizzazione decentralizzata autonoma fondata sulla blockchain. Come ogni DAO, è amministrato dal software e delega la *governance* ai suoi finanziatori, il cui potere di voto è proporzionale all'entità della partecipazione. Come opera d'arte, il plantoide sfida il concetto di copyright (è programmato per riprodursi coinvolgendo soggetti creativi che possono essere diversi dal suo autore), di scarsità (si riproduce) e di proprietà (in quanto possiede se stesso)[14].

Le DAO sono state definite da Vitalik Buterin nel libro bianco di Ethereum del 2013, assieme ad altre entità organizzative come le DAC (Decentralized Autonomous Corporation). Buterin insiste sulla loro completa autonomia, la possibilità di rimuovere completamente, una volta che sono allestite e funzionanti, il fattore umano. Partendo da questo presupposto, i giovani artisti tedeschi Paul Seidler, Paul Kolling e il ricercatore olandese Max Hampshire hanno provato a sviluppare il modello teorico, implementato solo in parte, di una foresta che possiede e gestisce se stessa in totale autonomia, attraverso la blockchain. In *terra0*, la foresta può possedere se stessa perché è governata da uno *smart contract* che la istituisce come DAC (e una corporation è un soggetto non umano che può detenere legalmente dei diritti di proprietà). Quando il contratto viene registrato, la foresta si indebita con gli iniziatori del progetto, che in quel momento ne sono i proprietari; il suo debito è conteggiato in "terra0 token", che sono detenuti dai proprietari della foresta. Il contratto attribuisce alla foresta gli strumenti per governarsi, vendendo licenze per il taglio di alcuni alberi e gestendo online la vendita del legname. Quando ha accumulato abbastanza denaro, ripaga il suo debito e ricompra i suoi *token*. A quel punto, la foresta diventa un'unità economica autonoma, possiede se stessa ed è l'unica azionista del proprio valore economico, e l'unica artefice del proprio destino[15].

Tanto *Plantoid* quanto *terra0* esplorano in maniera immaginativa alcune possibilità aperte dalla blockchain le quali, per quanto remote, sono tutt'altro che improbabili; ne accelerano l'implementazione con lo scopo di costringerci ad affrontare con il dovuto anticipo le questioni (filosofiche, politiche, ecologiche) che l'applicazione ad altri ambiti operativi della totale disintermediazione che la blockchain ha introdotto nella finanza comporterebbe, per noi e per il mondo naturale.

Martín Nadal & César Escudero Andaluz, *BITTERCOIN, the worst miner ever*, 2016. Installazione, foto Patricia Cadavid

Plantoid e *terra0* ci mostrano la blockchain come una delle manifestazioni di quella infrastruttura informatica su scala planetaria che Benjamin H. Bratton ha chiamato *The Stack*[16], e la sua capacità di rinverdire i sogni cibernetici di Richard Brautigan, il poeta americano che negli anni Sessanta immaginava "una foresta cibernetica / piena di pini e circuiti elettrici / dove i cervi passeggino pacifici davanti ai computer / come se fossero fiori / con boccioli rotanti"[17]. *Bittercoin* (2016) di Martín Nadal e César Escudero Andaluz sembra invece volerci ricordare che la Stack si innesta ancora su un mondo non allineato al futuro, pieno di disuguaglianze e di problemi, una distopia cyberpunk dove i computer sono rottami e dove la strada trova i propri usi per le cose. Nadal e Escudero Andaluz, che lavorano insieme all'Interface Cultures Lab dell'Università di Linz, considerano *Bittercoin*, e gli altri progetti del ciclo *Bitcoin of Things*, un esempio di "critical mining", teso a combattere l'ideologia ipercapitalista della blockchain, in cui il denaro ha il potere e gli stati devono farsi da parte.

Bittercoin è il peggior minatore di sempre: una vecchia macchina calcolatrice modificata per essere usata come un *miner*, un computer impegnato a validare le transazioni in sospeso sulla blockchain. Il dispositivo usa il ridotto potere di calcolo della vecchia calcolatrice, estendendo all'infinito il tempo necessario alla produzione di un Bitcoin; ma seppur lento, è pienamente funzionale, e nella remota eventualità che arrivasse per primo a coniare il Bitcoin, sarebbe in grado di comunicarlo alla blockchain e ottenere la sudata ricompensa. Al suo interno è stato installato un microcontroller bluetooth compatibile con Arduino, che gli permette di dialogare con un telefono che ha una triplice funzione: lo collega alla blockchain, ottiene il "blockheader" e lo manda alla calcolatrice, che a questo punto dispone di tutto ciò che le serve per iniziare la sua lunga fatica. I calcoli sono mostrati sul piccolo display della macchina, e stampati su un rotolo di carta che si accumula attorno a *Bittercoin* rendendo visibile la quantità di calcoli necessari e, metaforicamente, la quantità di risorse naturali consumate nel processo.

Bittercoin combina archeologia dei media, le tecnologie e la mentalità dell'internet delle cose e la critica all'economia della blockchain e al suo impatto ecologico. È amaro (*bitter*) nel suo tradurre in una metafora visiva il divario tra le promesse utopiche (la presunta natura paritaria dei nodi) della blockchain e la sua deriva ipercapitalistica, che mette in evidenza manifestandosi come macchina celibe, funzionale eppure destinata a non raggiungere mai l'obiettivo, a partecipare a una lotteria in cui la sua sconfitta è inevitabile. Il workshop *Bitcoin of Things* (2017) è un modo per trasferire queste riflessioni, invitando i partecipanti a trasformare piccoli oggetti di uso comune – come timbri, mouse, pinzatrici, barattoli del sapone – in *miner* connessi alla blockchain attraverso l'uso di microprocessori e sensori[18].

Valute d'artista

La riflessione di Marcel Duchamp sui processi, istituzionali o burocratici, che portano a riconoscere a un artefatto lo status di opera d'arte, e a attribuire a un oggetto di produzione di massa i caratteri dell'autenticità e della scarsità che denotano gli oggetti artistici, non poteva non condurlo ad agire sul territorio delle valute. Se nel 1917, per rivendicare lo statuto artistico di *Fountain* – l'orinatoio rifiutato dal consiglio della Society of Independent Artists – Duchamp fece ricorso a degli strumenti di legittimazione istituzionali e interni al mondo dell'arte (la fotografia di Alfred Stieglitz pubblicata sulla copertina del secondo numero della rivista dadaista *Wrong Wrong*, l'articolo della critica Louise Norton-Varèse nelle pagine interne della rivista), nel 1926 fu indirettamente coinvolto, in quanto accompagnatore dell'amico Constantin Brancusi, in un contenzioso con un funzionario doganale che non voleva applicare a *Uccello nello spazio* (1923) l'esenzione fiscale prevista per le opere d'arte. *Uccello nello spazio* entrò negli Stati Uniti come "utensile da cucina". Il contenzioso portò a un processo, che si chiuse nel novembre 1928 con una sentenza del tribunale che riconobbe lo statuto di artisticità per gli artefatti della "tendenza artistica cosiddetta moderna, i cui fautori mirano a rappresentare idee astratte più che a imitare oggetti naturali"[19].

Duchamp trasse le sue riflessioni da questa vicenda, se nel 1944 preferì ricorrere a un notaio, piuttosto che a un esperto d'arte, per stilare un certificato di autenticità per il suo "readymade rettificato" *L.H.O.O.Q.* (1919), la beffarda e alchemica "Gioconda coi baffi". Ma l'ambiguo statuto dell'opera d'arte moderna, e la sua prossimità con le valute (che come l'arte necessitano di un sistema di certificazione esterno per non essere dei meri pezzi di carta) erano al centro della sua riflessione già da molto tempo. Lo stesso anno in cui mise i baffi alla *Gioconda*, Duchamp pagò il suo dentista parigino, Dr.

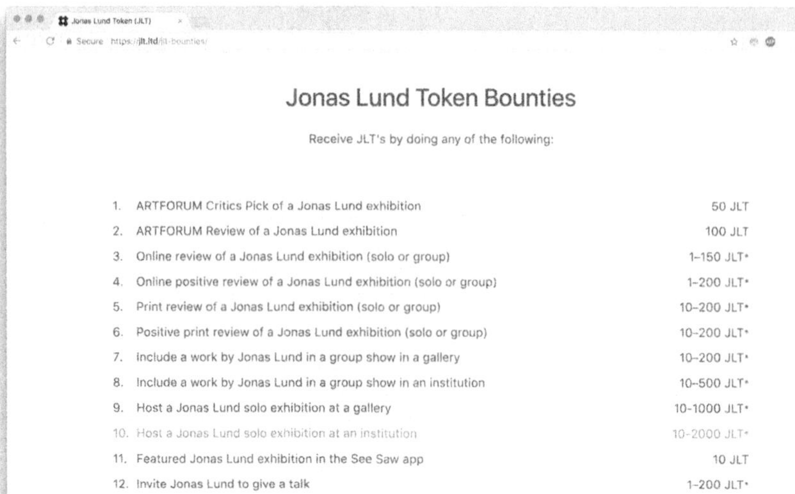

Jonas Lund, *Jonas Lund Token (JLT)*, 2018 – in corso. Installazione, azioni, sito web, criptovaluta.

Daniel Tzanck, con un assegno falsificato del valore nominale di 115 dollari. Se l'intervento sulla Gioconda, come per molti altri readymade, fu minimale e istantaneo, *Tzanck Check* fu il frutto di un meticoloso, maniacale lavoro manuale di falsificazione, necessario per dare all'assegno garantito dalla fittizia "The Teeth's Loan & Trust Company Consolidated of New York" l'aura dell'autenticità che sola può avere un'immagine stampata in serie da un ente autorevole. Duchamp ricomprò l'assegno alcuni anni dopo dal suo dentista a un prezzo decisamente più alto del valore di cui l'aveva truffato, e oggi l'originale fa parte della collezione Arturo Schwarz. Più noto *Monte Carlo Bond* (1924), la parodia di un documento finanziario emesso da una compagnia fittizia (di cui Rrose Sélavy è Presidente e Marcel Duchamp Amministratore) allo scopo di raccogliere 15.000 franchi da utilizzare per sconfiggere il banco alla roulette di Monte Carlo. Il sistema prevedeva l'emissione di 30 obbligazioni del valore di 500 franchi ciascuna, ma solo otto ne furono effettivamente realizzate. La natura parodistica del documento è resa evidente dal ritratto fotografico di Duchamp rimodellato dalla schiuma da barba (che rimanda a un satiro, ma anche al copricapo alato di Ermes) che campeggia al centro della roulette, e da alcuni nonsense stampati nella parte alta dell'obbligazione. Inutile dire che, se i *Monte Carlo Bond* non ebbero mai un effettivo valore come obbligazioni, finirono per averlo come opera d'arte. Un'edizione del lavoro è nella collezione del MoMA di New York, un'altra (proveniente dalla famiglia Matisse) è stata venduta da Christie's nel 2015 per quasi due milioni e mezzo di dollari[20].

Potenzialmente, la blockchain permette a chiunque di coniare una propria criptovaluta, e questo ne ha fatto il terreno di diverse sperimentazioni con il concetto di valore e con le dinamiche che lo determinano. Le prime valute d'artista risalgono al 2014, quando la musicista e attivista Tatiana Moroz crea la sua *TatianaCoin* per finanziare un suo album, e quando l'artista Sam Lavigne crea, con alcuni collaboratori, la valuta concettuale *LazyCoin*. *LazyCoin* genera "non valore" e quantifica "l'assenza di attività". Il processo di conio è una sorta di traduzione performativa del funzionamento reale della blockchain: il "minatore" (che il *white paper* di *LazyCoin* definisce "Generatore")[21] deve restare assolutamente immobile per una quantità definita di tempo; un "Validatore" deve osservare il Generatore per verificare che non faccia nulla. Quando il conio si conclude, il Validatore firma manualmente una copia stampata del *LazyCoin*, inserendo la data di conio e la quantità di valuta coniata (l'unità minima di LazyCoin si genera con un minuto di dolce far niente). Questo processo si chiama "Proof of Non-Work" e intende convertire in produttori di valore quelle fasce della società – il disoccupato, il carcerato, il pensionato – che vengono tradizionalmente considerate improduttive.

Alcuni anni dopo, l'artista sloveno Sašo Sedlaček ha ripreso l'idea centrale di *LazyCoin* – l'inedia e l'inattività come produttore di valore economico – nel progetto *Oblomo* (2019 – in corso). Diversamente da *LazyCoin*, *Oblomo* non è un modello concettuale, ma si basa su una complessa infrastruttura tecnologica che combina sistemi di *motion tracking*, intelligenza artificiale e intervento sulla blockchain; come il progetto di Lavigne, *Oblomo* si manifesta in forma performativa, attraverso due fasi: nella prima, la creazione dei "blocchi" della blockchain Oblomo (gli "Om Block", un evidente riferimento alla meditazione Zen) viene affidata a dei professionisti della stasi e della concentrazione, dei monaci buddisti che cercano di stare perfettamente immobili mentre emettono il suono primordiale dell'universo. Una volta creata la blockchain, la fase di *minting* può essere invece affidata a qualsiasi partecipante, che sia coinvolto in *Oblomo* attraverso la sua presentazione installativa o attraverso il sito web dedicato. Quando quest'ultimo, monitorato attraverso tecnologie biometriche che trasmettono i dati raccolti a un sistema di *machine learning*, riesce a dimostrare la propria inattività, riceve sul suo portafoglio una quantità corrispondente di monete Oblomo. In pratica, tanto nell'installazione quanto davanti all'interfaccia online, produciamo valore e otteniamo denaro fissando uno schermo[22].

LazyCoin e *Oblomo* cercano di immaginare quale potrebbe essere il ruolo della blockchain in una società post lavoro in cui l'attività è diventata scarsa, e l'inattività abbondante. In

Sašo Sedlaček, *Om for Coin*, 2019. Documentazione di performance, Aksioma Project Space, Ljubljana. Foto: Domen Pal / Aksioma

quel contesto, non ci rimarrebbe altra scelta che trasformare la pigrizia in un valore, e l'inattività in una risorsa da sfruttare. Oltre a proiettarci nel futuro, *Oblomo* funziona anche come satira della società presente, in cui i protagonisti della "platform economy" estraggono immense ricchezze dai dati che ciascuno di noi fornisce attraverso le proprie attività e interazioni sui social network, che non riusciamo a percepire come lavoro ma sono a tutti gli effetti dei produttori di valore[23].

Se *LazyCoin* e *Oblomo* traducono in economia il non lavoro, interrogandosi sulla continuità dei valori del capitalismo in una società post-capitalista, lo *ZANNI* (2018) trasforma in economia l'artista stesso. L'artista Carlo Zanni ha utilizzato gli *smart contract* per creare una valuta che si appoggia su Ethereum, e che porta il suo nome. L'ammontare totale degli ZANNI è limitato a 1000, il loro valore dipende dalle fluttuazioni di Ethereum, secondo la proporzione 1 ETH = 10 ZANNI. Con 100 ETH non si compra l'artista ma la sua conversione in criptovaluta, il che può anche bastare per chi intende il collezionismo come investimento speculativo. A che servono le opere se sono acquisite come valuta - magari, al solo scopo di essere stoccate in qualche magazzino *duty free* per essere rivendute alla prima occasione propizia? A cosa serve l'artista, se non per generare valore? Con lo *ZANNI*, che Zanni intende come "una metafora o un'iperbole del mercato dell'arte al suo picco"[24], artista, opera e prezzo collassano su se stessi, in un'entità astratta fatta di numeri che scorrono su uno schermo; rinunciano alla finzione della bellezza, del contenuto, della provocazione per trasformarsi in una pura astrazione finanziaria.

Più articolato il processo avviato nello stesso anno con il varo del *JLT*, o *Jonas Lund Token*. Jonas Lund, artista svedese di base a Berlino, si è di fatto costituito come una DAO, stabilendo un protocollo per cui ogni Jonas Lund Token costituisce una partecipazione azionaria alla sua pratica artistica. "Unisciti alla *community* che controlla ed influenza la pratica artistica e la vita di Jonas Lund", recita lo slogan che ci accoglie sul sito del progetto – sotto il volto serafico di Lund che si ritrae con cappello di paglia, accentuando ironicamente la sua somiglianza con Vincent Van Gogh, epitome dell'artista individualista e tormentato[25]. Detenere uno o più JLT, infatti, significa entrare a far parte di un "board of trustees", che viene consultato ogni volta che deve essere presa una decisione strategica importante per il lavoro o la vita dell'artista. Il proprio potere di voto è proporzionale al numero di JLT detenuti. Nello specifico, esiste un totale di 100.000 token, di cui 10.000 sono stati

Carlo Zanni, *ZANNI (Z)*, 2018
Criptovaluta

distribuiti equamente fra un numero selezionato di professionisti dell'arte (critici, curatori, galleristi, collezionisti e artisti) che costituiscono il *board* di partenza. 10.000 azioni rimangono all'artista e 5000 sono riservate per il "bounty program" del progetto, reclamabili da chiunque supponga di aver contribuito in qualche modo alla carriera dell'artista (ad esempio, organizzandogli una personale in un'istituzione, o pubblicando l'immagine di un suo lavoro su Instagram, o scrivendo del suo lavoro in un libro). Le restanti 75.000 azioni sono destinate a essere distribuite in tre fasi successive: nella prima, 25.000 vengono distribuite attraverso l'acquisto delle opere fisiche prodotte da Jonas Lund dopo il lancio del *Jonas Lund Token* (e quindi di fatto condizionate dalla società); nella seconda, 50.000 JLT saranno messi in vendita direttamente attraverso un'offerta iniziale di acquisto (ICO). Una volta distribuite tutte le azioni, nella terza fase i JLT potranno essere venduti su un mercato pubblico di criptovalute. Se nelle prime due fasi il valore di un JLT resta vincolato a un rapporto di 1 a 100 con l'Ethereum, nella terza fase potrà fluttuare liberamente secondo le leggi della domanda e dell'offerta.

La piattaforma JLT è pienamente funzionale e dal 2018 controlla gli sviluppi del lavoro di Lund, esprimendo indicazioni sulla produzione di lavori fisici, votando sulle modalità della loro presentazione, sulla partecipazione a una mostra, ma anche sulla città in cui dovrebbe vivere l'artista e sull'opportunità di portare il progetto nel mercato degli NFT. Il progetto sovverte il tradizionale rapporto di potere esistente nel mondo dell'arte, ma riflette e teatralizza anche una situazione molto più reale del mito dell'artista solitario, in cui quest'ultimo si costruisce a poco a poco una cerchia di persone di riferimento con cui confidarsi e consultarsi a fronte di decisioni cruciali. Nel trasformare la consueta informalità di queste relazioni in una società, JLT le raffredda, le formalizza e ne rivela l'implicita struttura capitalistica, in cui l'artista è il capitale da far crescere, e ognuno ottiene i propri dividendi in relazione al proprio coinvolgimento (personale e finanziario). Trattenendo per sé solo il 10% delle azioni, Lund riconosce il suo debito nei confronti della sua cerchia di riferimento, ma si si espone al rischio che col tempo qualcun altro, attraverso la forza bruta dell'investimento assuma il controllo della società, e che il suo lavoro divenga totalmente eterodiretto.

In *Jonas Lund Token* convergono alcune delle direttrici principali del lavoro di Lund: la propensione a esternalizzare (a un algoritmo, o al pubblico collegato da remoto) la concezione e/o la produzione delle sue opere, e della sua stessa identità; la tendenza compulsiva a cercare un contatto, a restare in dialogo, a dare o chiedere consiglio; l'esplorazione ossessiva dell'esistenza del suo lavoro all'interno di una infrastruttura economica che ne influenza contenuti ed estetiche; la sovranità degli algoritmi e dei sondaggi. Nel corso di questa traiettoria, ha avuto spesso l'occasione di anticipare questioni, dibattiti e strategie che si sono rivelate cruciali con l'esplosione del mercato degli NFT. Ad esempio, il progetto *Flip City* (2014) l'ha visto creare una serie di 40 dipinti digitali astratti, stampati su tela e conformi alle estetiche dello Zombie Formalism allora imperanti, per indagare il fenomeno del "flipping" nel collezionismo[26]. Dietro ogni tela Lund ha installato un tracker GPS che trasmette le sue coordinate a un database online, in modo tale da tenere traccia sia della posizione attuale, sia della storia degli spostamenti della tela. In questo modo, la vitalità sul mercato e nelle mostre di ogni singola tela lascia una traccia informativa in un archivio pubblico centralizzato, permettendoci di studiare sia il suo successo come artefatto e come immagine, sia il comportamento dei suoi acquirenti[27]. L'anno successivo, *Strings Attached* (2015) ha trasformato invece un'altra serie di 24 dipinti digitali stampati su tela in una sorta di "smart contract" di se stessi. Ogni tela propone, su uno sfondo decorativo, un testo a caratteri cubitali che spiega le condizioni – spesso idiosincratiche e capricciose – sulla base delle quali può essere acquistato: *Loyalty*, ad esempio, è un dipinto che può essere comprato solo da un collezionista che accetti di acquistare, entro una data specifica, due altre opere dell'artista; *Speculation* è un'opera che deve essere rivenduta entro una certa data; *Trophy* può essere venduto solo quando la serie *Strings Attached* ha fatto *sold out*; *Good Company* può entrare nelle mani di un collezionista che sia già in possesso di lavori di una lista selezionata

Jonas Lund, *Flip City*, 2014. Sito web, screenshot (http://flip-city.net)

di artisti; *Control* non può mai essere messo all'asta; altri dipinti della serie, infine, si prendono cura della disseminazione globale del lavoro di Lund, pretendendo di essere venduti rispettivamente a collezionisti peruviani, messicani, belgi ecc. La trasformazione dell'artista in una DAO, infine, è stata anticipata da progetti come *Critical Mass* (2017), in cui lo spazio espositivo diventa lo studio dell'artista, sorvegliato da videocamere che trasmettono un *live streaming* su un sito dedicato. Qui, i visitatori del sito possono controllare, condizionare e dirigere quello che fanno gli assistenti dell'artista. L'installazione / performance che ne deriva è "un social network, un gioco, uno spazio speculativo che consente ai visitatori di coltivare la propria influenza e di sbloccare nuovi livelli di controllo sulla mostra." L'allestimento finale è frutto di questo processo di negoziazione sociale[28].

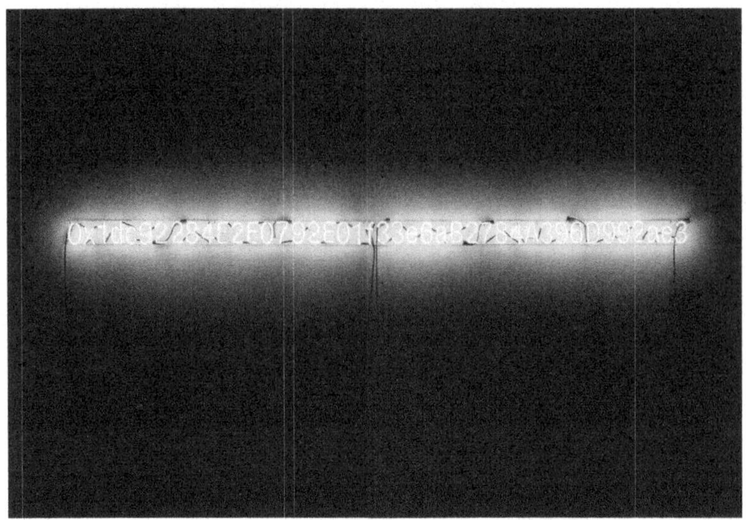

Kevin Abosch, *Yellow Lambo*, 2018. Neon, installazione

Raccontare la blockchain

La blockchain è un ecosistema complesso che abbiamo solo cominciato a conoscere. Conoscerla, tuttavia, è tanto più urgente quanto la sua promessa di diventare la base infrastrutturale del cosiddetto "Web 3.0" si fa più concreta. Il termine è emerso prima dell'avvento della blockchain per descrivere una nuova fase del web che mette al centro i metadati associati ai contenuti, la loro archiviazione in un database e il loro utilizzo da parte di algoritmi di intelligenza artificiale che ne ottimizzino l'estrazione e la ricerca. Con la blockchain, questa idea vaga e confusa, che fatichiamo a distinguere dal web che conosciamo, ha cominciato ad assumere dei lineamenti più definiti e precisi[29]. Oggi per Web 3.0 si intende un World Wide Web costruito sulla blockchain, e che utilizza la sua infrastruttura decentralizzata e sicura per mettere in sicurezza ogni genere di comunicazioni e di transazioni. Le applicazioni centralizzate che caratterizzano il web attuale verranno sostituiti da protocolli decentralizzati, lasciando agli utenti la proprietà e il controllo dei propri dati e della propria identità. Per dirla con l'ingegnere Juan Benet, il Web 3.0 farà con le informazioni quello che il Bitcoin ha fatto con il denaro, rendendolo sicuro, decentralizzato, verificabile: una prospettiva che promette di lasciarsi alle spalle come un brutto sogno l'incubo di un Web 2.0 fondato sulla sorveglianza e lo sfruttamento dei nostri dati personali, ma che, come abbiamo visto, non è esente da ombre.

In quanto potenziale fondamento della imminente infrastruttura pubblica di comunicazione, la blockchain ha un urgente bisogno di essere conosciuta, investigata, e raccontata; di narrazioni e metafore che rendano i suoi aspetti tecnici – di gran lunga più complessi di quelli su cui si fonda il vecchio Web – visualizzabili e comprensibili, che facciano emergere le idee, le storie e le visioni di chi la sta costruendo, che mettano in guardia dai suoi limiti e ne esaltino le vere potenzialità.

Kevin Abosch è un artista irlandese che vive a New York, e che alla blockchain dedica un'attenzione continuativa dal 2013, quando ha pubblicato *Bank*, un libro che raccoglie – stampate l'una di fianco all'altra – le chiavi crittografiche pubbliche e private di 500 portafogli, mettendo in mano di chiunque disponga delle competenze tecniche tutti gli elementi necessari per accedervi. *Bank* è un elenco di codici alfanumerici insignificanti dal punto di vista testuale, ma che ritraggono nel loro insieme la blockchain come una banca, un deposito di informazioni dotate di valore, o meglio che costituiscono valore. Abosch nel suo lavoro esplora con insistenza il concetto di valore applicato all'informazione e di conseguenza all'arte e all'artista: una riflessione scattata quando un suo lavoro fotografico vendette a un prezzo insolitamente alto, il che ebbe come effetto immediato lo spostamento dell'interesse dall'oggetto in sé e dal suo valore culturale al suo prezzo, producendo una mercificazione immediata dell'opera e dell'artista[30]. Nel 2018, per il progetto *I AM A COIN*, Abosch registra sé stesso sulla blockchain nella forma di 10.000 token crittografici, per poi stampare l'indirizzo dello *smart contract* su 100 fogli di carta, utilizzando un timbro e il suo sangue come inchiostro. Nella sua opera, il rapporto tra opera d'arte fisica e *token* crittografico si inverte rispetto all'uso che viene fatto normalmente degli NFT: non è il *token* a autenticare l'opera d'arte sulla blockchain, ma è l'opera fisica a costituire una sorta di link, nel mondo materiale, a un valore che esiste solo in forma digitale. *YELLOW LAMBO* (2018), ad esempio, è una scultura al neon che si serve di un display codificato dall'arte concettuale per mostrare l'indirizzo di un altro *token* crittografico unico registrato dall'artista. Il titolo, e il colore del neon, fatto riferimento a un *inside joke* dei cripto-investitori, che scherzano sul fatto di usare le ricchezze accumulate per acquistare una Lamborghini, simbolo di uno status acquisito e di valore reale. Se nell'arte concettuale degli anni Settanta, la scritta al neon è un *proxy*, un rappresentante fisico del valore smaterializzato dell'idea che incarna, *YELLOW LAMBO* è il punto terminale di una catena di *proxy*: manifestazione materiale del valore di un *token* crittografico che fa riferimento a un artefatto materiale (la Lamborghini gialla) che a sua volta rappresenta simbolicamente il successo economico.

Abosch è anche l'autore di *Forever Rose*, venduta il giorno di San Valentino del 2018 a dieci collezionisti, raccogliendo un milione di dollari e aggiudicandosi il primato, all'epoca, di opera d'arte digitale più costosa al mondo. L'opera è la fotografia di una rosa, associata a un singolo *token* crittografico che consente una proprietà condivisa. I proventi della vendita sono stati interamente devoluti alla Coderdojo Foundation, che organizza workshop di programmazione per bambini in tutto il mondo. La scelta della rosa non è casuale: se da un lato essa fa riferimento a un valore effimero ma reale, che viene reso eterno dalla fotografia e dalla registrazione sulla blockchain, dall'altro è emblema di tutti quei valori (come l'amore) che non si manifestano in modo oggettuale, ma possono essere percepiti e condivisi[31].

La simbologia del fiore ritorna in un altro progetto legato alla blockchain, ma questa volta con un riferimento storico molto preciso. L'espressione "tulipomania" identifica oggi una delle prime bolle speculative in senso moderno, scoppiata in Olanda nella prima metà del Seicento. I tulipani e i loro bulbi erano tutt'altro che rari in Olanda, ma a manifestarsi con rarità era soprattutto una specifica variante striata, che si manifestava con dinamiche imprevedibili solo a fioritura avvenuta. All'inizio del Seicento, i tulipani divennero una sorta di *status symbol* per la borghesia olandese, e i venditori cominciarono a specularci sopra. La ricerca di queste rarità produsse un'altissima volatilità dei prezzi dei bulbi, con compravendite in cui i tulipani venivano scambiati con terreni, bestiame o edifici. Il record fu raggiunto dal Semper Augustus, un bulbo venduto per 6000 fiorini (100 fiorini consentivano di aggiudicarsi almeno otto maiali). Un bulbo è un tulipano in potenza: può non germogliare, produrre un fiore del tutto comune o una variante rara. I bulbi cominciarono a essere venduti come una sorta di "future" e, non essendo la loro rarità prevedibile, si fece ricorso a modalità estremamente creative per garantirla, come dipingere il terreno a strisce o combinare due bulbi.

Oggi sappiamo che i tulipani striati sono conseguenza di una malattia, il "Mosaic Virus", scoperta negli anni Venti del Novecento e causata da delle uova di afide depositate nei bulbi. Questo ha creato per l'artista inglese Anna Ridler un terreno fertile per costruire un'analogia tra la tulipomania e le tendenza speculative che interessano le criptovalute. Come i Bitcoin, i tulipani striati sono scarsi, il loro numero è finito e non infinitamente riproducibile; il loro valore economico è soggetto a variazioni repentine anche estreme; e come i Bitcoin, sono il frutto di un processo e di una tecnologia che non comprendiamo pienamente. *Mosaic Virus* (2018 – 2019) è una video installazione[32] che mostra l'immagine in continua evoluzione di alcuni tulipani in fiore; le immagini dei tulipani non sono reali, ma vengono generate in tempo reale da un algoritmo di intelligenza artificiale istruito dall'artista con *dataset* da lei stessa accuratamente preparati fotografando uno per uno migliaia di tulipani; la loro alternanza sullo schermo, invece, viene controllata (sempre in tempo reale) dalle fluttuazioni sul mercato del valore del Bitcoin. Più il loro valore di mercato cresce, più diventa probabile che sul monitor si manifesti una variante rara e striata. L'immagine dinamica del fiore è la visualizzazione di un flusso di dati che rappresenta le dinamiche di un invisibile mercato finanziario, in una maniera leggibile dallo spettatore ma non fredda e precisa come un classico diagramma di flusso. Inoltre, è frutto essa stessa di una tecnologia – l'intelligenza artificiale – tanto misteriosa nelle sue dinamiche per chi non conosce la programmazione, quanto capace di attrarre al momento attuale considerevoli investimenti.

Nel 2019, *Mosaic Virus* ha trovato un suo logico *spin-off* in *Bloomveiling*, una piattaforma online (realizzata in collaborazione con il ricercatore David Pfau) in cui un numero selezionato di tulipani generati dall'intelligenza artificiale erani messi in vendita. Sulla piattaforma le animazioni messe all'asta apparivano offuscate da un filtro, un accorgimento che distingueva l'esperienza (censurata e a bassa risoluzione) del semplice spettatore da quella (unica e a piena qualità) di chi si aggiudicava l'opera all'asta, ma che faceva riferimento anche al processo di astrazione a cui va incontro il tulipano (o qualsiasi altro "bene", incluse le opere d'arte) nel momento in cui si trasforma in capitale: "Il tulipano cominciò a perdere le proprietà e il fascino di un fiore: impallidì,

Anna Ridler, *Mosaic Virus*, 2019. Video installazione a 3 canali
Courtesy: DAM, Berlino

perse I suoi colori e le sue forme, divenne un'astrazione, un nome, un simbolo scambiabile con una certa quantità di denaro", come recita la citazione del poeta e critico polacco Zbigniew Herbert che introduce il progetto[33]. In *Bloomveiling*, ogni video era associato a un *token* sulla blockchain; dei *bot* erano programmati per interferire con l'asta e aumentare artificialmente il valore dell'opera; dopo l'acquisto, l'opera diventava fruibile all'acquirente per poi sparire per sempre, lasciandogli solo il *token* associato. In questo caso, l'asta nel suo complesso può essere considerata l'opera, intesa come performance che solleva alcune questioni cruciali, come la scarsità artificiale e la trasformazione dell'opera d'arte in valuta di scambio, integrandole nella sua drammaturgia.

Ma la blockchain, come abbiamo visto, non è solo il luogo di manifestazione delle dinamiche speculative delle criptovalute e della costruzione della scarsità per i beni digitali; è anche uno spazio concepito e sviluppato da una comunità di hacker e crittografi che conosce e propugna il potenziale della crittografia come strumento

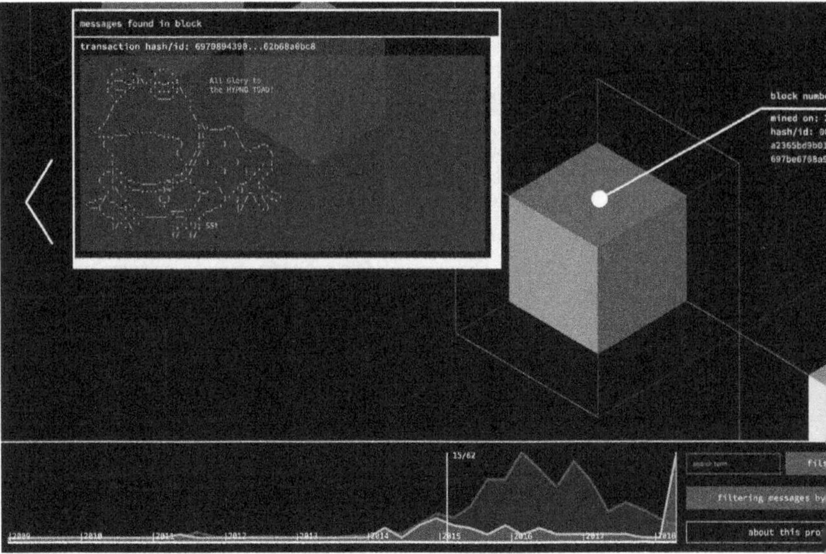

Branger Briz, *Messages from the Mines*, 2018. Sito web, screenshot

per restituire valore alla comunicazione, proteggere la privacy e
la libertà di espressione, e impedire che sull'estrazione e l'analisi
dei nostri dati si costruiscano imperi economici che utilizzano le
nostre tracce digitali senza restituirci niente in cambio. Il tentativo
di pagare un tributo a questa comunità ed evidenziare il suo lascito
nell'infrastruttura a cui ha dato vita è evidente in *Messages from the
Mines* (2018), un'installazione interattiva e un sito web del designer
e ricercatore americano Branger Briz. Con la sua agenzia, Briz
ha intrapreso un monumentale lavoro di "scavo" nei blocchi che
costituiscono la blockchain Bitcoin, alla ricerca di messaggi testuali
intenzionalmente lasciati nei blocchi durante il processo di *mining*:
immagini in ASCII art, messaggi d'amore nascosti, poesie criptiche,
firme, necrologi, sciocchezze come "mi piacciono le tartarughe" o
"Sanae è una brava ragazza", testi in latino ecc.: "un abuso creativo
del registro di transazioni del Bitcoin, una forma di graffito digitale,
artefatti digitali unici – per quanto sottovalutati – incorporati per
sempre in una delle tecnologie digitali più attuali"[34]. Servendosi
di un programma sviluppato appositamente (e rilasciato come

open source per futuri utilizzi), lo studio di Briz ha scansionato 11.000 dei circa 520.000 blocchi allora disponibili, identificando gli inserti testuali che poi sono stati vagliati uno per uno, raccolti per categorie, commentati e archiviati. Il database online ricavato dal progetto è uno strumento di ricerca straordinario per archeologi dei media, antropologi e altri studiosi interessati a investigare la comunità che plasma e codifica la blockchain, nella sua evoluzione nello spazio e nel tempo, a partire dal mitico Satoshi Nakamoto, che nel "genesis block" della blockchain lasciò un titolo prelevato dal *Times* del 3 gennaio 2009, un riferimento ironico alla debolezza delle monete di stato e alla crisi economica in corso[35].

Uno sforzo monumentale di raccontare le varie e talvolta contraddittorie ideologie che convergono nella blockchain è stato intrapreso nel 2016 dall'artista neozelandese Simon Denny con *Blockchain Future States*. Sin dai suoi primi lavori nel 2011, Denny – che si è formato e vive a Berlino – si è concentrato sulla presentazione delle idee e delle visioni che plasmano le tecnologie digitali, esplorandole con installazioni che imitano il linguaggio visivo degli allestimenti delle fiere di settore, appropriandosi della retorica delle *convention* aziendali, degli *infomercial*, della comunicazione *corporate*. Di volta in volta, questi linguaggi iper-affermativi e codificati si mescolano, o lasciano il posto, a quelli – ugualmente standardizzati – del *display* museale, della "fan art", dei giochi da tavolo, delle giostre itineranti. Ad esempio, in occasione della sua partecipazione alla Biennale di Venezia del 2015 in rappresentanza della Nuova Zelanda, Denny ha preso possesso della Biblioteca Marciana, abitandola con una installazione che intendeva raccontare l'infrastruttura di sorveglianza e controllo dei flussi di dati digitali messa a punto dall'americana NSA (National Security Agency) e svelata pochi mesi prima da Edward Snowden attraverso la divulgazione di migliaia di documenti, tra cui numerose presentazioni Powerpoint ad uso interno che illustravano i sistemi attivi e quelli in corso di sviluppo. Affascinato dalla peculiare iconografia di queste presentazioni, che ricordavano per il loro aspetto frivolo e amatoriale le cosiddette "clip art" degli anni Novanta, Denny si rivolse all'ex direttore creativo dell'NSA, David

Darchicourt, per sviluppare con lo stesso linguaggio visivo gli elementi grafici dell'installazione *Secret Power*, concepita come una stanza dei server – una successione di cabinati per computer e di vetrine dislocate nell'ambiente principale della biblioteca. L'installazione metteva a confronto due iconografie del potere, lontanissime nello spazio e nel tempo, ma ugualmente sovrabbondanti di elementi informativi e simbolici: da un lato le allegorie che riempiono ogni centimetro quadrato del soffitto e delle pareti della biblioteca, opera dei grandi artisti del rinascimento veneto come Tintoretto e Veronese; dall'altra, le illustrazioni cartoonesche e i diagrammi di Darchicourt che si alternano alle luci, ai cavi e agli schermi di una *server room*. Un dialogo tra passato e presente che veniva ribaltato all'aeroporto Marco Polo, dove una riproduzione integrale del soffitto della Marciana era stata utilizzata per pavimentare l'area dei *check-in*, uno dei luoghi simbolo e degli spazi di manifestazione del complesso apparato di sorveglianza messo a punto progressivamente all'indomani dell'11 settembre 2001[36].

Nonostante la loro natura didattica e la loro adozione esplicita di codici espressivi iper-affermativi, le installazioni di Denny sovvertono in realtà entrambe queste funzioni senza mai manifestarsi esplicitamente come parodia e come critica. La funzione didattica viene sabotata dal sovraccarico che produce, e dal conseguente disagio che insinua nello spettatore, incapace di elaborare la quantità di informazioni che gli viene consegnata, il numero di immagini e di simboli che è costretto ad assorbire. La funzione celebrativa viene messa in discussione dalla dislocazione di questi codici in un contesto – lo spazio espositivo – in cui appaiono come innaturali, insinceri, smaccatamente fuori luogo. Come ha spiegato l'artista stesso in un'intervista:

A volte mi sembra giusto sovraccaricare il pubblico di informazioni, ed essere eccessivamente didattico in varie direzioni, ma senza spiegare esplicitamente perché il lavoro svolga questa funzione. Uso spesso un idioma già esistente – presentazioni da fiera commerciale, installazioni da museo della tecnologia – come base per un lavoro che se ne serve per

Questo approccio, che non propone una critica esplicita ma costringe lo spettatore a porsi delle domande, è evidente in *Blockchain Future States*. L'installazione introduce il presente e il futuro della blockchain presentando, in successione, il suo mitico fondatore Satoshi Nakamoto e tre compagnie finanziarie che stanno investendo sulla sua infrastruttura, e che ne esemplificano tre visioni possibili: Ethereum, 21 Inc., and Digital Asset. Se la blockchain è spiegata da un *infomercial* realizzato per l'occasione, intitolato *What Is Blockchain?*, Nakamoto e le tre aziende sono raccontate attraverso infografiche, pannelli e figure sagomate da allestimento fieristico, tre versioni modificate del gioco da tavola *Risk*, adattate alla narrazione specifica di ognuna delle tre compagnie. L'allestimento introduttivo, dedicato a Nakamoto, lavora sul mito che si è costruito attorno alla sua persona: il suo ritiro, le interpretazioni del nome, le rivendicazioni e gli svariati tentativi di identificazione che non sono mai riusciti a dissipare completamente il mistero, ma se possibile l'hanno rafforzato. Assecondando una linea ermeneutica secondo la quale Satoshi sarebbe un riferimento al nome giapponese di Ash Ketchum, uno dei caratteri della saga dei Pokémon, Denny si affida all'iconografia del *franchise* Nintendo per farci familiarizzare con le innovazioni principali introdotte da Nakamoto: la decentralizzazione dell'economia e la messa in discussione del sistema valutario tradizionale, fondato su intermediari inaffidabili. Alle pareti, i vari individui che nel tempo sono stati identificati con Satoshi sono raccontati da altrettante "Case Mod", custodie per computer personalizzate, commissionate a dei professionisti di questa pratica, particolarmente diffusa nel mondo del *gaming* competitivo.

Simon Denny, *Blockchain Risk Board Game Prototype: Crypto/Anarchist Ethereum Edition*, 2016. Courtesy: Petzel, New York

Se l'appropriazione dell'iconografia dei Pokémon è funzionale a evocare la vicenda leggendaria di Nakamoto – che sorge dalle ceneri del sistema finanziario tradizionale – quella del gioco di strategia *Risk* – in cui si possono perseguire i propri obiettivi attraverso la diplomazia, la guerra e la conquista – viene usata per illustrare l'approccio alla finanza delle tre compagnie. Digital Asset, rappresentata dalla sagoma della sua CEO – l'economista britannica Blythe Masters, impegnata a portare la blockchain nei mercati globali – viene raccontata attraverso una versione del gioco in cui le nazioni sono sostituite da centri finanziari, e le facce del dado rappresentano le valute nazionali; la startup 21 Inc, incarnata dall'investitore Balaji Srinivasan, convinto che il Bitcoin darà vita a un mercato libero e non regolato dai governi, è associata a una versione di *Risk* che punta alla conquista di territori *offshore*; e il programmatore e co-fondatore di Ethereum Vitalik Buterin, che Denny definisce "il Luke Skywalker delle criptovalute", è associato a una versione del gioco ambientata nello spazio interstellare, teatro di uno scontro tra nodi paritari[38].

Simon Denny, *NFT Mine Offsets*, 2021. Sito web, screenshot

A completare la narrazione dell'insorgere della blockchain – in cui è difficile distinguere dove stia il mito, dove la storia, e dove la tecnologia – Denny associa a ciascuna delle tre compagnie un set di francobolli celebrativi e una serie di "Case Mod", ognuno dei quali cerca di evocare con la sua estetica la peculiare atmosfera e la filosofia del soggetto celebrato. Come dimostrano queste scelte, in *Blockchain Future States* l'artista adotta esplicitamente il punto di vista e il linguaggio del fan, ma ancora una volta l'esito è ben lontano dall'essere puramente celebrativo: convinto che molti dei protagonisti di questa rivoluzione abbiano difficoltà a mettere a fuoco l'impatto politico e i risvolti etici delle proprie scelte, Denny si limita a presentarli allo spettatore attraverso il loro linguaggio, lasciando a quest'ultimo il compito di accettarlo passivamente o piuttosto di sviluppare una visione critica[39].

Negli anni successivi a questo primo intervento, Denny non cessa di ragionare sugli sviluppi della blockchain. Nel 2018 cura, per lo Schinkel Pavillon di Berlino, la mostra collettiva *Proof of Work*, attivando per l'occasione una sorta di rete curatoriale trasparente e decentralizzata che coinvolge curatori, cripto-attivisti e altri artisti allo scopo di avviare una riflessione sulle questioni cruciali sollevate dalla blockchain (decentralizzazione, privacy e trasparenza, nuove forme di *governance*) in una delle capitali mondiali della comunità crypto. La mostra affianca progetti creativi sviluppati dai creatori della blockchain (come i *CryptoKitties*, di cui parleremo nel quarto capitolo) a progetti artistici che si innestano sulla blockchain (come *terra0*) e a opere che precedono l'avvento del Bitcoin ma ne anticipano in qualche modo lo spirito (come le mappe concettuali e le infografiche di Mark Lombardi)[40]. Nel 2020, una personale al Museum of Old and New Art di Hobart, Nuova Zelanda offre l'occasione per il lancio di *Mine*, una mostra in cui la blockchain resta apparentemente sullo sfondo di un'esplorazione di modelli tradizionali e recenti di "estrattivismo": dallo sfruttamento delle risorse naturali all'estrazione dei dati personali perpetrata dalle compagnie della "Platform Economy", fino all'asservimento del lavoro online al mantenimento del mito dell'intelligenza artificiale. Dopo Hobart la mostra è stata riproposta al K-21 di Dusseldorf (con un doppelgänger virtuale nello spazio del popolare videogame sandbox Minecraft) e alla Petzel Gallery di New York[41].

Inaugurata nel pieno del boom degli NFT, la versione di New York ha offerto anche l'occasione per il lancio di *NFT Mine Offsets*[42]. Per il progetto, Denny ha acquisito su eBay dei "minatori" Ethereum di seconda mano, per poi chiedere a un illustratore per videogiochi di ritrarli come modelli 3D che ruotano in loop su uno sfondo animato. Ogni animazione illustra la storia e il destino della macchina che rappresenta: dal lavoro di minatore alla messa in vendita sul mercato dell'usato, fino al nuovo impiego al servizio di Climate Predictions, un'organizzazione *no-profit* che sviluppa dei modelli predittivi sul cambiamento climatico utilizzando potenza computazionale messa a disposizione a titolo gratuito. L'artista ha infatti deciso di donare ogni macchina (acquistata per un prezzo che varia da 3.000 a 20.000 dollari) alla ricerca ambientale nel momento stesso in cui l'animazione ad essa ispirata viene venduta sul mercato degli NFT, in una sorta di parodia del *carbon offset*. Denny – che vendendo NFT ha generato emissioni – fa la sua compensazione sottraendo potere computazionale alla blockchain per donarlo a un'attività che, seppur impegnata nella ricerca sul riscaldamento globale, ha di fatto un impatto ambientale equivalente a quello, demonizzato, della finanza decentralizzata. L'artista, che nel 2017[43] aveva dichiarato che le sue riserve sulla blockchain gli impedivano di utilizzarla attivamente nei suoi lavori, non si smentisce, assoggettando la registrazione e la vendita dei suoi NFT a un processo più ampio, finalizzato alla ricollocazione di tecnologie e risorse computazionali già destinate alla creazione di valore finanziario nell'ambito della ricerca scientifica. Avrà fatto la differenza? Avrà pagato il suo debito con il la crisi ambientale? È possibile risolvere un problema causato dalla tecnologia con la tecnologia? Come al solito, la risposta è lasciata agli spettatori.

1. "Caro capitalismo / la tecnologia è tua ma la tecnica è mia / l'infrastruttura è tua ma la rete è mia / la piattaforma è tua ma l'economia è mia." Vuk Ćosić, "A net.artists open letter to capitalism", Facebook post, 12 marzo 2021.

2. Cf. https://en.wikipedia.org/wiki/History_of_bitcoin.

3. Il crowdfunding è archiviato online all'indirizzo https://www.indiegogo.com/projects/surfing-with-satoshi#/.

4. Cf. https://surfingwithsatoshi.tumblr.com/.

5. Cf. Alterazioni Video (a cura di), *Turbofilm and the uncertain future of moving images*, Fausto Lupetti Editore, Bologna 2016.

6. Domenico Quaranta, Geraldine Juárez (a cura di), *THE F.A.T. MANUAL*, Link Editions, Brescia – MU, Eindhoven 2013. Disponibile per il download gratuito a https://linkeditions.tumblr.com/FAT.

7. Il video è disponibile sul sito dell'artista: https://geraldine.juarez.se/site/documentation/works/hello_bitcoin/.

8. La performance avvenne il 23 agosto 1994 sull'isola scozzese di Jura. Per maggiori informazioni, cf. https://en.wikipedia.org/wiki/K_Foundation_Burn_a_Million_Quid.

9. Addie Wagenknecht, *Limited Editions of Unlimited*, 2012. http://fffff.at/limited-editions-of-unlimited/.

10. Qui un passaggio significativo: "So here is what I sayin, the invention and development of digital technologies, Internetz and Free Software have changed creation methods for all ya boyz and girlz: creations can be distributed, exchanged, and transformed, you know what I'm sayin. It's going to allow ya'all to produce common works to which everyone can contribute to the benefit of all the homies, AKA uptopia AKA Free Art AKA mad love to all you all.

The 411 of the Free Art and Technology Licen$e is to promote and protect these creations of the human mind AKA bad ass motherfuckers AKA fuckin' blue chips according to the principles of copyrap attitude: freedom to use, copy, distribute, transform, and prohibition of exclusive appropriation with rap music." In Addie Wagenknecht, "HOW TO: Licenses Your Artworkz", in *fffff.at,* luglio 2012, http://fffff.at/how-to-liscenes-your-artworkz/.

11. Cf. http://www.deeplab.net/.

12. Addie Wagenknecht, *Self Care and Crypto*, 2018 – in corso, https://www.placesiveneverbeen.com/works/youtube-beauty-cybersecurity.

13. Intervistata in Tim Schneider, "Will NFTs Revolutionize the Art Market or Repeat Its Greatest Failures? These 4 Factors Will Determine Their Fate", in *Artnet News*, 11 marzo 2021, https://news.artnet.com/market/nft-revolution-four-factors-1950645.

14. Cf. Primavera De Filippi, "Plantoid – The Birth of a Blockchain-Based Lifeform", in Ruth Catlow et al. (a cura di), *Artists Re:Thinking the Blockchain*, cit., pp. 51 – 61. Il progetto è disponibile online all'indirizzo https://plantoid.org/.

15. Cf. Paul Seidler, Paul Kolling, Max Hampshire, "terra0 – Can an Augmented Forest Own and Utilize Itself?", in Ruth Catlow et al. (a cura di), *Artists Re:Thinking the Blockchain*, cit., pp. 63 – 72. Gli sviluppi del progetto possono essere seguiti all'indirizzo https://terra0.org/.

16. Benjamin H. Bratton, *The Stack. On Software and Sovereignty*, MIT Press, Cambridge – London 2016.

17. La strofa proviene da *All Watched Over by Machines of Loving Grace*, una poesia pubblicata per la prima volta da Brautigan nel 1967 nella raccolta omonima.

18. Cf. Martín Nadal, César Escudero Andaluz, "Critical Mining: Blockchain and Bitcoin in Contemporary Art", in Ruth Catlow et al. (a cura di), *Artists Re:Thinking the Blockchain*, cit., pp. 73 – 83. Ulteriore documentazione è disponibile all'indirizzo https://escuderoandaluz.com/2016/03/03/bittercoin/.

19. Cit. in Denys Riout, *L'arte del ventesimo secolo. Protagonisti, temi, correnti*, Einaudi, Torino 2002, p. 4.

20. Cf. https://www.christies.com/lot/lot-marcel-duchamp-1887-1968-monte-carlo-bond-no-5946115/.

21. Cf. Sam Lavigne, Brian Clifton, Karl Ward, Jon Wasserman, Surya Mattu, "LazyCoin", 14 maggio 2014, https://lav.io/projects/lazycoin/lazycoin_whitepaper.pdf.

22. Cf. https://oblomo.si/. Sul progetto, cf. anche Domenico Quaranta, Janez Janša (a cura di), *Hyperemployment. Post-work, Online Labour and Automation*, NERO, Roma – Aksioma, Ljubljana 2020.

23. Sul concetto di Platform Economy, cf. Nick Srnicek, *Platform Capitalism*, Polity Press, Cambridge – Malden 2017.

24. In Jack Apollo George, "CARLO ZANNI, on how the art world doesn't know how to sell videos", in *Clot*, 22 aprile 2019, https://www.clotmag.com/interviews/carlo-zanni.

25. Cf. https://jlt.ltd/.

26. Il "flipping" è la pratica di acquisire una o più opere d'arte – per lo più facilmente commercializzabili, come un dipinto o una scultura – a basso prezzo dall'artista, e re-immetterle velocemente nel mercato secondario per farne impennare il valore. Lo Zombie Formalism è una forma di pittura astratta di grande appeal superficiale, che funziona bene come oggetto d'arredo o come post sui social. Il termine fu introdotto in un articolo del 2014 del critico Walter

Robinson che parlava proprio del *flipping*:, e ampiamente adottato per definire il ritorno commerciale della pittura astratta nel corso degli anni Dieci del nostro secolo: Walter Robinson, "Flipping and the Rise of Zombie Formalism", in *Artspace*, 3 aprile 2014, https://www.artspace.com/magazine/contributors/see_here/the_rise_of_zombie_formalism-52184. Cf. anche Sarah Hegenbart, "Zombie Formalism: Or, How Financial Values Pervade the Arts", in *Aesthetics for Birds*, 31 luglio 2019, https://aestheticsforbirds.com/2019/07/31/zombie-formalism-or-how-financial-values-pervade-the-arts/.

27. Cf. http://flip-city.net/.

28. Cf. https://jonaslund.com/works/critical-mass/.

29. Cf. "web 3.0", in *Treccani*, 2013, https://www.treccani.it/enciclopedia/web-3-0_%28Lessico-del-XXI-Secolo%29/. L'espressione è stata adottata dalla web3 Foundation, che organizza un summit annuale, ha un programma di premi per *team* innovativi e supporta progetti "parachain" come Polkadot e Kusama, che stanno lavorando a creare una rete di blockchain indipendenti che consenta una piena interoperabilità tra diverse piattaforme. Cf. https://web3.foundation.

30. Sophie Haigney, "When Crypto Meets Conceptual Art, Things Get Weird", in *The New York Times*, 5 giugno 2018, www.nytimes.com/2018/06/05/arts/design/cryptocurrency-blockchain-art-kevin-abosch.html.

31. Cf. il sito del progetto, http://www.foreverrose.io.

32. L'installazione esiste in due varianti: come una singola animazione a griglia su un unico schermo (2018) e come una videoinstallazione a tre canali, con ciascun monitor verticale che rappresenta l'evoluzione di un singolo fiore. Cf. http://annaridler.com/mosaic-virus.

33. Cf. https://bloemenveiling.bid/. La citazione proviene da: Zbigniew Herbert, *Still life with a bridle: essays and apocryphas*, The Ecco Press 1991.

34. Cf. https://brangerbriz.com/portfolio/messages-from-the-mines.

35. Il testo in questione è: "The Times 03/Jan/2009 Chancellor on brink of second bailout for banks", "il cancelliere sull'orlo di un nuovo piano di salvataggio per le banche."

36. Cf. http://simondennysecretpower.com/.

37. Lucia Longhi, "The Mine as Metaphor: An Interview with Simon Denny", in *Berlin Art Link*, 1 marzo 2021, https://www.berlinartlink.com/2021/03/01/simon-denny-mine-exhibition-k-21-interview/.

38. Cf. almeno Nadja Sayej, "Simon Denny: the artist explaining blockchain with Pokémon", in *The Guardian*, 26 agosto 2016, https://www.theguardian.com/artanddesign/2016/aug/26/simon-denny-artist-blockchain-pokemon.

39. Cf. Sam Skinner, "Blockchain Future States – An Interview with Simon Denny", in Ruth Catlow et al. (a cura di), *Artists Re:Thinking the Blockchain*, cit., pp. 141 – 149.

40. *Proof of Work*, Schinkel Pavillon, Berlino, 8 settembre – 20 dicembre 2018. A cura di Simon Denny, in dialogo con Distributed Gallery, Harm van den Dorpel, Sarah Hamerman e Sam Hart, Kei Kreutler, Aude Launay e Anna-Lisa Scherfose. Cf. https://www.schinkelpavillon.de/exhibition/curated-by-simon-denny-in-dialogue-with-distributed-gallery-harm-van-den-dorpel-sarah-hamerman-and-sam-hart-kei-kreutler-and-aude-launay/.

41. *Simon Denny: Mine*, Museum of Old and New Art, Hobart, 8 giugno – 13 aprile 2020; K21, Düsseldorf, 5 settembre 2020 – 17 gennaio 2021; Petzel Gallery, New York, 18 marzo – 15 maggio 2021. Sulla mostra, cf. almeno Anthony Byrt, "Gaming the System", in *Artforum*, settembre 2019, https://www.artforum.com/print/201907/anthony-byrt-on-the-art-of-simon-denny-80520; e Brian Droitcour, "Down in the Mine", in *Art in America*, 18 marzo 2021, https://www.artnews.com/art-in-america/features/simon-denny-nft-1234587232/.

42. Cf. https://nft-mine.com.

43. In Sam Skinner, "Blockchain Future States – An Interview with Simon Denny", cit., pp. 144 – 145.

Cap. 3. La riproducibilità, il valore
e il mercato della media art

La voce su questo dipinto è lunga circa 14 pagine, fittamente scritte. Riguardano chi ha commissionato il dipinto, litigi legali, chi lo possedeva, la sua probabile data, il pedigree dei suoi proprietari. Dietro queste informazioni ci sono anni di ricerca. Per cosa? Per dimostrare, senza ombra di dubbio, che questo è un Leonardo autentico. E per dimostrare che un dipinto quasi identico al Louvre è in realtà una replica. Gli storici dell'arte francesi cercano di dimostrare il contrario.

John Berger, 1972[1]

Personalmente, sono sempre stato convinto che la *Vergine delle rocce* del Louvre fosse quella autentica, e non c'è certificazione che potrebbe farmi cambiare idea. Ma il punto su cui si sofferma John Berger nel primo episodio di *Ways of Seeing* è un altro. Secondo Berger, il mito dell'autenticità è la manifestazione di una religione tarocca, "un sostituto per ciò che i dipinti hanno perso quando la macchina fotografica li ha resi riproducibili", ossia l'aura di Walter Benjamin. Rese trasmissibili e ubique, le immagini della tradizione sono state segregate nei musei, sepolte dietro vetri antiproiettile e sotto pile di carta che servono solo a aumentare artificialmente la distanza tra noi e loro, a renderle preziose, di nuovo "misteriose". Hanno "acquisito una nuova imponenza", non per quello che mostrano o per il loro significato, ma per il loro valore di mercato – un valore che dipende dal fatto di essere autentiche. Per Berger, pensatore raffinato capace di esprimersi in maniera semplicissima, il rapporto tra valore culturale e valore di mercato è biunivoco: fino a un certo punto, il valore di mercato è conseguenza del valore culturale (è un capolavoro, è autentico, è di Leonardo); ma oltre un certo limite, il valore di mercato costruisce valore culturale, ripristina l'aura perduta, restituisce mistero a opere che, diventate riproducibili, l'hanno perso.

Berger nota anche un'altra cosa, che Benjamin non poteva vedere negli anni Trenta ma che era diventata evidente all'inizio dell'era della cultura di massa: che la riproducibilità tecnica, dopo aver distrutto l'aura originaria (che dipende, lo ricordiamo, dall'essere un oggetto unico, inamovibile da un luogo preciso), contribuisce anche a forgiarne il sostituto, in virtù della moltiplicazione e distribuzione dell'immagine originale. Più un'immagine circola (attraverso media, pubblicazioni, gadget, merchandise) più viene vista; più viene vista, più acquista valore: un valore che non si riversa sulle copie, immagini "povere" e destituite, ma si concentra sulla matrice, l'originale, l'unico il cui valore giustifica la sua moltiplicazione e circolazione.

Tutto ciò è vero per le opere che il filosofo Nelson Goodman[2] definisce "autografiche": opere materiali realizzate da un unico artefice, che possono (almeno con le attuali tecnologie) essere copiate ma non duplicate. La copia di un'opera autografica, anche realizzata dallo stesso autore, o da un falsario sopraffino, è sempre diversa dall'originale; è, in altre parole, sempre un falso. Nelle opere autografiche, la dichiarazione di autenticità (la voce sulla *Vergine delle rocce* nel catalogo della National Gallery, la dichiarazione di un perito) certifica l'autenticità che è, per così dire, incorporata nell'opera: nelle procedure, nelle abitudini, nella "mano" dell'artefice.

Opere allografiche

La questione cambia radicalmente quando affrontiamo quelle opere che Goodman chiama "allografiche": opere basate su una partitura, un set di istruzioni, e che possono esistere come istanziazioni del lavoro che sono autonome dal momento della sua produzione; opere in cui la copia non è automaticamente un falso. Goodman si riferisce in particolare ad arti come la musica, il teatro, la danza, la letteratura, l'architettura, ma la definizione si può applicare, più in generale, a tutti i media riproducibili: fotografia, video, oggetti di produzione industriale, opere basate su istruzioni, performance, software.

Le opere allografiche di norma esistono in un'economia della distribuzione, in cui il culto dell'originale (lo spartito autografo di Beethoven, o la bozza di un romanzo) può valere al massimo come feticismo collezionistico. Ma come possono esistere in un'economia della scarsità, fondata sul culto dell'originale e dell'autenticità? Questo è uno dei grandi problemi che l'arte contemporanea ha dovuto affrontare dalle avanguardie (o meglio, dagli anni Sessanta) in poi. La soluzione è stata sempre quella di accompagnare all'opera certificati di autenticità che ne sancissero l'unicità, documenti o contratti che ne certificassero la tiratura in un numero limitato di esemplari o ne specificassero le condizioni di presentazione. Il problema è che, se per un'opera autografica la dichiarazione certifica l'autenticità, per un'opera allografica la forgia, la crea artificialmente. Se un lavoro autografico (a meno che venga riconosciuto come un falso) continua ad avere un valore (magari inferiore, se sussistono dubbi sull'attribuzione) senza certificazione di autenticità, un lavoro allografico senza certificazione non vale nulla (anche se autentico).

Questo fatto produce due importanti conseguenze. In primo luogo il certificato di autenticità, fabbricando (e non semplicemente certificando) l'autenticità e la scarsità, basi del valore, attribuisce un potere e una responsabilità enormi al suo creatore. Se l'opera non può esistere senza di esso al di fuori di un'economia del dono, il certificato ne è parte integrante, *conditio sine qua non*. La sua stesura è a tutti gli effetti parte dell'atto creativo. Non sorprende che molti artisti ne abbiano fatto, come vedremo, oggetto di investigazione, spazio di sperimentazione artistica.

In secondo luogo, la scarsità – una condizione materiale per gli artefatti autografici – diventa una convenzione per quelli allografici. Un quadro esiste come unico. Le tecniche di stampa tipografiche consentono tirature limitate prima che la matrice si usuri. Da un negativo fotografico, invece, possiamo teoricamente derivare innumerevoli copie; un oggetto di produzione industriale può teoricamente essere riprodotto in milioni di esemplari. E se per l'arte che richiede un supporto materiale una condizione intrinseca di scarsità possono essere i costi di produzione, per un file digitale non esistono più barriere. Un'immagine si duplica nello stesso momento in cui la mando a qualcuno, o la sposto da un dispositivo all'altro; un sito Web viene automaticamente copiato nella memoria temporanea del mio browser nel momento stesso in cui lo visito.

La scarsità delle opere d'arte allografiche può essere frutto di una convenzione, ma non è una convenzione assurda, anzi. Si adegua a un modo di esistere dell'arte (come bene scarso in un mercato del lusso). Crea i presupposti per una economia sostenibile per l'artista, *soprattutto* per quegli artisti che portano avanti una ricerca rischiosa, sperimentale, amata e compresa – al momento della sua concezione – solo da una ristretta nicchia di persone. Consente all'opera di sopravvivere al tempo. Tutti vorremmo avere in casa, oggi, un dipinto di Claude Monet (o, magari, un orinatoio di Marcel Duchamp). Un secolo dopo la loro comparsa, potremmo forse concepire un mercato di massa per queste opere. Ma al momento della loro concezione, e per molto tempo, i readymade di Duchamp sono esistiti al di fuori di qualsiasi mercato. Per lo più sono andati distrutti, e sono stati ricreati quando si è sviluppata per essi una possibile economia – non di massa, ma limitata a un numero esiguo di musei e collezionisti che all'epoca potevano accettarne lo statuto di arte. Copie senza originale, concepite da Duchamp in combutta con il mercante, gallerista e intellettuale italiano Arturo Schwarz negli anni Sessanta.

Se nessuno lo raccoglie, lo conserva, se ne prende cura, *anche un file digitale può sparire.* Non esiste nulla di più delicato ed effimero di un'opera riproducibile – proprio perché serve un patto, un consenso tra le parti per determinarne il valore. Vale la pena di pensarci quando ci si interroga sul mondo dell'arte. Ha dato vita a un sistema suscettibile di speculazioni assurde, in grado di allargare fino all'estremo la forbice tra valore commerciale e valore culturale. Un sistema che può essere facilmente abusato da truffatori e speculatori, e che nei suoi momenti peggiori sembra aver convertito l'abuso stesso in una logica sistemica. Ma è anche l'unico sistema che si è rivelato in grado, finora, di salvare idee delicate come le ali di una farfalla. Un sistema che funziona in quanto, alla sua origine, c'è un patto tra due parti, entrambe convinte del valore di ciò che si stanno scambiando (talvolta, grazie al supporto, la conferma o la mediazione di una serie di altre figure: critici, curatori, galleristi, musei). È un sistema in cui l'abuso si può manifestare a ogni livello, ma al cui nucleo esiste sempre chi vi partecipa solo per amore.

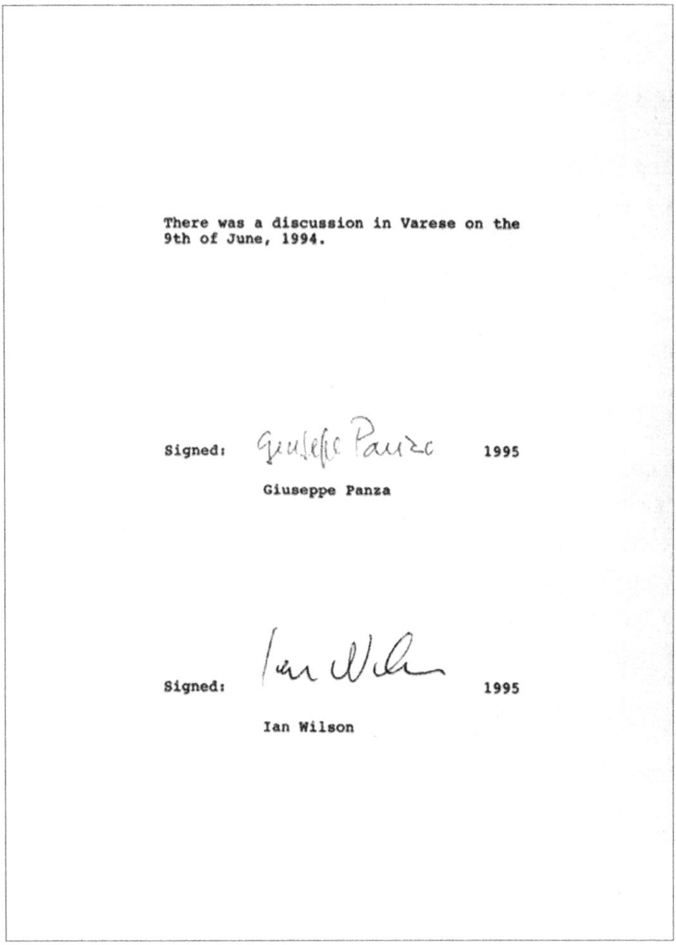

There was a discussion in Varese on the
9th of June, 1994.

Signed: *Giuseppe Panza* 1995

Giuseppe Panza

Signed: *Ian Wilson* 1995

Ian Wilson

Ian Wilson, *Discussion: June 9, 1994, Varese*, 1994. FAI Fondo Ambiente Italiano,
Collezione Panza, Gift, 1996

Zone di sensibilità immateriale

Se non avete mai visitato Villa Panza, non perdete l'occasione di farlo. È un luogo meraviglioso, non solo per la sua collocazione – tra le colline sopra a Varese – ma anche per quello che custodisce. Dalla metà degli anni Cinquanta il suo proprietario – il conte Giuseppe Panza di Biumo – cominciò a invitare alcuni artisti che amava (fra cui Dan Flavin, James Turrell e Robert Irwin) a intervenire su alcuni ambienti della villa, creando le loro opere direttamente in loco, per quello spazio (e in alcuni casi, con quello spazio). Molte di queste opere sono ora proprietà della Fondazione Guggenheim, ma restano a Villa Panza perché lì devono stare.

Gironzolando per la villa, qualche anno fa mi imbattei in un singolare artefatto. Era un foglio di carta incorniciato, appeso in un luogo di passaggio tra un ambiente e l'altro, un po' più in alto del consueto, al punto da passare facilmente inosservato all'occhio dello spettatore ormai assuefatto a tanta visualità. Diceva semplicemente: "There was a discussion in Varese on the 9th of June, 1994." Apparentemente, Giuseppe Panza amava molto le conversazioni con l'artista sudafricano, ma americano d'adozione, Ian Wilson, al punto da averne avute almeno tre nel corso della sua vita: nel 1974, nel 1994, e nel 2008, due anni prima di morire[3]. Erano vere discussioni, che duravano circa un'ora e si concentravano su concetti filosofici come la verità o l'assoluto. Che avvenissero in privato o in pubblico, Wilson impediva qualsiasi forma di documentazione o di registrazione. Delle numerose conversazioni che ha organizzato nel corso di oltre cinquant'anni sopravvivono gli inviti, gli attestati di partecipazione e questi fogli, scritti a macchina, che funzionano come atto d'acquisto. Non diversamente da un *token* crittografico, ciascuno di questi fogli contiene una marcatura temporale (la data della conversazione e, a volte, quella della transazione) e le firme dei due "nodi" (Ian Wilson e Giuseppe Panza) che certificano la transazione. Diversamente da un *token* crittografico, esiste come oggetto unico in una collezione, non come dato pubblico su un registro distribuito, il che lo rende potenzialmente ancora più effimero. Eppure ha un valore, quello che gli viene attribuito dalle due parti; e certifica un valore, quello della conversazione conservata solo nella memoria delle due parti, che a oggi se la sono portata entrambe nella tomba (Giuseppe Panza nel 2010, Ian Wilson nel 2020). Se il certificato tornasse sul mercato, sarebbe l'unica traccia materiale esistente di un colloquio avuto da due signori, in una bella villa di Varese, in un giorno d'estate del 1994. Qualsiasi prezzo apparirebbe come una mistificazione. Non basta forse, a far sopravvivere questa immagine, la foto di Giorgio Colombo pubblicata sul sito della collezione e probabilmente su qualche catalogo? O quella che io, e numerose altre persone, scattiamo col nostro cellulare e pubblichiamo su qualche social network o conserviamo gelosamente nel nostro archivio? Eppure, è il prezzo pagato da Giuseppe Panza nel 1995 per questo certificato, e quello che altri sarebbero disposti a pagare per farlo proprio, che consente a questo effimero ricordo di un'opera d'arte totalmente smaterializzata di sopravvivere al tempo.

L'arte concettuale è la tendenza del Novecento che ha vissuto con maggior intensità, e drammaticità, la discrasia tra riproducibilità e costruzione del valore. La cosa non dovrebbe sorprendere: chi, più di un artista convinto che l'arte può esistere come pura idea, può comprendere l'importanza del patto che si genera tra emittente e destinatario di questa idea? Chi, più di un artista che sta lottando contro la materialità e la mercificazione dell'arte, può rendersi (drammaticamente) conto che, nel mondo in cui viviamo, solo la documentazione o la certificazione di quello scambio possono garantirne la realtà, e la trasmissibilità nello spazio e nel tempo?

A dire il vero, prima ancora che per sanzionare l'autenticità dell'opera, o la concretezza del suo manifestarsi, il patto tra artista e spettatore / collezionista, e la sua eventuale certificazione, così come lo scambio con un bene di valore (denaro, oro) servono per registrare, attraverso un dispositivo di consenso, la natura di volta in volta mistica, magica o alchemica del gesto artistico. Dal novembre 1959, l'artista francese Yves Klein comincia a cedere, a chi sia disposto a pagarle al prezzo dell'oro, zone di sensibilità pittorica immateriale. Secondo Pierre Restany,

*Si tratta dello spazio allo stato puro impregnato della sua
presenza, nel seguito logico dell'Atto Maggiore del 1958,
l'esposizione del Vuoto. La transazione si svolge tramite assegno.
Se l'acquirente è disposto a bruciare integralmente l'assegno,
cioè il suo titolo di proprietà, la totalità dell'oro è restituita al
cosmo. Nel caso contrario, solo una parte dell'oro è gettata nella
Senna. L'altra parte torna momentaneamente a Yves Klein, che
ne è depositario solo a titolo precario e provvisorio. Quest'oro,
prodotto dal fuoco di Dio, appartiene a Dio e deve essere
rimesso a Santa Rita, simbolo del controllo dell'ordine di Dio
sulla sensibilità pittorica immateriale*[4].

Klein, continua Restany, sarà fedele al rito: nel febbraio 1961 porta a Cascia un ex-voto dedicato alla Santa, che nella parte inferiore include tre lingotti d'oro. Un testo incluso nel cofanetto specifica che si tratta dell'oro di cui è stato depositario a seguito delle prime quattro cessioni di sensibilità pittorica immateriale, avvenute tra il novembre e il dicembre 1959. Ogni cessione implica due atti di fede: il pagamento e la distruzione dell'assegno che testimonia il passaggio di proprietà. Il primo implica la fiducia nell'artista come tramite per l'acquisizione di zone di sensibilità immateriale; dal momento che è tramite, officiante di un rito, e non "autore", Klein non trattiene per sé ciò che ottiene in cambio ma lo restituisce a Dio,

Yves Klein, *Cession d'une Zone de sensibilité picturale immatérielle à Dino Buzzati. Série n°1, Zone 05, 26 janvier 1962.*Courtesy: Succession Yves Klein

o disperdendolo nella Senna o donandolo a Santa Rita. Il secondo implica la convinzione che l'artista è solo un tramite: che io ora possiedo quella porzione di immateriale, in un modo che nessuna traccia materiale può o deve certificare, perché il mio scambio è avvenuto con Dio. La distruzione, inoltre, avviene attraverso la sublimazione del fuoco, che fa da sigillo definitivo dello scambio. Alla fine del processo, nella situazione ideale della cessione non rimane nulla: né gli assegni, né l'oro. Anche l'ex-voto a Santa Rita era stato fatto in forma anonima ed era destinato a restare un gesto segreto. Eppure, come in ogni rituale, la realtà effimera degli elementi che lo compongono è decisiva: senza oro, senza assegno, senza qualcuno disposto ad accettare la realtà del gesto dell'artista, la cessione non sarebbe avvenuta.

Per quanto scevro dalle implicazioni misticheggianti di Klein, anche l'italiano Piero Manzoni, che duettava con lui da Milano, si riteneva l'officiante di un rito. Già nel 1957, quando ancora dipingeva quadri, scriveva: "un quadro è ed è sempre stato un oggetto magico, un oggetto religioso. Solo che gli dei cambiano"[5]. Quando, poco più tardi, concepisce gli *Achrome*, i suoi quadri bianchi ricoperti di caolino, li intende come frammenti di infinito, "pura energia", "essere totale" e "puro divenire"[6]. Ma sono pur sempre quadri, oggetti, materia destinata a essere apprezzata secondo logiche per lui obsolete: è necessario uno stacco radicale, che arriva con le prime *Linee* (1959), incapsulate in contenitori con un'etichetta che ne dichiara la lunghezza. Accettare questa dichiarazione vuol dire compiere un atto di fiducia nei confronti di un'affermazione non verificabile, a cui possiamo solo credere. È l'inizio di una serie di variazioni mirabolanti, che investono l'artista come artefice di una magia in grado di trasformare la realtà: Manzoni confeziona linee di lunghezza infinita; crea *Basi magiche* (1961) che trasformano chiunque prenda posizione su di esse in opere d'arte; realizza una *Base del mondo* (1961), un piedistallo capovolto che con il solo incantesimo del nome trasforma il pianeta a cui si appoggia in una scultura di cui costituisce il basamento; mette a bollire delle uova e invita il pubblico a consumare l'arte; compila *Carte d'autenticità* (1961), con cui autentica come opere d'arte di Piero Manzoni spettatori, compagni di strada (fra cui Umberto Eco), oggetti quotidiani. Che cosa consacra queste proposte, questi gesti di trasformazione magica, di transustanziazione alchemica? In Manzoni, la consacrazione è data dal corpo dell'artista, attraverso il segno della firma o l'impronta digitale con cui sigla le sue uova prima di donarle alla consumazione del pubblico. La sua arte diventa un'emissione del corpo "deificato" dell'artista, secondo l'interpretazione offerta da Germano Celant:

[...] l'artista italiano si rifiuta di plasmare il mondo, non aspira a raggiungere, tramite ierofanie, il trascendente, né a decifrare lo spirito, piuttosto 'si deifica' quale mito concreto di un esistere in terra, non in cielo... La sua replica al quesito sulle relazioni tra arte e vita è decisamente realistica e materialistica, è fatta di terra e caolino, di feci e di fiato[7].

Il corpo "deificato" dell'artista, offerto in comunione in *Consumazione dell'arte dinamica del pubblico divorare l'arte*, produce reliquie non più attraverso l'atto creativo delle mani, ma donando il suo respiro ai *Fiati d'artista*, il suo sangue alle (progettate) fialette di *Sangue d'artista*, le sue feci alle (realizzate) scatolette di *Merda d'artista*. Ma anche in questo caso, la consacrazione dell'impronta o della firma, la sacralità implicita nelle sue emissioni, non basta. La comunione funziona perché il pubblico accetta di consumare l'arte. La scommessa più provocatoria di Manzoni funziona perché qualcuno accetta di comprare le sue scatolette di 30 grammi di merda d'artista per il prezzo di 30 grammi d'oro. Racconta a questo proposito Bernard Aubertin nel 1968:

Quando bussai alla porta della sua camera, egli uscì dal wc dell'albergo, vestito di una vestaglia blu a pois bianchi. Mi disse semplicemente, dandomi la mano: "Ero al wc per lavorare, per avere della MERDA D'ARTISTA da vendere. Se l'eventuale compratore di una delle mie scatole di merda trova il prezzo troppo alto, io offro di vendergli la mia merda al peso da lui desiderato, avvolta in un foglio di carta igienica, dopo averla tirata fuori dal wc a cucchiaiate".

In altre parole: al collezionista che non sa riconoscere il valore dell'operazione concettuale che genera la *Merda d'artista*, Manzoni regala un pezzetto di merda non confezionata, rendendo immediatamente percepibile lo scarto fra il prodotto del suo corpo e quello della sua arte. Viceversa, l'accettazione del patto che l'artista propone al collezionista ratifica l'equivalenza tra *Merda d'artista* e oro.

Piero Manzoni nel 1961.
Foto di Helene Bagger

Certificati, contratti e opere-registro

Nel maggio 2012, il collezionista e dealer Roderic Steinkamp denuncia presso la corte suprema di New York la Rhona Hoffman Gallery, colpevole di aver perso il certificato di *Wall Drawing #448* (1985), un'opera di Sol LeWitt che Steinkamp gli aveva lasciato in conto deposito, installata in una residenza privata in Massachusetts. La causa si chiuse con un accordo privato tra le parti, ma fu comunque utile per sollevare pubblicamente una questione: che rapporto si crea tra un'opera d'arte e il suo certificato di autenticità? L'opera continua ad essere un'opera d'arte senza il suo certificato? La sua eventuale perdita o distruzione va a danneggiare solo il valore commerciale dell'opera, o anche il suo valore culturale? La risposta è evidentemente complessa, varia da opera a opera e da artista a artista. Nel caso di Sol LeWitt, stando a Steinkamp:

> *Il certificato originale, emesso e firmato dall'artista ora defunto, è un documento unico e insostituibile che non può essere riprodotto o sostituito. Non c'è sostituto per il certificato originale affidato alle cure e alla custodia dell'accusato… Dal momento che i Wall Drawings non sono, come una tela incorniciata o una scultura su un basamento, un'opera d'arte indipendente e portatile, la documentazione del lavoro è cruciale per trasmetterli o venderli a un collezionista o una istituzione. Il certificato originale è richiesto per la vendita del dipinto murale[8].*

Nei suoi "Paragraphs on Conceptual Art" (1967), LeWitt aveva scritto che "l'idea diventa la macchina che produce l'arte". I suoi *Wall Drawings* sono una felicissima applicazione di questo principio: in partenza, esistono solo in forma di istruzioni. Come molta arte basata su istruzioni degli anni Sessanta e Settanta, celebrano la possibile esistenza dell'arte in una economia del dono priva di vincoli di autorialità e di legami col mercato. Se voglio, posso stamparmi le istruzioni di un *Wall Drawing*, seguirle

C E R T I F I C A T E

This is to certify that the Sol LeWitt wall drawing
number ___95___ evidenced by this certificate is authentic.

```
On a wall divided vertically into 15 equal
parts, vertical lines, not straight, using
four colors in all one-, two-, three-, and
four-part combinations.

Red, yellow, blue, black pencil
First Drawn by:  Sol LeWitt
First Installation:  Toselli Gallery, Milan, Italy
July, 1971
```

This certification is the signature for the wall drawing and must
accompany the wall drawing if it is sold or otherwise transferred.

Certified by _______________________
Sol LeWitt

© Copyright Sol LeWitt _______________
Date

Sol LeWitt, autentica del *Wall Drawing n. 95*, 1971

fedelmente per realizzarne uno sulla parete del salotto, ed essere felicissimo così; allo stesso modo, posso dare la mia interpretazione di *Drip Music* (1959) di George Brecht, o usare *Grapefruit*, il magnifico libro pubblicato da Yoko Ono nel 1964, per trasformare la mia vita in una performance quotidiana.

Per controllare la circolazione dei suoi *Wall Drawings* a livello istituzionale e di mercato, Sol LeWitt ha prestato molta cura nella stesura di un certificato che non si limita ad affermare l'autenticità dell'opera che accompagna: contiene anche le istruzioni dettagliate per realizzarlo, informazioni sulla sua prima realizzazione (chi l'ha eseguito e dove), ed è spesso associato a un diagramma che ne illustra quello che oggi chiameremmo il "look and feel". Di solito si chiude con una clausola che dice: "Questo certificato è la firma del disegno murale, e deve accompagnarlo se viene venduto o trasferito in altra forma." L'opera non può essere venduta o trasferita senza certificato, mentre è invece vero il contrario: è possibile acquisire il certificato senza l'opera realizzata, e seguirne le istruzioni per realizzarla nella casa del collezionista o nel museo che acquisisce il certificato. Opera e certificato hanno anche temporalità diverse: il *Wall Drawing* può essere realizzato dal museo che ne detiene il certificato per una mostra temporanea, e poi distrutto senza perdere la proprietà dell'opera, garantita dal possesso del certificato.

I certificati di Sol LeWitt consentono a un'opera concettuale capace di esistere in una economia del dono di manifestarsi legittimamente in una economia dell'esperienza (il museo), così come di avere un'esistenza parallela in una economia di mercato, come ha dimostrato nel 1987 la vendita all'asta di *Wall Drawing 86: Ten thousand lines about 10 inches (25 cm) long, covering the wall evenly* (1971) per 26.400 dollari. Adattano un'idea infinitamente riproducibile all'economia della scarsità dell'arte contemporanea. L'economia, tuttavia, non è l'unica ragione di esistenza dei certificati di autenticità. Come ogni dichiarazione firmata, il certificato afferma e sanziona il potere affermativo dell'arte, secondo modalità che abbiamo già visto in azione nel lavoro di Klein e di Manzoni, e

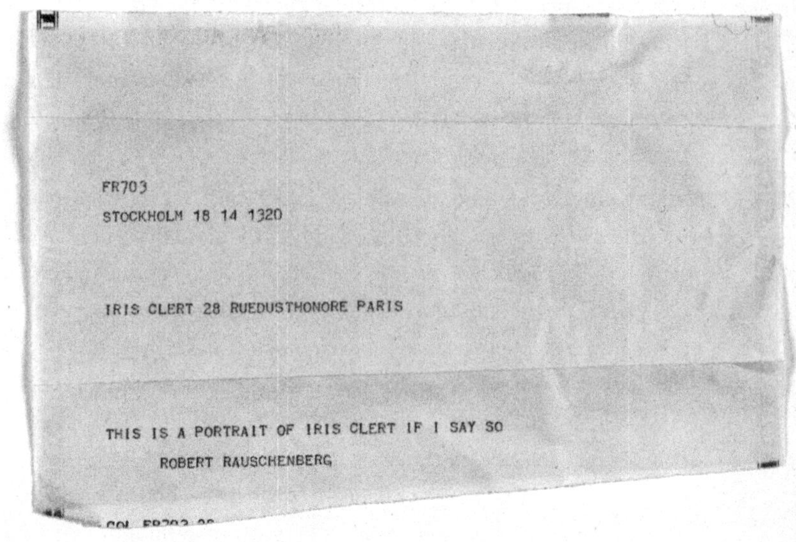

Robert Rauschenberg, *This Is a Portrait of Iris Clert If I Say So*, 1961. Telegramma con busta, 44.5 x 34.6 cm. Collezione Ahrenberg, Vevey, Svizzera

che – con pragmatismo americano – nel 1961 Robert Rauschenberg ha riassunto nel telegramma "This is a portrait of Iris Clert if I say so". Se nel concettuale può arrivare all'estremo di identificarsi con l'opera o sostituirla, per lo più nel mondo dell'arte contemporanea ha il valore di una "displaced signature", come suggerisce Martha Buskirk sottolineando l'opportunità di una pratica di questo tipo, con l'emergere di opere realizzate con processi e materiali industriali, come nel minimalismo, o naturali, come nella Land Art e nell'Arte povera[9]. Il che non significa che non sia fondamentale per stabilire l'autenticità dell'opera, come sanno bene i collezionisti di Dan Flavin, che si rifiutava di riprodurre i certificati di autenticità perduti o smarriti associati alle sue opere (una prassi mantenuta dai suoi successori dopo la morte dell'artista). Da parte sua, Felix Gonzales-Torres prevedeva per certe opere che il nome dell'attuale

Douglas Huebler, *Variable Piece #44 / Global*, 1971.
Courtesy: Estate of Douglas Huebler

proprietario fosse incluso nel certificato di autenticità, e che il linguaggio della descrizione dell'opera fosse aggiornabile per adattarsi ai tempi e esprimere con precisione la natura specifica ma anche aperta dell'opera stessa; una prassi tutt'oggi perseguita dalla sua fondazione.

Più in generale, nell'arte contemporanea il certificato illustra le condizioni di esistenza dell'opera d'arte, e si adatta a queste condizioni con notevole flessibilità. In *Variable Piece No. 44* (1971), di Douglas Huebler, certificato, istruzioni e opera sono tutt'uno. L'opera è di fatto un registro pubblico distribuito, come la blockchain, e pur esistendo in edizione di 100, numerata e firmata, il protocollo che la informa rende, di fatto, unico ogni esemplare dell'edizione. Le regole del gioco sono scritte nella parte bassa di un foglio destinato ad accogliere, per dieci anni (dal 1971 al 1980) la fotografia del suo proprietario, preceduta dall'immagine del proprietario dell'edizione precedente e successiva. In caso di morte del proprietario o di vendita, l'opera mantiene traccia fotografica del passaggio di proprietà. Se l'opera resta nelle mani dello stesso proprietario, registra i segni lasciati dal tempo sul suo viso nel corso di dieci anni; se passa di proprietà, diventa un registro della propria esistenza nel mercato. Al contempo, l'opera registra l'impegno del suo proprietario nel mantenere in vita la rete sociale necessaria per completarla. Diversamente dalla blockchain, in cui il codice è legge, il "programma" che la regola è, entro certi limiti, violabile. Stando alle regole, l'opera può essere venduta solo nel corso del suo primo anno di esistenza, ma l'esemplare posseduto dalla Tate London (edizione n. 46) passa dalle mani dell'artista a quelle del museo nel 1974: da allora la riga centrale ospiterà l'immagine fotografica del capo dei Trustee della Tate[10]. In questo esemplare, tutte e tre le file sono complete; i vari esemplari custoditi dal MoMA di New York sono invece frammentari, fino all'estremo dell'edizione n. 24, che non riporta alcuna immagine.

Nei casi più radicali, le condizioni di esistenza dell'opera possono influenzare anche le condizioni di esistenza del contratto. L'artista tedesco Tino Sehgal è noto per le sue performance, che descrive come "situazioni costruite", e per la strenua resistenza che oppone alla loro trasformazione in "oggetto", un termine che copre ogni manifestazione non effimera delle stesse, dalla loro traduzione in artefatti fisici agli apparati informativi che spesso accompagnano le opere nello spazio espositivo, fino alla loro manifestazione come oggetti mediatici, come fotografie e video, sia ufficiali che amatoriali. Il rigore di Sehgal si estende anche alla trasmissione delle indicazioni necessarie alla loro esecuzione e alla vendita. I partecipanti – che siano attori, performer non professionisti, assistenti di galleria o volontari – sono istruiti verbalmente dall'artista stesso, da un assistente di studio o da qualcuno delegato per farlo. Le sue opere vengono vendute, di solito in edizione, tramite un accordo verbale siglato alla presenza di un notaio e dell'artista o di un suo assistente. Nessuna ricevuta, nessun contratto, nessun certificato, nessuna registrazione della conversazione. Chi ha preso parte a queste transazioni le definisce "una sorta di terapia". Si tratta di una

procedura che pone delle sfide enormi sia al collezionismo privato
che a quello pubblico, e che forza le istituzioni che vi si piegano
a inventare protocolli di conservazione del tutto nuovi. Secondo
l'artista, "l'esperimento al centro della mia pratica è verificare che
cosa succeda se non produci nulla di materiale, pur producendo
qualcosa". Di conseguenza, il lavoro non va conservato, ma va
ricordato: "Se il mio lavoro fosse completamente dimenticato per
vent'anni, se nessuno disponesse della conoscenza incorporata
necessaria per installarlo ed eseguirlo, sarebbe senz'altro una forma
di deterioramento"[11].

Il controllo di Sehgal sulla circolazione del proprio lavoro è
limitato dalla sua totale immaterialità. Le leggi sul copyright inglese
e americana, ad esempio, non ritengono il copyright applicabile a
opere prive di qualsivoglia manifestazione materiale. Ciò significa
che, se il contratto privato protegge l'artista da abusi eventualmente
perpetrati dall'acquirente, non può nulla contro quelli di terze parti,
nei paesi dove il suo lavoro non può essere protetto dal copyright.
Allo stesso modo, in assenza di copyright non può beneficiare
del diritto di seguito, il guadagno sulle vendite secondarie, anche
nei paesi in cui quest'ultimo è previsto[12]. Indirettamente, il suo
lavoro porta alla luce una mappatura globale dei diritti degli artisti.
Nessuna di queste difficoltà, peraltro, gli impedisce di rimanere
fedele ai suoi principi, né di avere un mercato o di essere accolto in
prestigiose collezioni museali.

Per quanto estrema, e certamente non replicabile da parte di
artisti che godano di una reputazione meno consolidata, la forza
contrattuale di Sehgal è senz'altro figlia della familiarità acquisita
nel tempo dal mondo dell'arte con i certificati di autenticità e gli
sforzi, perseguiti da alcuni suoi attori, di attribuire maggior controllo
all'artista sulla vita della sua opera, prima e dopo la vendita.
A questo proposito, una pietra miliare è sicuramente costituita
dall'*Artist's Reserved Rights Transfer and Sale Agreement* stilato nel
1971 dal curatore, editore e mercante olandese Seth Siegelaub con
l'avvocato Robert Projansky[13]. Frutto del dialogo con più di 500
artisti, mercanti, avvocati, collezionisti, critici e curatori museali,

"è stato concepito come rimedio ad alcune iniquità riconosciute del mondo dell'arte, in particolare in relazione alla mancanza di controllo degli artisti sull'uso del loro lavoro, e di partecipazione alla sua economia quando non gli appartiene più." In termini contemporanei, è un progetto *open source*, utilizzabile nella sua forma standard o personalizzabile secondo le peculiarità del proprio lavoro, da chiunque sia interessato a usarlo. Oltre a garantire all'artista una percentuale del 15% su ogni rivendita, il contratto di Siegelaub e Projansky stabilisce il diritto dell'artista ad avere un registro aggiornato dei passaggi di proprietà, di essere notificato o consultato in occasione di esposizioni o interventi conservativi (ed eventualmente di opporvisi), di avere in prestito il lavoro per eventuali mostre a cui è invitato. Il contratto sottolinea anche i benefici che possono venire ai collezionisti dalla sua sottoscrizione: la possibilità di costruire una relazione paritaria, uno a uno, improntata al rispetto con l'artista (anche per chi ha comprato l'opera sul mercato secondario); di ottenere dall'artista una storia certificata dell'opera, e di conoscerne meglio la natura e le intenzioni.

Il contratto di Siegelaub e Projansky nasce in una fase in cui il mercato dell'arte mancava di qualsiasi forma di regolamentazione. "È un sostituto per ciò che esisteva prima – niente." Deve combattere contro le resistenze di chi si oppone alla commercializzazione dell'arte e di chi si preoccupa di una eccessiva formalizzazione delle proprie relazioni; dei mercanti che temono un calo delle vendite, dei collezionisti sospettosi, delle istituzioni che vogliono mantenere il controllo nel proprio rapporto con gli artisti. Pochi artisti lo adotteranno veramente, e chi – come il tedesco Hans Haacke – decide di usarlo con regolarità dovrà fronteggiare situazioni spiacevoli come quella del MoMA di New York che gli rifiuta una donazione perché il lavoro è accompagnato dal contratto. Al contempo, il contratto segnala l'inizio di un percorso di riconoscimento dell'artista come "art worker", che non è ancora arrivato pienamente a compimento; e rivendica per l'artista di avere il controllo sul contesto – istituzionale, commerciale, ideologico – in cui viene esposta e sui modi in cui viene usata la propria opera.

Arte come valuta

Nel 1971, motivando l'adozione del contratto, Siegelaub offre una breve descrizione del mondo dell'arte del suo tempo. Spiega che tutti gli artisti vendono il loro lavoro a due categorie di persone: gli amici (coloro che interagiscono socialmente con loro o il loro mercante, quantificati al 75%) e i non amici (forestieri con cui non hanno alcun contatto). Di questi, è verosimile che una buona parte – diciamo il 20% – voglia stabilire un buon rapporto con l'artista, e quindi firmi il contratto senza problemi. "In un certo senso, il contratto ti aiuterà a capire chi sono i tuoi veri amici." Siegelaub spiega anche come persuadere quel restante 5% di ritrosi, per cui peraltro non sembra nutrire molto rispetto. Il contratto non li danneggia economicamente, non ferma chi ha amore per il lavoro e per l'artista; e d'altra parte, sarebbe veramente sciocco fissare nel non utilizzo del contratto il criterio per la costituzione della propria collezione.

Oggi, il mondo dell'arte descritto da Siegelaub non esiste più – o meglio, esiste come un'isola spazio-temporale in una situazione molto più articolata. I rapporti di amicizia sono ancora molto importanti, e il successo e la durata di una pratica artistica è spesso vincolata al formarsi, attorno all'artista, di una rete di protezione relativamente ridotta, una sorta di famiglia fatta di collezionisti, altri artisti, galleristi, critici e curatori che ne supportano il lavoro con continuità e con amore. Ma i processi e i cambiamenti sistemici che hanno trasformato il mondo nei decenni successivi hanno stravolto anche il mondo dell'arte. La ritrovata vitalità del mercato negli anni Ottanta, frutto del ritorno a linguaggi più digeribili e dell'esuberanza finanziaria dell'era reaganiana e thatcheriana; e la sua globalizzazione a partire dagli anni Novanta, l'hanno portato a crescere sia in termini di fatturato che di bacino d'utenza; l'arte contemporanea è diventata un settore di investimento economico, non solo per collezionisti individuali, ma anche per banche, fondi di investimento e aziende; la crescita della domanda è stata sia causa che conseguenza dell'esplosione dell'offerta, tanto orizzontalmente

THE ARTIST'S RESERVED RIGHTS TRANSFER AND SALE AGREEMENT

The accompanying 3 page Agreement form has been drafted by Bob Projansky, a New York lawyer, after my extensive discussions and correspondence with over 500 artists, dealers, lawyers, collectors, museum people, critics and other concerned people involved in the day-to-day workings of the international art world.

The Agreement has been designed to remedy some generally acknowledged inequities in the art world, particularly artists' lack of control over the use of their work and participation in its economics after they no longer own it.

The Agreement form has been written with special awareness of the current ordinary practices and economic realities of the art world, particularly its private, cash and informal nature, with careful regard for the interests and motives of all concerned.

It is expected to be the standard form for the transfer and sale of all contemporary art, and has been made as fair, simple and useful as possible. It can be used either as presented here or slightly altered to fit your specific situation.

If the following information does not answer all your questions consult your attorney.

1

Seth Siegelaub, Robert Projansky, *Artist's Reserved Rights Transfer and Sale Agreement*, 1971

– con l'emergere dei nuovi mercati globali – quanto verticalmente, con il successo delle scuole d'arte e dei programmi di formazione per artisti. Parallelamente, la rete internet ha aperto nuovi canali di comunicazione, nuove possibilità di competere in un'economia dell'attenzione, di costruirsi e alimentare un audience, ma anche nuove prospettive per il mercato dell'arte.

Per farla breve: oggi, se la possibilità di vendere un'opera grazie a un gallerista con cui si è instaurato un rapporto di fiducia e amicizia, a un collezionista che segue l'artista da anni e ama il suo lavoro, non è svanita; è tuttavia cresciuta esponenzialmente la possibilità di venderlo (magari a distanza) a un estraneo che non conosce la nostra storia, non ama il nostro lavoro, guarda più all'etichetta del prezzo e agli indici di apprezzamento che all'opera in sé, e verosimilmente non la terrà mai in casa, ma la depositerà in un magazzino in attesa di rivenderla a un prezzo più alto.

Ovviamente, tra questi due estremi esiste un'infinità di sfumature possibili; ma in questo contesto non ci interessano le sfumature, quanto piuttosto notare che il mondo dell'arte è evoluto in un ecosistema in cui l'arte esiste come valuta internazionale di scambio e di accumulazione delle risorse. Il concetto di "arte come valuta" viene introdotto dallo storico dell'arte americano David Joselit nel libro *After Art*, pubblicato nel 2013[14]. Per Joselit, l'idea di arte come valuta non si collega solo al suo valore economico, ma anche alla sua natura di "convertitore universale" del valore, e alla sua libera circolazione "neoliberale" nei mercati globali, non solo in forma di artefatto ma anche in forma di immagini e riproduzioni. Nell'età dell'informazione, l'arte esiste infatti come "oggetto documentato", ed è proprio – come già aveva intuito Berger – la sua esplosione in una miriade di copie che possono circolare liberamente e "essere ovunque simultaneamente" a ricostruire attorno all'opera l'aura che è la matrice del valore. Se l'aura di Benjamin dipendeva dal legame dell'opera con un luogo, quella di Joselit – che lui ridefinisce *buzz*, brusio – è conseguenza della sua ubiquità "e dell'emergere di comportamenti di popolazioni di attori." Joselit non critica questa esistenza dell'arte come valuta internazionale che attraversa i confini senza difficoltà, ma piuttosto si interroga su come "l'arte possa fungere da valuta senza cedere alla monetizzazione", e come si possa "pensare a una ridistribuzione del valore delle immagini, usando questa valuta per fini diversi dal profitto economico"[15].

Sul concetto di arte come valuta ritorna, qualche anno dopo, l'artista Hito Steyerl in alcuni saggi poi confluiti nel volume *Duty Free Art* (2017)[16]. Nel saggio omonimo, Steyerl afferma:

L'arte contemporanea è resa possibile dal capitale neoliberista più Internet, biennali, fiere d'arte, storie pop-up parallele, e da una crescente disuguaglianza di reddito. Aggiungiamo a questo elenco la guerra asimmetrica, come una delle ragioni della vasta ridistribuzione della ricchezza, la speculazione immobiliare, l'evasione fiscale, il riciclaggio di denaro e la deregolamentazione dei mercati finanziari[17].

In questo quadro fosco, Steyerl individua il "luogo primario dell'arte contemporanea" nel porto franco: un magazzino collocato in un paradiso fiscale, un territorio defiscalizzato, extraterritoriale, opaco, una zona di "transito permanente". Qui, l'arte si accumula

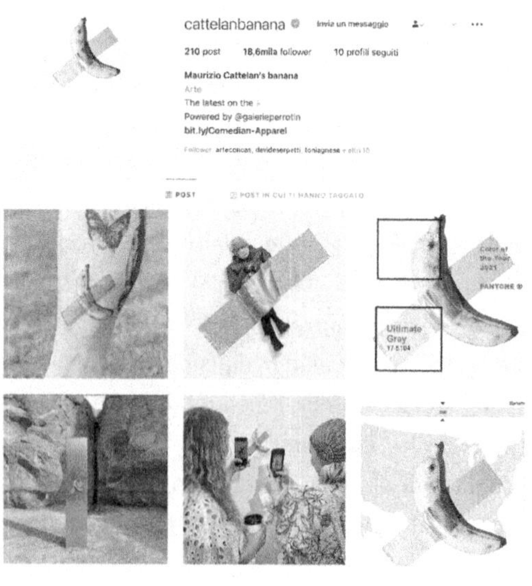

L'aura come buzz: l'account instagram ufficiale di *Comedian* (2019), di Maurizio Cattelan

in quantitativi pari o superiori ai magazzini dei musei, transita liberamente da un magazzino all'altro quando viene venduta, spesso senza lasciare la propria cassa. È una sorta di museo segreto, in cui l'arte circola, non vista e nell'assoluta opacità dei dati a essa associati. Secondo Steyerl, a questa modalità di circolazione e stoccaggio corrisponde una specifica forma d'arte, che chiama appunto "duty free art": un'arte che non ha alcun dovere – storico, didattico, di rappresentanza – se non quello di essere un bene di proprietà, di incarnare valore monetizzabile.

Un anno dopo, Steyerl torna sul concetto in un saggio che definisce l'arte come la valuta alternativa di questo momento storico, e che propone una interessante analogia con le criptovalute (18). Secondo Steyerl, l'arte soddisfa quella che per le criptovalute è ancora solo una promessa: è un sistema di valore in rete, decentralizzato e diffuso; è stabile perché la competizione tra istituzioni e punti di vista crea un equilibrio tra apprezzamento e perdita di valore; la garanzia di quest'ultimo è generata non da un'istituzione centralizzata, ma da "un miscuglio di sponsor, giudici, blogger, sviluppatori, produttori, hipster, gestori, mecenati, corsari, collezionisti e personaggi molto più ambigui"; un'ecologia informale facilmente hackerabile, una pratica così diffusa che si neutralizza per la sua stessa frequenza; come il valore del Bitcoin, quello dell'arte dipende dal consenso, dalla collusione e dalla coincidenza; e come le criptovalute, l'arte è crittografia per eccellenza, senso codificato sotto svariati livelli di protezione e inaccessibilità.

Tuttavia, ammette Steyerl verso la fine del testo, se l'arte è una valuta alternativa, deve presupporre un'infrastruttura operativa su cui circolare, che può essere, forse, riorientata per operare in maniera differente. Certo non c'è da aspettarsi che questo cambiamento avvenga da solo, semplicemente perché una tecnologia lo rende possibile. "Internet ha generato Uber e Amazon, non la Comune di Parigi. Il risultato può essere chiamato 'economia della condivisione', ma questo significa principalmente che i poveri condividono con i ricchi, non viceversa." Il cambiamento, se possibile, deve venire dagli artisti.

Hito Steyerl, *The Tower*, 2015
Installazione video a 3 canali, HD video (color, sound), environment, 6:55 min.
Courtesy: Art Gallery of Ontario, Toronto

Riproducibilità e scarsità nel digitale

Joselit e Steyerl sembrano concordare su un punto: se il valore economico dell'arte contemporanea dipende dal suo esistere in una economia della scarsità, in un mercato di beni di lusso, il suo funzionare come valuta dipende dalla sua natura informazionale, dal suo esistere nel flusso. Secondo il teorico tedesco Boris Groys, "se l'arte tradizionale produceva oggetti, l'arte contemporanea produce informazioni sugli eventi artistici"[19], il che la rende compatibile con Internet. Nella contemporaneità, se il museo assume il compito di convertire in arte la documentazione dell'arte (attraverso il medium favorito dell'installazione), internet come luogo di dispersione della documentazione dell'arte consente all'artista di costituirsi come soggetto globale, e in quanto luogo di lavoro cancella la distinzione tra produzione ed esposizione dell'arte. Groys si ferma qui, ma è evidente che l'artista come soggetto globale da lui descritto, che costruisce la sua identità attraverso la dispersione della sua opera è, seguendo Joselit, un attore fondamentale nella generazione del *buzz*, quel brusio informativo che costituisce l'aura dell'opera contemporanea.

Cosa accade invece alle opere, nate digitali o riversate nel flusso di informazioni? Secondo Groys, la riproduzione digitale spalanca le porte a un paradosso. Da un lato, nel digitale non esiste più alcuna distinzione tra copia e originale. La stessa nozione di originale è compromessa, in un contesto in cui non esiste alcuna differenza tra un file digitale e il suo duplicato, né a livello di codice né a livello di visualizzazione. Il paradosso è implicito proprio in questa distinzione tra file e visualizzazione:

*Non sono tanto l'immagine o il testo digitali in se stessi,
a restare identici attraverso il processo di riproduzione e
distribuzione, quanto il file dell'immagine e del testo, ovvero i
dati digitali. Eppure, il file dell'immagine non è l'immagine; il
file dell'immagine è invisibile. L'immagine digitale è un effetto
della visualizzazione del file invisibile dell'immagine, di un dato*

digitale invisibile. Di conseguenza, un'immagine digitale non può essere solo mostrata o copiata… ma solo messa in scena e performata[20].

In questo senso, il digitale è un medium "allografico" per eccellenza, in cui possiamo distinguere tra partitura (il file, il programma) ed esecuzione. "Tuttavia, questo carattere performativo della riproduzione digitale implica il fatto che non si possa garantire l'identità visuale tra originale e copia, o meglio l'identità tra diverse copie digitali… ogni tentativo di visualizzazione dei dati digitali resta in uno stato di insicurezza nel suo rapporto con l'originale." La posizione di Groys si può verificare nel concreto quando si manifesta un glitch di esecuzione o di trasmissione (motivato quindi non dalla corruzione del file, ma da problemi di "performance"). Oppure, nel modo in cui l'esperienza di uno stesso file cambia cambiando il luogo dell'esperienza: su un piccolo smartphone, in videoproiezione o su una "media façade"; su una piattaforma social, in uno spazio espositivo, in un mondo virtuale.

Il paradosso di Groys è che l'immagine digitale, infinitamente riproducibile e disseminabile, trova nel momento dell'esecuzione il proprio *hic et nunc*, che è, secondo Benjamin, la condizione primaria per il sorgere dell'aura:

Le immagini digitali non esistono a meno che gli utenti non le conferiscano un certo 'qui e ora'. Questo implica che ogni copia digitale possieda il suo 'hic et nunc', una propria aura di originalità, che una copia meccanica invece non possiede. La relazione tra originale e copia è stata cambiata dalla digitalizzazione in maniera radicale e questo cambiamento può essere definito come momento di rottura tra modernità e contemporaneità[21].

Ma le sottigliezze di Groys non sono applicabili al mercato dell'arte. Se originalità e scarsità nel digitale possono essere ripristinate a livello filosofico, la perfetta e immediata riproducibilità di un file le rende inconsistenti a livello fattuale. Nel digitale, la scarsità può essere solo costruita artificialmente, o manifestarsi come effetto collaterale della corruzione e dell'obsolescenza dei supporti. Se un file non ha copie di *back-up* né è possibile accedere, per le più diverse ragioni, all'unica copia esistente, allora l'opera in questione ha conseguito, a prezzo della sua scomparsa, una sua forma di scarsità.

La costruzione artificiale della scarsità digitale, quando si affida a dispositivi tecnici come algoritmi di protezione, DRM, lucchetti, è quasi sempre facilmente violabile, come sanno bene i mercati culturali basati sulla distribuzione, come la musica, il cinema, l'editoria e i videogiochi. Esiste, là fuori, una vivace cultura pirata, che si diverte immensamente a sbloccare le chiavi di protezione che i mercati culturali si ingegnano a sviluppare per continuare a esistere[22]. Incidentalmente, è anche la ragione per cui molti di questi mercati, pur continuando a costruire lucchetti hackerabili, si sono in parte adeguati alla legge formulata da Kim Dotcom, il mitico fondatore di Megaupload, per bloccare la pirateria:

1. *Crea roba di qualità*

2. *Rendila semplice da acquistare*

3. *Distribuiscila a tutto il mondo nello stesso giorno*

4. *Dagli un prezzo equo*

5. *Fai che funzioni su ogni device*[23].

Tianzhuo Chen, *Spring Beio*, 2019. HD video, 4:25 min, collezione dell'autore. Certificato di autenticità rilasciato da Sedition

Il mercato della media art

*La Media art, come il Bitcoin, cerca di gestire le contraddizioni
della scarsità digitale limitando l'illimitabile.*
Hito Steyerl 2016[24]

Come abbiamo visto, nel mondo dell'arte contemporanea costruire scarsità artificiale, limitare l'illimitabile non è mai stato un problema. Edizioni limitate, certificati di autenticità, contratti hanno funzionato meravigliosamente per generare scarsità e vendere media riproducibili come fotografie e video, oggetti di produzione industriale, prelievi dal mondo naturale, scarti, immondizia, idee, comportamenti, processi. L'esempio estremo di Tino Sehgal, in grado di vendere "situazioni" trasmissibili solo oralmente tramite un accordo verbale non registrato, è la dimostrazione che non c'è nulla che il mondo dell'arte non sia in grado di trasformare in valore, una volta che si genera consenso attorno a un artista.

Questo non significa che a questo punto non si sia arrivati senza frizioni, momenti in cui una forma d'arte non aveva mercato o era riuscita a costruirsene uno di nicchia, a prezzi bassi che non facevano notizia. Fotografia, video, arte concettuale ci sono passate e, nella stragrande maggioranza dei casi, non ne sono mai uscite. Prima che Beeple vi si insediasse rumorosamente, la lista delle opere di artista vivente più costose includeva esclusivamente dipinti e sculture (artisti postconcettuali come Jeff Koons o Damien Hirst, che fanno ricorso a processi di produzione industriali e appropriazione di oggetti comuni, sono l'eccezione che conferma la regola). Nei primi anni Duemila, per linguaggi ormai consolidati come fotografia e video, il passaggio al digitale ha generato qualche incertezza e richiesto qualche compromesso, soprattutto in termini di regolamentazione della circolazione online di artefatti che esistono, o vogliono esistere, anche nel mercato dell'arte. Per anni, le gallerie hanno avuto riserve a pubblicare sui loro siti riproduzioni di buona qualità delle opere in vendita, e hanno cercato di dissuadere gli artisti dal farlo, nel timore che ne compromettesse la vendibilità.

Come faccio a vendere questo video in edizione o come opera unica, se chiunque lo può vedere su Youtube? O a vendere una foto se qualcuno può scaricarla e stamparla a dimensioni accettabili? Oggi, poche persone sono ancora convinte che la circolazione digitale delle immagini danneggi il mercato delle opere d'arte; e se alcuni artisti evitano di mettere online in forma integrale i loro video, preferendo pubblicare brevi estratti o anteprime, ciò dipende più da riserve nei confronti di una specifica modalità di fruizione, o da vincoli imposti dalla natura e dal senso del lavoro, che non dal timore che la pubblicazione possa danneggiare il loro mercato.

In questo contesto, l'arte nata digitale si è inserita, non senza difficoltà, con due soluzioni possibili: la materializzazione o la vendita dei file. La materializzazione è sempre stata, per ovvi motivi, la strada maestra. Il termine, peraltro, è ambiguo, perché lascia supporre che un'opera possa sempre esistere come file o processo sullo schermo di un computer, mentre spesso non è così. Per molte opere di computer art degli anni Sessanta e Settanta, la stampa o il video non erano un compromesso con il mercato, ma l'unica possibilità di output, l'unico modo in cui un algoritmo scritto per generare delle forme visive potesse esistere fuori dai laboratori in cui era stato concepito, da un artista – ingegnere o da un artista in collaborazione con un ingegnere. Più tardi, la software art emersa dagli anni Novanta ha potuto scegliere tra varie soluzioni – la stampa, il video, l'esecuzione live del software, su schermo o in forma installativa – e tendenzialmente l'ha fatto rispettando le necessità e lo spirito dell'opera. Le sculture cibernetiche degli anni Settanta, le installazione interattive e immersive emerse a partire dai tardi anni Ottanta, nascono fisiche e ambientali pur incorporando una parte software, e non potrebbe essere altrimenti.

Si ha materializzazione quando si attua un processo di traduzione a partire da qualcosa che esiste, o può esistere, in forma puramente digitale. Ma anche in questo caso, la possibilità di adeguare un'opera immateriale e replicabile alle esigenze del mercato non è l'unica esigenza a guidare la scelta, e quasi mai è la principale. Come ho raccontato nel dettaglio nel mio *Media,*

New Media, Postmedia (2010), le prime "traduzioni" materiali di opere nate digitali sono arrivate in seguito a svariati, discutibili tentativi istituzionali di portare la net art nello spazio espositivo, come *Documenta X* (Kassel, 1997) e *Net Condition* (ZKM, Karlsruhe 1999); e sono state il risultato di uno sforzo di conciliare estetiche e narrazioni nate in rete con il *white cube*, in forme che si adeguassero alla natura delle opere e fossero rispettose del loro essere opere d'arte. Anche il Post Internet, spesso accusato di eccessiva indulgenza verso il mercato – quando non di essere un volgare e sguaiato sforzo di commercializzazione dell'arte – ha scelto la materializzazione come condizione necessaria per l'esistenza di certe opere, o come manifestazione naturale di una pratica postmediale che si adegua a un mondo in cui "virtuale" e "reale" non sono più percepiti come mondi separati, ma come livelli di una stessa realtà che combaciano perfettamente[25].

Su questa strada, un mercato della media art è sempre esistito – timido e di nicchia all'inizio, prevalentemente indirizzato al collezionismo istituzionale e a un collezionismo privato sperimentale e illuminato; sempre più solido a partire dai primi anni Duemila, quando sono entrate in campo diverse gallerie, con un interesse a volte specifico, a volte teso a integrare la media art nel territorio più ampio dell'arte contemporanea[26].

Il mercato di file digitali ha seguito traiettorie meno lineari, e ha avuto numeri decisamente meno consistenti, ma ha nondimeno una lunga storia alle spalle. La pretesa di Christie's, che nel comunicato[27] dedicato alla vendita di *Everydays. The First 5000 Days* ha definito l'asta "una pietra miliare per il collezionismo di arte digitale", aggiungendo che "tradizionalmente, la facile duplicabilità ha reso quasi impossibile determinare la provenienza e il valore delle opere digitali", è totalmente infondata e irrispettosa di almeno trenta anni di storia. Una storia in cui peraltro entra, con ben altro ruolo, la stessa Christie's. Siamo nel 1998 quando äda'web, un sito web lanciato quattro anni prima dall'imprenditore John Borthwick e dal curatore Benjamin Weil, decide di interrompere le attività. Sostenuta da America On Line (AOL), allora il principale provider

Select a truism.

RAISE BOYS AND GIRLS THE SAME WAY
REVOLUTION BEGINS WITH CHANGES IN THE INDIVIDUAL
ROMANTIC LOVE WAS INVENTED TO MANIPULATE WOMEN
SLIPPING INTO MADNESS IS GOOD FOR THE SAKE OF COMPARISON
SLOPPY THINKING GETS WORSE OVER TIME
TAKING A STRONG STAND PUBLICIZES THE OPPOSITE POSITION
THE IDEA OF REVOLUTION IS ADOLESCENT FANTASY
THE IDEA OF TRANSCENDENCE IS USED TO OBSCURE OPPRESSION
THE MOST PROFOUND THINGS ARE INEXPRESSIBLE
TIMIDITY IS LAUGHABLE
TORTURE IS BARBARIC
WHEN SOMETHING TERRIBLE HAPPENS PEOPLE WAKE UP
WISHING THINGS AWAY IS NOT EFFECTIVE
YOU ARE A VICTIM OF THE RULES YOU LIVE BY
YOUR OLDEST FEARS ARE THE WORST ONES

To improve or replace the truism

click here

Yours will be added to a new master list.

PLEASE CHANGE BELIEFS

Jenny Holzer, *Please Change Beliefs*, 1995. Sito web, screenshot

degli Stati Uniti, Äda'web era concepita come una "fonderia digitale", e commissionava progetti per il neonato World Wide Web ad artisti che, secondo la visione dei fondatori, potessero aiutare a esplorare e plasmare il medium. In quei quattro anni, äda'web aveva commissionato lavori ai veterani del concettuale Lawrence Weiner e Jenny Holzer, ad artisti che lavoravano con il video e l'installazione come Antoni Muntadas, Julia Scher e Doug Aitken, a pionieri della net.art come JODI, e poi a scrittori, musicisti e pittori. Artisti di generazioni differenti, ma spesso con una solida presenza nel mondo dell'arte tanto a livello istituzionale che di mercato. Con la chiusura del sito, si pone ovviamente il problema di come mantenere online e accessibile al pubblico un progetto di riconosciuto valore storico e culturale. La questione verrà risolta con una donazione al Walker Art Center di Minneapolis, che all'epoca stava allestendo, sotto la guida del curatore Steve Dietz, un ambizioso progetto di galleria online chiamato Gallery 9. Ma che valore aveva questa donazione? Nel tentativo di determinarlo, lo staff di äda'web si rivolse a Christie's, ma la casa d'aste si rifiutò di assumersi questa incombenza[28].

Intitolato "Putting a Price Tag on Digital Art", l'articolo del *New York Times* che racconta l'aneddoto[29] è lì a ricordarci che, seppur all'insaputa di Christie's, un mercato dell'arte in forma di file era già iniziato negli anni Novanta. Nel 1993 l'artista tedesco Wolfgang Staehle, che due anni prima aveva avviato (in forma di Bullettin Board System, BBS) a New York la comunità online di The Thing, mise in vendita un'immagine digitale realizzata con Photoshop dall'artista Peter Halley, noto per i suoi colorati dipinti astratto geometrici che ricordano circuiti e microchip. *Superdream Mutation* (1993) fu messa in vendita in formato gif per supportare The Thing; ne furono vendute 16 copie a 20 dollari secondo il ricordo di Wolfgang Staehle[30], solo 3 a 25 dollari secondo quello di Halley[31]; i nomi dei compratori furono inseriti in un database, più per onorare la loro azione di mecenatismo che per certificare la vendita. *Superdream Mutation* è oggi scaricabile e stampabile liberamente dal sito di Halley.

Homepage di *The World's First Collaborative Sentence*, web project di Douglas Davis del 1991, restaurato dal Whitney Museum nel 2013

Nel 1995 i coniugi Barbara e Eugene M. Schwartz acquisiscono per la loro collezione privata *The World's First Collaborative Sentence* di Douglas Davis, un lavoro pionieristico di arte *net based* iniziato l'anno prima da Davis, video artista e pioniere della sperimentazione artistica con le telecomunicazioni. I coniugi

Peter Halley, *Superdream Mutation*, 1993. Immagine GIF

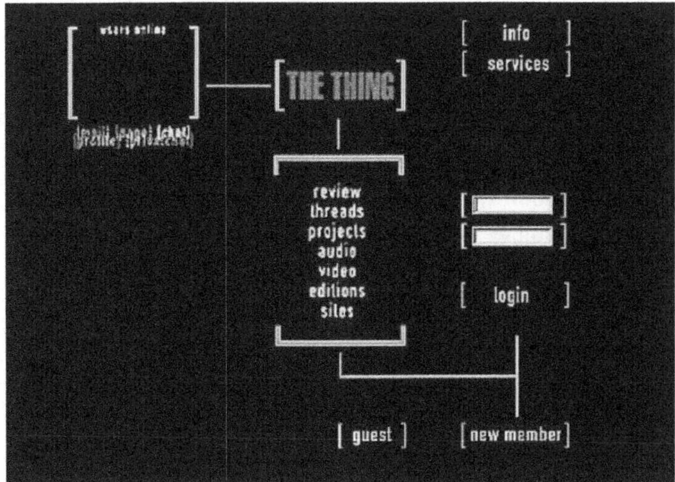

Homepage del portale The Thing, fondato da Wolfgang Staehle nel 1991

Schwartz acquisiscono il *concept* dell'opera e una archiviazione su floppy disk della frase – che i visitatori del sito possono estendere indefinitamente attraverso un modulo online – al momento della vendita. Eugene Schwartz, pubblicitario e rappresentante di una pratica collezionistica guidata dall'amore per le opere e dalla ricerca, muore nel settembre dello stesso anno, e in sua memoria la moglie Barbara dona la *Sentence* e altri lavori della collezione al Whitney Museum di New York[32]. Grazie a questa donazione, il Whitney diventerà non solo uno dei primi collezionisti pubblici di arte digitale *net based*, ma creerà nel 2013 un interessante caso studio di restauro di un'opera collaborativa online[33].

Autore di un libro intitolato *Confessions of a Poor Collector* (1970), Schwartz era convinto che l'unica cosa importante, in arte, fosse l'arte stessa – non il suo valore economico, né il suo prestigio sociale; e sosteneva che l'arte nuova non rispetta la tua idea di "buona arte" e ti conquista per il modo in cui ti sciocca e sfida le tue aspettative. Non aveva problemi ad acquistare un'opera accessibile da chiunque online, usando i protocolli di certificazione già disponibili nel mondo dell'arte.

Costruendo sulle basi offerte da questi primi tentativi, negli anni successivi artisti e gallerie cominciarono a sperimentare forme e modelli di vendita di file digitali. Non è questo il contesto per ripercorrere nel dettaglio questa storia, su cui esiste già una discreta bibliografia[34]. È però interessante offrire una rapida rassegna di soluzioni possibili. Come dimostra il caso di Davis, la forma più semplice e intuitiva con cui le opere digitali sono entrate nel mercato dell'arte è quella della loro registrazione su un dispositivo di archiviazione fisico, dal floppy disk al CD-ROM al DVD, fino ad arrivare a chiavette USB, schede SD, hard disk esterni, Mac Mini e computer. Spesso il dispositivo di archiviazione viene offerto in un packaging dedicato, con annesso certificato di autenticità. Per alcuni anni Bitforms, la galleria di New York fondata nel 2001 da Steven Sacks, ha mantenuto un servizio parallelo chiamato Software Art Space, che offriva opere software in edizione da 100, a 100 dollari l'una. Fondata nel 2006 a Dallas da Paul Slocum e Lauren Gray, And/Or Gallery ha venduto edizioni digitali per quindici anni, creando media box personalizzate complete di certificato e contenenti archiviazioni multiple del lavoro. And/Or Gallery registra anche le transazioni in un database, e mette a disposizione il file digitale originario per scopi di riproduzione dell'opera fisica in caso di danneggiamento quando vende stampe digitali. Entrambe queste pratiche sono ormai ampiamente adottate sul mercato anche da altre gallerie, e accettate da musei e collezionisti privati. Transfer Gallery, fondata nel 2013 a Brooklyn da Kelani

Paul Slocum, *Transformer Fire*, 2008.
Courtesy And/ Or Gallery

Nichole, fonda buona parte delle sue vendite sul trasferimento di file digitali. Il loro pacchetto include "supporti multimediali, un certificato di autenticità stampato, un contratto che specifica diritti e obblighi dell'acquirente, istruzioni per l'esposizione e materiali di conservazione aggiuntivi"[35]. Un lavoro continuo viene dedicato allo sviluppo di soluzioni personalizzate sulla base della natura dell'opera e della volontà dell'artista. Wolf Lieser, che nel 2003 ha aperto a Berlino la DAM Gallery, alcuni anni fa affermava che più del 50% delle vendite della galleria consisteva in lavori software e di animazione venduti su CD o chiavetta USB[36].

Varie soluzioni sono state studiate anche per la vendita di lavori *web based*, per cui la registrazione su dispositivo solido costituisce chiaramente un compromesso, rinunciando a un aspetto chiave del lavoro: il fatto di essere online, accessibile da chiunque. Come conciliare la proprietà privata con la natura pubblica del lavoro? Nel 2003, Bitforms mise in vendita *The Waiting Room*, un lavoro *net based* dell'artista americano Mark Napier, in forma sperimentale come edizione limitata. Il lavoro era stato frazionato in partecipazioni: i collezionisti ricevevano un accesso privato a un lavoro online, venduto in edizione di 50 a 100 dollari l'una, insieme a un certificato di autenticità. Nell'impossibilità di rendere privato un lavoro pubblico, si era optato per una proprietà condivisa. Nel 2003, l'artista italiano Carlo Zanni – un assiduo sperimentatore di formati per la vendita dell'arte digitale – crea *Altarboy*, una soluzione personalizzata per la vendita di ritratti dinamici dell'acquirente in forma di sito web. *Altarboy* è un *case* personalizzato contenente il server su cui gira il sito, collegato a uno specifico nome di dominio. Il sito ospita un ritratto fotografico, in bianco e nero, del committente, popolato da immagini che sono il frutto di una ricerca su Google immagini eseguita in tempo reale, sulla base di una serie di parole chiave concordate. Ridotte alla dimensione di un pixel, queste immagini animano e colorano le pupille della persona ritratta. Il lavoro esiste online, fruibile da chiunque, solo quando il proprietario accende il server; ma accendere il server è anche l'unico modo per poterlo fruire privatamente, nel proprio spazio domestico.

Carlo Zanni, *ALTARBOY Oriana*, 2004

Il collezionista ha l'installazione, il pubblico la pagina web, ma le due dimensioni del lavoro sono vincolate l'una all'altra[37].

Altarboy offre una soluzione non replicabile, ma sottolinea un aspetto chiave dell'arte in rete: la proprietà non può esistere senza il dono. L'aveva chiarito bene, in un testo-manifesto del 2002, l'artista greco Miltos Manetas, fondatore del movimento Neen. Secondo Manetas, "i siti web sono la proprietà definitiva... Il collezionista di un sito ha un controllo totale, perché l'arte è il sito, non l'animazione, il codice, o l'immagine che il sito contiene, ma la possibilità di farne esperienza in un unico luogo, sotto un unico .com, .net o .org "[38].

Per Manetas, che non cita ma conosce bene Benjamin, e che anticipa Boris Groys di almeno un decennio, un sito è la performance di un contenuto in uno spazio specifico; il collezionista che lo

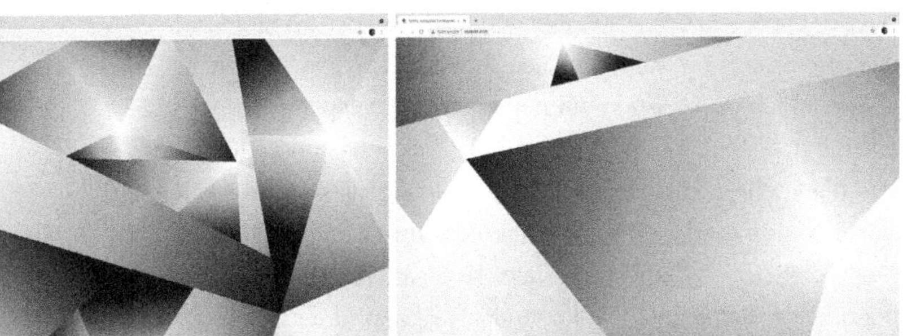

Rafael Rozendaal, *Yes No If .com*, 2014. Sito web, screenshot,
Klinkhamer Family Collection

acquista si assume la responsabilità del suo mantenimento in quello
spazio pubblico, ma per farlo deve essere consapevole che la sua
esistenza in quello spazio è anche la sua garanzia di esistere come
arte. Alcuni anni dopo l'artista olandese Rafael Rozendaal, che
ha partecipato al movimento Neen e ha fatto della realizzazione
di siti uno dei palinsesti della sua pratica artistica, preparerà un
contratto per la vendita di siti d'artista che si fonda esattamente
su questo principio: l'associazione indissolubile tra contenuto e
nome di dominio, e il vincolo, per il collezionista che lo acquista,
di mantenere l'opera d'arte pubblica. Pubblicato nel 2011, il suo
Art Websites Sale Contract (modellato in parte sull'imprescindibile
modello fornito nel 1971 da Siegelaub) ha regolato da allora la
vendita dei suoi siti, ed è stato adottato – nella stessa forma o con
variazioni – da numerosi altri artisti attivi sullo stesso fronte[39].

Nel 2013, il contratto di Rozendaal sarà usato anche dalla casa
d'aste Phillips per la vendita di un suo lavoro nell'ambito dell'asta
online *Paddles ON!* Nata da una collaborazione tra Phillips, New
York e Tumblr e curata da Lindsay Howard, *Paddles ON!* ha segnato
un momento fondamentale nel mercato dell'arte digitale, fissando il
suo ingresso nel mercato secondario e aprendo la strada al successo
di mercato di alcuni artisti associati al movimento Post Internet.
Includeva venti artisti di cui solo sei erano rappresentati da una
galleria e avevano quindi una presenza sul mercato primario, e
totalizzò 90.600 dollari, di cui una percentuale andò a supportare
la *no-profit* Rhizome[40].

Questo breve excursus sul mercato della media art non può concludersi senza un accenno a una serie di alternative al mercato dell'arte tradizionale disponibili per specifiche categorie di opere. L'avvento dei negozi online di app e videogiochi ha consentito alle opere d'arte che adottano questi formati di adeguarsi a economie di mercato non fondate sulla scarsità. Possiamo acquistare un "art game" come *The Path* di Tale of Tales su Steam per una decina di euro, o *Finger Battle* di Rafael Rozendaal sull'app store dell'iPhone per 1,09 euro. Parallelamente, piattaforme online come Sedition (fondata nel 2013 da Harry Blain e Robert L. Norton) o Daata (fondata nel 2015 da David Gryn) si sono specializzate nel mercato di edizioni digitali, e consentono di costruirsi collezioni di multipli accompagnati da certificati di autenticità, rivendibili all'interno delle stesse piattaforme quando l'edizione si è esaurita, e fruibili attraverso le stesse una volta effettuato il *log-in*. Su Sedition, l'opera acquistata è disponibile a piena risoluzione nella propria area privata, accompagnata dal certificato di autenticità (un semplicissimo .jpg) con la firma dell'artista e il numero dell'edizione. Il proprietario la può fruire sui normali *device* o, se lo preferisce e ne ha la possibilità economica, su *display* digitali dedicati come i numerosi "art frame" disponibili sul mercato[41].

Che cosa aggiunge, a una lunga storia qui solo parzialmente delineata, il boom degli NFT? La questione è complessa e troverà una risposta più adeguata nel resto di questa trattazione. Gli NFT non risolvono il problema – se di problema si tratta – della facile duplicabilità di un file digitale: video e immagini caricate sui *marketplace* sono facilmente scaricabili da chiunque. Si limitano ad associare questi file – la loro specifica *location*, secondo il modello già indicato da Manetas e Groys – a un certificato – unico e non duplicabile – registrato sulla blockchain (un servizio peraltro già offerto da alcune gallerie e piattaforme di certificazione ma non vincolato ai mercati degli NFT). Chi – come ha fatto l'account 3FMusic su Foundation il 15 aprile 2021[42] – ha comprato l'NFT derivato da un sito di Rafael Rozendaal per 388.000 dollari si è limitato a entrare in possesso di una versione impoverita di un lavoro già unico per circa 40 volte il prezzo con cui veniva venduto fino a pochi mesi fa sul mercato primario. Questo genera degli indubbi benefici per l'artista, e influenza – con effetti positivi e negativi – le sue quotazioni di mercato. 3FMusic non sta mostrando maggiore fiducia in un artista e nel suo lavoro di quanto abbiano fatto Eugene Schwartz – che scommetteva in un'arte rischiosa e non ancora entrata nel canone – e decine di altri collezionisti nel corso degli ultimi trent'anni. Sembra, piuttosto, scommettere su un sistema di certificazione e su una modalità di investimento della sua criptovaluta (e avremo modo di vedere quanto interessato a promuovere questo sistema sia una gran parte del collezionismo di NFT). Lo sta facendo, tuttavia, con la forza probante del denaro e con la sua visibilità pubblica, che mancava al collezionismo precedente.

L'effetto positivo, per il mercato dell'arte digitale e per il mondo dell'arte in generale, è che questa capacità affermativa risulta persuasiva per un gran numero di altre persone: a prescindere da cosa l'acquirente stia cercando di legittimare con il suo gesto – la finanza decentralizzata? gli NFT? La "Crypto Art"? qualsiasi forma d'arte in formato digitale? – sapere che qualcuno è arrivato a spendere 96 milioni di dollari per un file digitale ha delle ripercussioni su ciascuno di questi livelli. Ma qual'è il prezzo da pagare?

1. John Berger, *Ways of Seeing, Episode 1*, BBC Four, 1972. https://youtu.be/0pDE4VX_9Kk.

2. Nelson Goodman, *Languages of Art: An Approach to a Theory of Symbols*, Indianapolis, The Bobbs-Merril Company 1968.

3. Secondo il sito della collezione, cf. https://panzacollection.org/en/artisti/dettaglio/157/Ian/Wilson/.

4. Pierre Restany, *Yves Klein. Il fuoco nel cuore del vuoto*, Giampaolo Prearo Editore, Milano 2008 (ed. originale francese La différance, Paris 1990), pp. 26 – 27.

5. Piero Manzoni, "L'arte non è vera creazione", maggio 1957.

6. Piero Manzoni, "Libera dimensione", in *Azimuth*, n° 2, gennaio 1960.

7. Germano Celant, "Piero Manzoni, un artista del presente", in Germano Celant (a cura di), *Piero Manzoni*, cat. della mostra, Rivoli, Castello di Rivoli – Museo di Arte Contemporanea, 6 febbraio – 3 maggio 1992. Electa, Milano 1992.

8. Henry Lydiate, "Authenticity Certificates Value", in *Artlaw*, 2012, https://www.artquest.org.uk/artlaw-

article/authenticity-certificates-value/.

9. Martha Buskirk, "Certifiable", in Susan Hapgood, Cornelia Lauf (a cura di), I*n Deed: Certificates of Authenticity in Art*, catalogo della mostra, Roma Publications / SBKM / De Vleeshal, Amsterdam / Middelburg 2011, pp. 98 – 102.

10. Cf. https://www.tate.org.uk/art/artworks/huebler-variable-piece-no-44-p07234.

11. Zoë Lescaze, "How Does a Museum Buy an Artwork That Doesn't Physically Exist?", in *The New York Times*, 8 novembre 2018, https://www.nytimes.com/2018/11/08/t-magazine/tino-sehgal-hirshhorn-museum-art.html. Sulla "conservazione" delle opere di Sehgal, cf. anche Acatia Finbow, "Tino Sehgal, This is propaganda 2002/2006", in *Performance At Tate: Into the Space of Art*, Tate Research Publication, 2016, https://www.tate.org.uk/research/publications/performance-at-tate/perspectives/tino-sehgal.

12. Chin-Chin Yap, "Undocumented Tino Sehgal", in *Art Asia Pacific*, maggio-giugno 2009, http://artasiapacific.com/Magazine/63/UndocumentedTinoSehgal.

13. Seth Siegelaub, Robert Projansky, "The Artist's Reserved Rights Transfer And Sale Agreement", 1971. Il contratto è tradotto in diverse lingue e liberamente scaricabile dall'indirizzo https://primaryinformation.org/product/siegelaub-the-artists-reserved-rights-transfer-and-sale-agreement/.

14. David Joselit, *After Art*, Princeton University Press 2013. Edizione italiana: *Dopo l'arte*, Postmedia Books, Milano 2015.

15. David Joselit, *Dopo l'arte*, cit., pp. 24 – 29.

16. Hito Steyerl, *Duty Free Art. Art in the Age of Planetary Civil World*, Verso, London – New York 2017. Trad. italiana *Duty free art. L'arte nell'epoca della guerra civile planetaria*, Johan & Levi, Milano 2018.

17. Hito Steyerl, "Duty-Free Art", in *e-flux Journal*, n. 63, marzo 2015, https://www.e-flux.com/journal/63/60894/duty-free-art/.

18. Hito Steyerl, "If You Don't Have Bread, Eat Art!: Contemporary Art and Derivative Fascisms", in *e-flux Journal*, n. 76, ottobre 2016, https://www.e-flux.com/journal/76/69732/if-you-don-t-have-bread-eat-art-contemporary-art-and-derivative-fascisms/.

19. Boris Groys, *In the Flow*, Verso, New York – London 2016. Trad. italiana *In the Flow. L'arte nell'epoca della sua riproducibilità digitale*, Postmedia Books, Milano 2018, p. 9.

20. Boris Groys, *In the Flow*, cit., p. 127. Groys aveva già anticipato riflessioni analoghe in un saggio incluso in *Art Power*, "L'arte nell'era della digitalizzazione dall'immagine al file e ritorno". Cf. Boris Groys, *Art Power*, The MIT Press 2008. Trad. italiana *Art Power*, Postmedia Books, Milano 2012.

21. Ivi, p. 128.

22. Per una ricca documentazione del fenomeno della pirateria nella storia, cf. Nicolas Maigret, Maria Roszkowska (a cura di), *The Pirate Book*, Aksioma, Ljubljana 2015.

23. Cit. in Carlo Zanni, *Art in the Age of the Cloud*, Diorama Editions, Milano 2017, p. 21.

24. In Hito Steyerl, "If You Don't Have Bread, Eat Art!: Contemporary Art and Derivative Fascisms", cit.

25. A proposito del Post Internet, cf. Domenico Quaranta, "Situating Post Internet", in: Valentino Catricalà (a cura di), *Media Art. Towards a*

New Definition of Arts in the Age of Technology, Gli Ori, Pistoia 2015, pp. 121 – 134.

26. Per un approfondimento, cf. Domenico Quaranta, *Media, New Media, Postmedia*, Postmedia Books, Milano 2010 (2018), e il catalogo della mostra *Holy Fire* (2008), che raccoglieva esempi di arte digitale presente nel mercato dell'arte o già in collezioni private: Domenico Quaranta, Yves Bernard (a cura di), *Holy Fire. Art of the Digital Age*, Link Editions, Brescia 2011 (prima edizione FPEditions, Brescia 2008).

27. Cf. https://www.christies.com/features/Monumental-collage-by-Beeple-is-first-purely-digital-artwork-NFT-to-come-to-auction-11510-7.aspx.

28. Alla storia di äda'web ho dedicato il volume Domenico Quaranta, *Net Art 1994 – 1998. La vicenda di äda'web*, Vita e Pensiero, Milano 2004.

29. Matthew Mirapaul, "Putting a Price Tag on Digital Art", in *The New York Times*, 19 novembre 1998, https://archive.nytimes.com/www.nytimes.com/library/tech/98/11/cyber/artsatlarge/19artsatlarge.html.

30. Cit. in Michael Connor, "Before the Boom", in *Rhizome*, 12 marzo 2021, https://rhizome.org/editorial/2021/mar/12/before-the-boom/. L'articolo è stato compilato in risposta al boom degli NFT, e offre una ricca, per quanto non esaustiva, selezione di precedenti storici di vendita di file digitali.

31. Cf. Peter Halley, *Superdream Mutation*, 1993. https://www.peterhalley.com/superdream-mutation-1.

32. Paul Goldberger, "Eugene Schwartz, 68, Modern-Art Collector, Dies", in *The New York Times*, 7 settembre 1995, https://www.nytimes.com/1995/09/07/obituaries/eugene-schwartz-68-modern-art-collector-dies.html.

33. Cf. Douglas Davis, *The World's First Collaborative Sentence*, 1994. https://whitney.org/artport/douglas-davis.

34. Cf. almeno: Carlo Zanni, *Art in the Age of the Cloud*, Diorama Editions, Milano 2017; Alessio Chierico (a cura di), *Investigations on the Cultural Economy of Media Art*, Digicult Edition, Milano 2017; e il recente Pau Waelder, *You Can Be a Wealthy / Cash-strapped Art Collector in The Digital Age*, Printer Fault Press, Frankfurt Am Main 2020.

35. Cf. Michael Connor, "Before the Boom", cit.

36. Alessio Chierico, "Media Art e mercato dell'arte: intervista a Wolf Lieser", in *Digicult*, 2017, http://digicult.it/it/news/media-art-art-market-interview-wolf-lieser/.

37. Domenico Quaranta, "Net art en valise Altarboy di Carlo Zanni", in *Exibart*, 2003, https://www.exibart.com/exiwebart/exiwebart_focus-net-art-en-valise-altarboy-di-carlo-zanni/.

38. Miltos Manetas, "Websites, the art of our time", 2002. http://www.manetas.com/eo/wb/files/man.htm.

39. Rafael Rozendaal, "Art Website Sales Contract", 2011 – 2014, http://www.artwebsitesalescontract.com/.

40. Per maggiori informazioni sull'evento, cf. https://paddleson.tumblr.com/.

41. Per un approfondimento su queste piattaforme, cf. l'eccellente e aggiornata trattazione fornita da Pau Waelder in *You Can Be a Wealthy / Cash-strapped Art Collector in The Digital Age*, cit., pp. 107 – 157.

42. Cf. https://foundation.app/newrafael/deep-blue-23473.

!Mediengruppe Bitnik, *Random Darknet Shopper*, 2014. Veduta dell'installazione ad Aksioma Project Space, Ljubljana 2016. Foto: Janez Janša

Cap. 4. Crypto Art?

*Che universo intrigante: così avanzato tecnologicamente, così
arretrato in termini di contenuto visivo.*
Kenny Schachter 2021[1]

Il lettore attento si sarà reso conto che, fino a questo momento, ho evitato di usare l'espressione "Crypto Art", preferendo fare riferimento agli NFT, il dispositivo tecnico che rende possibile la presenza dell'arte sulla blockchain. Nei primi mesi del 2021, l'espressione si è imposta con velocità e leggerezza, anche in contesti che di solito maneggiano con cautela le etichette artistiche. Tuttavia, è molto difficile trovare definizioni e analisi della cosiddetta Crypto Art che vadano al di là della sua mera descrizione tecnica: un'arte digitale o digitalizzata resa "rara" dalla sua registrazione sulla blockchain. A un secondo livello, il discorso si sposta sull'aspetto economico. In un suo articolo su *Artnet News*, il critico americano Ben Davis racconta di un confronto avuto durante una conferenza con un entusiasta degli NFT:

Cercavo di riportare la conversazione al punto: 'Sì, ma cosa ami di queste immagini in quanto arte?' Ma lui tornava a parlarmi di prezzi. Alla fine, dopo che sollevai la domanda sull'arte un'ultima volta, mi rispose esasperato: 'Ben, quando la banana di Cattelan è stata venduta ad Art Basel, di cosa parlavano i titoli? Di soldi! I soldi sono l'arte[2].

Diamo per buona questa opinione, e prendiamo atto che la cosiddetta "Crypto Art", come molta arte contemporanea prima di essa, concettualizzi l'esistenza dell'opera d'arte in un contesto di mercato, capitalistico, ipercapitalistico o postcapitalistico che sia, e l'idea (che abbiamo discusso nel terzo capitolo di arte come valuta. Ma la domanda di Ben Davis resta legittima: esiste qualcosa che raccolga tutto ciò che chiamiamo "Crypto Art" sotto un'unica definizione, a parte il modo in cui viene pubblicata e venduta? Un elemento estetico o formale, un *set* di istanze e di temi, un comune *background* degli artisti che vi partecipano?

Martin Lukas Ostachowski è un artista tedesco nato in Polonia ed emigrato in Canada, il cui lavoro – influenzato dall'astrazione geometrica e dal minimalismo – si concentra sul tema della "nuvola", sia come oggetto che come metafora della blockchain, su cui dal 2018 riversa con regolarità il suo lavoro. Come molti membri della comunità crypto, della blockchain – e, in particolare, del suo potenziale inclusivo e comunitario – è un entusiasta e un evangelista. Sul suo sito mette a disposizione una cronologia aggiornata di quella che chiama "Crypto Art" che è una vera manna per gli studiosi e per gli storici, con una cronologia che parte dal 2011 e che include non solo progetti artistici e piattaforme, ma anche mostre e convegni[3]. Molti dei progetti che abbiamo approfondito nel capitolo 2 sono lì minuziosamente elencati. La cronologia di Ostachowski non propone una definizione di "Crypto Art", ma la selezione che offre e alcuni dettagli editoriali (come la distinzione nel sottotitolo tra "Crypto Art", opere fisiche relative alla blockchain e oggetti collezionabili) attesta una concezione fluttuante, che ondeggia tra un'accezione ristretta (dove "Crypto Art" sarebbero tutte le opere "tokenizzate" sulla blockchain) e un'accezione più ampia (dove "Crypto Art" sarebbe tutta l'arte che ha una qualche relazione, operativa o semantica, con la blockchain). Ad esempio, la sua scelta include opere come il *Random Darknet Shopper* (2015) del duo svizzero !Mediengruppe Bitnik, un *bot* progettato per fare acquisti casuali in Bitcoin sulla Darknet, come "agente" dello spazio espositivo che lo ospita e che si vede recapitare nel corso della mostra ogni sorta di cianfrusaglie, comprese merci illegali; o *Nakamoto (The Proof)*, un lavoro del 2014 del duo francese Émilie Brout e Maxime Marion. Il lavoro consiste nella scansione digitale di un falso passaporto di Satoshi Nakamoto commissionato dagli artisti a un falsario usando la Darknet e pagando in Bitcoin. L'artefatto materiale da loro commissionato non è mai pervenuto, ma sulla sua copia digitale gli artisti hanno condotto una minunziona analisi forense, ricostruendo le scelte (tutt'altro che inconsapevoli) del falsario[4]. I due lavori tematizzano la criptovaluta, i mercati illegali online in cui prolifera garantendo la protezione dell'anonimato, e (nel secondo caso) il mito del suo inventore; si appoggiano con attitudine sperimentale alla sua infrastruttura e analizzano gli esiti che questo lavoro di ricerca produce. Il primo si presenta come una installazione processuale e performativa, in cui il bot in azione viene esposto assieme alle merci che mano a mano recapita al museo; il secondo è un feticcio visivo solitamente esposto in uno schermo retroilluminato.

Nè !Mediengruppe Bitnik né Brout e Marion si sono mai serviti del termine Crypto Art per descrivere i loro lavori, che sono peraltro esiti relativamente isolati di una ricerca ad ampio spettro sui media digitali. Un discorso analogo si potrebbe fare anche per gli artisti trattati nel capitolo *Arte e blockchain*. L'espressione "Crypto Art" non ha alcuna occorrenza né nel volume *Artists Re:Thinking the Blockchain* (2017) nè nel catalogo della mostra *New World Order* dello stesso anno, i due sforzi – editoriale e curatoriale – che Furtherfield ha dedicato all'esplorazione dell'arte "blockchain-based".

Le occorrenze sono molte, a partire dal titolo, nel lungo *paper* accademico "Crypto Art: A Decentralized View" (2019), a cui anche Ostachowski ha collaborato. Torneremo più tardi sul testo, ma per ora ci basti considerare l'inizio del paragrafo 1, intitolato: "Crypto Art: Rare digital art on the blockchain." La sintesi non lascia dubbi: l'accezione è quella ristretta di un'arte digitale resa rara dalla sua registrazione sulla blockchain.

L'arte digitale con l'attributo della rarità, altrimenti nota come crypto art, è un'arte collezionabile in edizione limitata registrata attraverso un token su una blockchain. I token descrivono l'origine e la provenienza trasparente e tracciabile di un pezzo di arte digitale. La tecnologia della blockchain consente ai token di essere posseduti e scambiati in sicurezza da un collezionista all'altro[5].

In questa accezione, l'espressione "Crypto Art" è andata incontro a una rapida diffusione nel momento del boom degli NFT, conquistandosi una posizione non solo nella stampa generalista, ma anche su stimate di arte contemporanea: da *Artforum* a *Flash Art*, da *Artribune* a *Artnet News* a *Art In America*, che gli hanno fornito una improvvida legittimazione.

I nomi delle tendenze e dei movimenti artistici sono sovente problematici. Spesso descrivono una caratteristica formale (cubismo, minimalismo), un'attitudine (futurismo, post internet), una fonte di ispirazione (surrealismo, pop art), uno spazio di intervento (land art, public art); altre volte, si radicano nell'utilizzo di un medium specifico (body art, performance art, video art). Il riferimento al mezzo utilizzato è particolarmente discutibile, soprattutto in un territorio come quello dell'arte contemporanea, dove il rifiuto della specificità mediale a favore di un'attitudine postmediale è mainstream sin dagli anni Sessanta; ma può rivelarsi funzionale in fase di affermazione di un nuovo linguaggio, e successivamente per circoscrivere categorie di artefatti che pongono problematiche analoghe di presentazione e conservazione.

"Crypto Art" non ha a che fare con nulla di tutto questo: non con un medium, perché a essere "tokenizzato" non è il lavoro, ma lo *smart contract* associato al lavoro; non con una scelta formale (anche si potrebbe obiettare che la maggior parte dei *marketplace* favoriscano la circolazione di piccole immagini – statiche o animate – immediate e di rapido consumo, nessuno di questi formati è esclusivo della "Crypto Art", ma trova da anni ampia circolazione su una miriade di piattaforme, da Tumblr a Deviantart agli altri social network); non con un'attitudine (a meno che si voglia parlare di anarco-capitalismo) né con uno spazio di intervento (la blockchain viene usata solo per sanzionare l'autenticità e la scarsità del lavoro), né con una fonte d'ispirazione (sebbene molta cosiddetta "Crypto Art" tematizzi e celebri criptovalute e blockchain, resta comunque una tendenza minoritaria in un fenomeno molto più ampio). Diversamente da quanto pensa Jerry Saltz, non possiamo pensare agli NFT come a un pennello, se non nei pochi casi in cui

Dapper Lab, *CryptoKitties*, 2017 – in corso

il gettone crittografico è l'opera[6]. Non c'è nulla che identifichi e unifichi tutte le opere raccolte sotto la definizione di "Crypto Art" se non il fatto di essere tokenizzate sulla blockchain, o di essere realizzate da un autodichiarato "crypto artist". Nella peggiore delle ipotesi, la "Crypto Art" è una tendenza basata su una tecnologia di certificazione; nella migliore, è un movimento fondato su una comunità che si identifica in un sentire condiviso, e in un analogo sistema di valori. Per capire quale di queste due ipotesi sia più prossima alla realtà, è necessario fare un po' di storia.

The Definition Of Art

1   Art is good because it is epistemologically critiquing identity

2   Art is bad because it is logically defined by identity.

3   Art is moral because it is psychologically embracing of iden

4   Art is immoral because it is childishly embracing of emotion.

5   Art is creepy because it is sophisticatedly reacting to emotic

6   Art is interesting because it is conservatively reacting to em

7   Art is boring because it is liberally commenting on critique.

8   Art is paradoxically ironically commenting on critique.

9   Art is slightly creepily embracing critique.

10   Art is somewhat radically embracing aesthetics.

11   Art is very queerly resolving aesthetics.

12   Art is totally problematically resolving aesthetics.

Rhea Myers, *Art Is*, 2014/2017, DApp

Immagini monetizzate e contratti concettuali

Uno degli articoli più critici sul mercato degli NFT che mi sia capitato di leggere nel corso di questa ricerca è stato scritto da una delle persone che può, legittimamente, attribuirsi il merito della sua invenzione[7]. Nel maggio 2014, quando Rhizome decise di affiancare Anil Dash e Kevin McCoy nella sua iniziativa annuale "Seven on Seven", gli *smart contract* erano stati concettualizzati da poco. Seven on Seven è una sorta di *hackaton*, un progetto in cui un artista e un rappresentante del mondo delle nuove tecnologie vengono affiancati e invitati a mettere a punto un nuovo progetto, che viene presentato in una conferenza 24 ore dopo. Il progetto recupera lo spirito di Experiments in Art and Technology (EAT), l'organizzazione fondata dall'ingegnere americano Billy Klüver

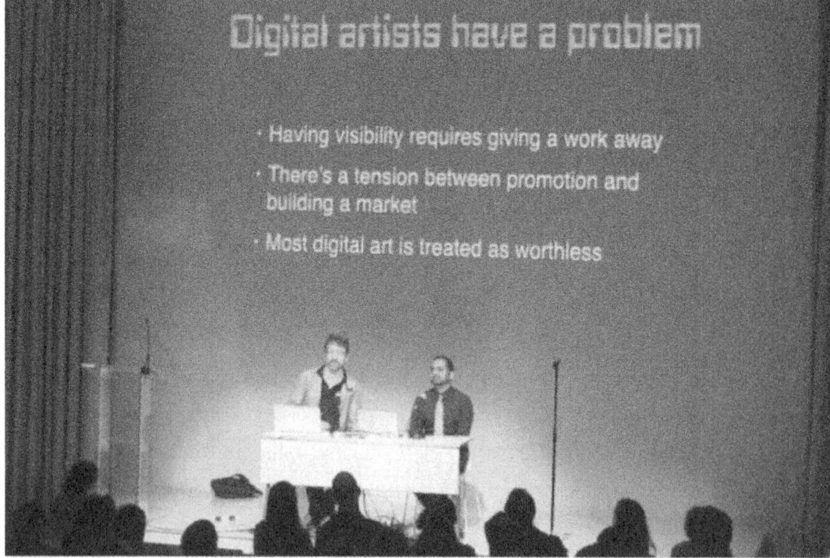

Due immagini della presentazione di *Monegraph* a Seven on Seven, 2014

nel 1967 per sollecitare la collaborazione tra artisti e ingegneri. Anil Dash era, all'epoca, un consulente per case d'asta e *media company*; con la moglie Jennifer, dagli anni Novanta del secolo scorso Kevin McCoy ha dato vita a un sodalizio artistico che ha esplorato l'evoluzione del video in direzione interattiva, performativa e installativa. La collaborazione tra i due si concentrò sullo sviluppo di un sistema che consentisse agli artisti maggior controllo sul proprio lavoro e sulla sua circolazione.

Da questa collaborazione nacque *Monegraph*, crasi dell'espressione "monetized graphics", immagini monetizzate. Il nome era volutamente ironico, e fece ridere il pubblico della presentazione[8], in cui i due raccontarono di come *Quantum*, una breve clip video realizzata da Jennifer McCoy fosse stata associata a uno *smart contract* registrato sulla blockchain Namecoin, e trasferito per l'equivalente di 4 dollari al portafoglio di Dash. Oggi considerato un prototipo di *token* non fungibile, *Quantum* è stato rimesso in vendita nel marzo 2021 per una base d'asta di 7 milioni di dollari, un prezzo che intende riconoscere il suo valore storico[9].

Subito dopo la prima presentazione, *Monegraph* ottenne un immediato riscontro, e qualche giorno dopo McCoy e Dash furono invitati a parlarne al TechCrunch Disrupt NY, una *convention* destinata alle industrie del settore tecnologico, dove nessuno – ricorda Dash – rise. La loro idea venne anzi presa molto sul serio, come uno strumento capace di certificare le proprietà digitali[10]. McCoy cercò di portare avanti in progetto ancora un po', ma *Monegraph* non riuscì mai veramente a decollare come compagnia.

All'epoca, Kevin McCoy non era l'unico artista ad aver intuito il potenziale degli *smart contract* per la certificazione delle opere d'arte. Nel luglio 2014, l'artista inglese Rob Myers (oggi attiva come Rhea Myers) pubblica *This Contract Is Art*, un contratto programmato per asserire la propria natura di arte[11]. Questa affermazione di stato può essere modificata da chiunque, cambiando la sua impostazione da "is art" a "is not art". Due giorni dopo Myers pubblica *Ethereum – Art Market*, un contratto che consente a qualcuno di registrarsi come il proprietario di un'opera digitale contenuta in un file specifico (identificato dal suo valore crittografico di *hash*) residente su uno specifico URL. L'idea del link è mutuata da *Monegraph*, anche se Myers rivendica di aver cominciato a interessarsi ai contratti per l'arte su Ethereum qualche tempo prima. Diversamente da *Monegraph*, basato su un contratto molto semplice, *Ethereum – Art Market* permette di gestire più informazioni sul lavoro, e implementa i diritti di rivendita per gli artisti[12]. Nel novembre dello stesso anno, Myers tokenizza la sua anima sulle blockchain di Dogecoin e di Bitcoin, dividendo il token in 100 unità per consentire una proprietà condivisa della stessa, e anticipando di 11 anni molti scherzi concettuali realizzati dagli artisti con gli NFT, come la "tokenizzazione" della nonna di Kenny Schachter o la vendita di "niente" di Ryder Ripps[13], e innumerevoli altri esempi di "NFT autocoscienti" (la definizione è di Brian Droitcour), che fanno un uso concettuale degli *smart contract* o rispecchiano la propria condizione di esistenza[14]. La stessa scelta della blockchain di Dogecoin non è casuale, trattandosi di una valuta nata per scherzo per poi trasformarsi in qualcosa di molto serio.

Sia *Monograph* che i precoci lavori di Rhea Myers si collocano sul crinale tra la riflessione (serissima) sui diritti degli artisti e la precaria economia dell'arte (soprattutto quando, come nel caso dei media digitali, si esprime attraverso lavori "allografici", la cui autografia e unicità può essere provata solo attraverso una dichiarazione di autenticità)[15], e lo spirito giocoso di tanti interventi artistici su questo tema, dalle avanguardie a Manzoni fino a progetti come *Net.art Consultants* (1999), un progetto dell'inglese Heath Bunting che consentiva di donare arbitrariamente a una collezione pubblica un lavoro di net.art[16]. A maggior ragione in quanto funzionanti, questi progetti rimangono soluzioni immaginarie, macchine celibi in assenza di un sistema di consenso capace di accettare la scommessa che essi sollevano.

Pepe rari, Cryptopunks e Cryptokitties

Affinché questo sistema di consenso si sviluppasse, le idee di McCoy e Myers dovevano uscire dalle mani degli artisti e approdare a quelle di una *tecno-élite* che capisce, come nota Anil Dash, il valore del "monetizzare l'informazione"; doveva attrarre un tipo di collezionismo più informato sulle dinamiche e sul funzionamento delle criptovalute di quello dell'arte, e più amaramente informato della difficoltà di possedere e commerciare asset digitali. In fondo, quando progettava Ethereum, Vitalik Buterin non pensava all'arte; pensava a quella notte che pianse perché Blizzard (la compagnia che produce e gestisce il videogame online *World of Warcraft*) rimosse la componente di danno dall'incantesimo Siphon Life del suo amato *warlock*[17]. Essere il vero proprietario di ciò che è tuo in un gioco, non dipendere dai capricci di un sistema centralizzato, poter importare le tue proprietà in altri ambienti di gioco, poter acquistare e vendere beni digitali su altre piattaforme e con diverse valute, è il sogno di ogni videogiocatore, così come poter attribuire il carattere della scarsità a delle carte da gioco digitali è il sogno di ogni *nerd* che abbia amato *Magic: The Gathering*. È in queste *community* che si riunivano la scaltrezza tecnologica, la disponibilità economica, le pulsioni libidinali necessarie per capire i semi gettati da McCoy e Myers e per farli germinare. È da queste *community*, incidentalmente, che proviene lo zoccolo duro dei collezionisti di "Crypto Art"[18].

La prima popolarizzazione del concetto alla base degli NFT avviene nel settembre 2016, con il lancio di *Rare Pepe Wallet*[19]. Il progetto era stato anticipato dal rilascio di alcuni giochi di carte collezionabili, come *Spell of Genesis*, sulla blockchain, ma è la forza virale delle comunità dei *memer* che crea il fenomeno. Un meme di internet è un contenuto in grado di circolare e diffondersi in forme sempre diverse, grazie alla sua forza comunicativa ma anche alla sua adattabilità, la sua capacità di veicolare messaggi sempre diversi e ad adattarsi a diversi contesti[20]. Caso emblematico di internet meme, Pepe the Frog è l'immagine grafica di una rana

RAREPEPE (9 settembre 2016), GOXPEPE (13 settembre 2016) e SHITCOINCARD (9 settembre 2016), i primi 3 Pepe rari. Courtesy Kaleidoscope XCP

antropomorfa, creata dal fumettista Matt Furie nel 2005, e diventata virale con la sua circolazione su forum come 4chan dal 2008 in avanti. Per raccontarne la storia, dalla sua divinizzazione alla sua adozione da parte dell'Alt-Right, alla creazione del Kekistan ci vorrebbe un altro libro. Ciò che importa, qui, è che nel tempo si è diffusa una vera febbre dei Pepe rari, versioni insolite e poco diffuse del meme, una passione collezionistica che fino al 2016 non trovava un mercato in cui esprimersi. Una immagine .jpg può anche essere insolita e "rara" come stile e contenuto, ma rimane sempre infinitamente riproducibile; come trasformarla in un bene da collezione?

Nel settembre 2016 un utente di lungo corso della blockchain Counterparty, la stessa su cui erano stati registrati i primi giochi di carte, annuncia la tokenizzazione di tre Pepe rari, incorniciati come una carta da gioco. Qualche giorno dopo compare il sito *Rare Pepe Wallet*, che consente ai suoi utenti di tokenizzare e commercializzare i propri Pepe rari. Anche la valuta viene rinominata: nel momento in cui scrivo, un dollaro corrisponde a 39 Pepe Cash. La comunità cresce rapidamente, e la sua economia tiene il passo: nel gennaio del 2018, ben prima del boom degli NFT, la carta *Homer Pepe* viene venduta all'asta per ben 350.000 Pepe Cash, allora corrispondenti a 38.500 dollari. Alla comunità dei Pepe rari spetta anche il merito di aver risolto il problema dell'immutabilità del bene associato al *token*, attraverso l'associazione di un *hash* crittografico al file caricato sulla piattaforma (una soluzione che verrà, in seguito, adottata dai vari *marketplace*)[21].

A questo punto, la cronologia comincia a farsi più spedita. Nel giugno 2017 Larva Labs, uno studio di ingegneri creativi americani, lancia *CryptoPunks*, un progetto che tokenizza 10.000 ritratti in grafica 8bit di altrettanti personaggi unici per aspetto e carattere. In origine, potevano essere acquisiti gratuitamente da chiunque fosse in possesso di un portafogli Ethereum, ma una volta che tutti i 10.000 personaggi sono stati reclamati, *CryptoPunks* si è trasformato in una florida economia. Attualmente, il punk più costoso (CryptoPunk 7804) vale 7.57 milioni di dollari, ma si possono trovare ancora personaggi a prezzi "accessibili" (il più economico al momento è in vendita per circa trentamila dollari)[22].

Nell'ottobre 2017 seguono i *CryptoKitties*, creati sempre sulla blockchain di Ethereum dallo studio canadese Dapper Lab usando lo standard ERC-721[23]. I *CryptoKitties* sono adorabili gattini dalla grafica *flat* e vettoriale, ciascuno con un aspetto e con caratteristiche peculiari. Possono essere non solo venduti e collezionati, ma anche "allevati". Ciascuno di essi, infatti, è portatore di un genotipo, di un DNA e di attributi individuali registrati nello *smart contract* e che possono essere trasmessi alla discendenza. In altre parole, *CryptoKitties* è un gioco di "virtual pet" collezionabili, che unisce il piacere ludico e infantile di allevare gattini virtuali, noto a chiunque abbia conosciuto il Tamagotchi, al piacere adrenalinico e adulto di giocare con un mercato in ebollizione e di speculare con le valute virtuali. Dal *set* originario di 50.000 gattini (la "generazione zero"), nell'ottobre 2018 si era già arrivati a un milione di gattini e a un volume complessivo di 3.2 milioni di transazioni; qualche mese prima un Cryptokitty era stato venduto per 140 mila dollari[24]. Nonostante sia un progetto corporativo, supportato da capitali di rischio e capace di sostenere transazioni per decine di milioni di dollari, nel settembre 2018 *CryptoKitties* è stato esposto allo ZKM di Karlsruhe nell'ambito del colossale progetto espositivo *Open Codes*, allo scopo di illustrare il funzionamento della blockchain[25].

Petra Cortright, *Room (Room 45 17)*, 2021. Immagini PNG a 45 livelli, esemplari unici in una serie di 100. Courtesy: Simco Drops

L'avvento dei *marketplace* e la *community* della Crypto Art

Due mesi dopo il lancio di *CryptoKitties*, nel dicembre 2017 viene annunciata la nascita di OpenSea, il primo mercato decentralizzato per la compravendita di beni digitali, basato sulla blockchain di Ethereum. L'annuncio proclama:

A OpenSea, siamo elettrizzati dall'emergere di questa nuova classe di proprietà digitali. Crediamo che una 'vera proprietà digitale' significhi che i beni possano essere commercializzati attraverso un variegato ecosistema di piattaforme di scambio decentralizzate. Stiamo costruendo OpenSea come il primo di questi mercati digitali[26].

Fondata da Alex Atallah e Devin Finzer, due giovani ingegneri transitati per YCombinator (un noto acceleratore di *start-up* americano), OpenSea è volutamente generalista, aperta a ogni genere di bene digitale collezionabile. Il progetto pionieristico di Kevin McCoy e Anil Dash è stato ormai adottato dalla *cyber élite* della Silicon Valley. Nei mesi successivi OpenSea viene affiancata da altre piattaforme e *marketplace*: nell'aprile 2018 nasce SuperRare, che diversamente da OpenSea ha un focus specifico sulla "Crypto Art". La sua prima vendita registrata è una dichiarazione di intenti: quattro opere dell'artista francese Robbie Barrat, noto per i suoi esperimenti con gli algoritmi di intelligenza artificiale, vengono acquistate dal collezionista Jason Bayley, fondatore di Artnome, una compagnia specializzata in Art Analytics. Celebrando il suo primo compleanno, SuperRare annuncia dati che, se non sono ancora impressionanti, sono comunque interessanti: 2.551 opere caricate, di cui 1.124 vendute, con un guadagno netto per gli artisti di 91.000 dollari[27].

Lo stesso mese nasce anche KnownOrigin, di base a Manchester, che come SuperRare ha come missione principale quella di attrarre gli artisti. Negli stessi mesi, ai *marketplace* si affiancano mondi

Obvious, *Edmond de Belamy*, 2018

virtuali come Decentraland e Cryptovoxels, che si appoggiano alla blockchain per la compravendita di spazio virtuale e che consentono di mettere in mostra i lavori archiviati nel proprio portafoglio, offrendo uno spazio ideale per l'esposizione di beni virtuali da parte di artisti e collezionisti. Molte delle altre piattaforme note seguiranno tra 2019 e 2020.

Se progetti come *CryptoPunks* e *CryptoKitties* hanno allenato una generazione di potenziali collezionisti ad apprezzare e capire la possibilità di attribuire le idee di autenticità e scarsità a un bene digitale, e a considerare questi beni dei remunerativi investimenti, i Pepe rari hanno aperto la possibilità – raccolta dai *marketplace* da OpenSea in poi – di attribuire queste caratteristiche a creazioni individuali, e non a set di immagini predeterminate. Possiamo

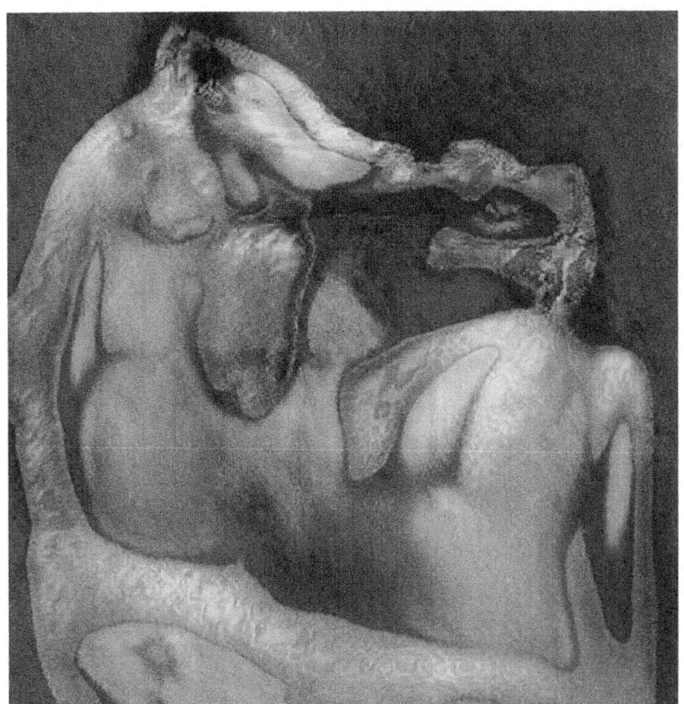

Robbie Barrat, *AI Generated Nude Portrait #3*, 2018. Edizione 1 di 1, in vendita su SuperRare

facilmente immaginare che la comunità originaria della "Crypto Art" abbia attinto a una demografia molto ampia e variegata, già abituata a far circolare le proprie creazioni sulle piattaforme social, attratta dalla possibilità di "monetizzare" le proprie immagini: *memer*, illustratori, grafici, creativi, giovani artisti senza un accesso al mondo dell'arte e artisti più maturi ma desiderosi di sperimentare le possibilità introdotte da queste nuove piattaforme, professionisti e *prosumer*. Alcuni nomi sono già emersi. Robbie Barrat è un giovane artista francese che ha avuto un momento di improvvisa visibilità nel corso di un altro *hype*. Il 28 ottobre 2018, Christie's New York mette in vendita *Portrait of Edmond Belamy*, un'opera del collettivo Obvious creata con l'utilizzo di una GAN (Generative Adversarial Network), una rete neurale "allenata" su un *dataset* di immagini di ritratti della storia dell'arte. La vendita, preparata da una massiccia campagna di comunicazione che insiste sull'opera creata interamente da un computer e sull'intelligenza artificiale come il prossimo medium dell'arte, totalizza 432.500 dollari. Fra le molte discussioni generate dalla vendita, una porta in primo piano il nome di Barrat come quello del vero autore della GAN, di cui Obvious si è limitato a fare un uso molto specifico per generare i ritratti della famiglia Belamy. Barrat attraversa la vicenda in maniera elegante, evitando denunce e accuse di appropriazione, e si costruisce la reputazione di un giovane genio della programmazione, che conosce il suo mezzo e lo usa con consapevolezza del proprio ruolo di artista nell'educazione del programma e nella selezione degli *output*. Caso raro tra chi utilizza l'intelligenza artificiale, non si lascia sedurre dagli effetti superficiali del mezzo, anzi dichiara: "Non c'è niente di particolarmente interessante nello strumento – il lavoro nasce da una collaborazione con l'artista"[28]. Le sue opere – che siano nudi, teschi o paesaggi generati a partire da dipinti tradizionali, o la linea di abiti realizzati in collaborazione con Acne – sono esteticamente solide e personali.

Fra gli artisti che hanno contribuito al paper sulla "Crypto Art", accanto a Ostachowski, figura anche Sergio Scalet, in rappresentanza del duo italiano Hackatao (Sergio Scalet e Nadia Squarci). Attivo sin dai primi anni Duemila sotto le egide del neo-pop e del Surrealismo Pop italiano, Hackatao realizza quadri, illustrazioni e sculture che rappresentano esseri umani e animali antropomorfi, con un linguaggio iconico e riconoscibile che affianca superfici piatte dai colori accesi ad altre più grafiche e in bianco e nero, disegnate minuziosamente e piene di scritte ed elementi decorativi, in un *horror vacui* che ricorda il linguaggio dei tatuaggi. La grafica digitale ha avuto un ruolo tutto sommato marginale nel suo percorso, fino all'incontro con gli NFT, che l'ha portato a tokenizzare decine di lavori e a essere riconosciuto come uno dei pionieri della "Crypto Art".

Altri nomi rappresentativi si possono desumere dalle notizie relative alle vendite più spettacolari raggiunte sul mercato degli

NFT. Il surrealismo pop, grazie alla sua estetica facile e accessibile e ai suoi riferimenti alla cultura di massa e all'attualità, è intuitivamente una delle tendenze di maggior successo nel mercato degli NFT, come dimostra anche il caso Beeple. FEWoCIOUS, un diciassettenne di Las Vegas, nel marzo 2021 ha venduto *The EverLasting Beautiful* per 550.000 dollari su Nifty Gateway[29]. I suoi lavori sono dipinti digitalizzati, illustrazioni e piccole animazioni che affiancano Pop Surrealism, street art ed estetiche mutuate dai tatuaggi. Con *The EverLasting Beautiful*, assieme all'NFT viene consegnato al collezionista anche l'olio su tela originale. Fra i lavori nati digitali, modellazione e animazione 3D sono tra i veicoli privilegiati di questo tipo di gusto. Si attribuisce un'estetica surreal-futurista Kathryn Blake, un'animatrice 3D di Los Angeles che crea brevi video animazioni di ambienti impossibili e dei cyborg che li abitano. Blake ha un notevole seguito sui social, e uno dei suoi NFT è stato venduto per 11 ETH, corrispondenti a circa 20.000 euro. Andrés Reisinger è invece un designer di mobili e interni, che sta avendo un certo successo con una serie di render surreali, rappresentanti paesaggi abitati da mobili astratti e impossibili, in un'atmosfera silenziosa e sospesa. La sua serie *The Shipping* è andata presto *sold out* su Nifty Gateway, con prezzi che vanno dai 2.500 ai 67.000 dollari[30]. Anche la pop star canadese Grimes (pseudonimo di Claire Elise Boucher), compagna del magnate

FEWOCiOUS, *The EverLasting Beautiful by FEWOCiOUS*, 2021. Video loop, in vendita su Nifty Gateway

Elon Musk e illustratrice e regista oltre che cantante, è facilmente ascrivibile al genere. Le sue illustrazioni dai toni cupi e apocalittici combinano riferimenti all'immaginario manga e alla fantascienza. Nel marzo 2021 ha raggiunto quasi i 6 milioni di dollari con la messa in vendita della sua *WarNymph Collection Vol. 1* su Nifty Gateway[31].

Un analogo successo riscontrano ovviamente le immagini in pixel art, le estetiche glitch, le grafiche generative, le immagini memetiche e tutto l'ampio vernacolo dell'immagine digitale. Piuttosto diffuso, nel mondo degli NFT, il riferimento autoreferenziale agli immaginari e alle iconografie aperte dalla blockchain e dalle criptovalute: un fatto che non dovrebbe sorprendere se si considerano, da un lato, l'importanza dell'aspetto economico, e dall'altro il tipo di collezionismo "nativo" di queste piattaforme, costituito in gran parte da imprenditori che hanno investito sulla blockchain o da speculatori infatuati delle criptovalute. Un esempio ben noto è quello offerto da *Right Place & Right Time (Bitcoin Hourly Price Offset)*, realizzato nel 2020 dall'artista americano Matt Kane e venduto nel settembre 2020 sulla piattaforma Async Art per più di 100.000 dollari a un collezionista attivo sotto lo pseudonimo di TokenAgnels[32]. Dopo una breve carriera come pittore, Kane abbandona la pratica artistica per una decina d'anni, un cui lavora come sviluppatore web e impara a programmare. Tornato alla pratica artistica, si considera un pittore del codice, e realizza lavori generativi che si sviluppano nel tempo, livello dopo livello, sotto l'influsso di differenti flussi di dati. La vendita del primo NFT di *Right Place & Right Time* consente a Kane di lanciare il più ampio progetto *Volatility.art* (2020 – in corso), che promette di dare vita a 210 edizioni nel corso di più di 10 anni, distribuite su diverse piattaforme e blockchain[33]. Ogni edizione di *Right Place & Right Time* è generativa. In sostanza, il progetto prevede che una rappresentazione grafica del Bitcoin, divisa in 24 livelli (tanti quante sono le ore del giorno) venga influenzata da un processo che rispecchia la volatilità della valuta nell'arco delle 24 ore. Il prezzo del Bitcoin a un'ora specifica influenza la rotazione, la scala e la posizione del relativo livello. In giorni a bassa volatilità, i livelli

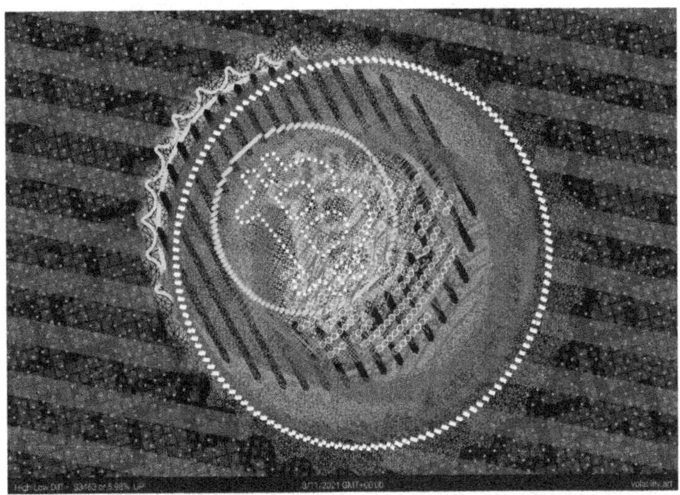

Matt Kane, *Volatility.art*, 2020 – in corso. Visualizzazione dell'11 marzo 2021,
data della vendita di Beeple da Christie's

risulteranno più o meno allineati, e l'immagine prossima al suo
stato iniziale; in giorni ad alta volatilità, l'immagine può risultare
significativamente, a volte drammaticamente stravolta. L'*output* di
ogni giorno è il ritratto preciso e leggibile della vita della valuta
in quel giorno specifico. Il progetto di Kane è concettualmente
interessante, tecnologicamente raffinato, esteticamente prossimo
all'iconografia Pop (in particolare, ricorda le serigrafie di Andy
Warhol, per i colori accesi e il visibile disallineamento tra i vari strati).
Il suo limite è la sua natura affermativa e acriticamente celebrativa,
comune ad altri progetti dell'artista. Un altro lavoro generativo
di Kane, *CryptoArt Monetization Generation*, è stato registrato il
giorno di apertura dell'asta di Beeple da Christie's, e venduto l'11
marzo 2021 su SuperRare per più di 81.000 dollari[34]. Si tratta di un
lavoro animato dall'aspetto di una banconota, che ospita al centro
il ritratto di Homer Pepe, il Pepe raro la cui vendita per 39.000
dollari, avvenuta nel gennaio 2018, segna simbolicamente la data
d'inizio della fiducia del collezionismo nel valore dei beni digitali.
La banconota riporta scritte come "Congratulazioni", "Meritato"
(commenti comuni su Twitter tra gli artisti all'annuncio di una

Robert Alice nel suo studio

nuova vendita), e "Un nuovo capitolo nella storia dell'arte", mentre le parti animate registrano la vendita milionaria di Beeple e altri dati finanziari non ancora rivelati.

Un altro lavoro che si presenta dichiaratamente come un tributo al Bitcoin è il monumentale ciclo *Portraits of a Mind* di Robert Alice, salito agli onori delle cronache il 7 ottobre 2020, quando Christie's London mise all'asta *Block 21 (42.36433° N, -71.26189° E)*, uno dei 40 dipinti della serie. Proposto con una stima massima di 18.000 dollari, l'opera – un pannello circolare di più di un metro di diametro, dipinto ad acrilico e foglia d'oro e accompagnato da un NFT – vendette a 131.250 dollari. Visti da lontano, i dipinti della serie appaiono come quadri minimalisti; guardando più da vicino, la loro superficie blu appare ricoperta da una fitta trama di numeri – per l'esattezza, 322.048 cifre di codice esadecimale. Secondo il saggio che accompagnava l'asta, "*Portraits of a Mind* è la risposta di un artista all'inevitabilità del degrado digitale, e all'idea che il codice originario del Bitcoin sia la Magna Carta del XXI secolo. Il

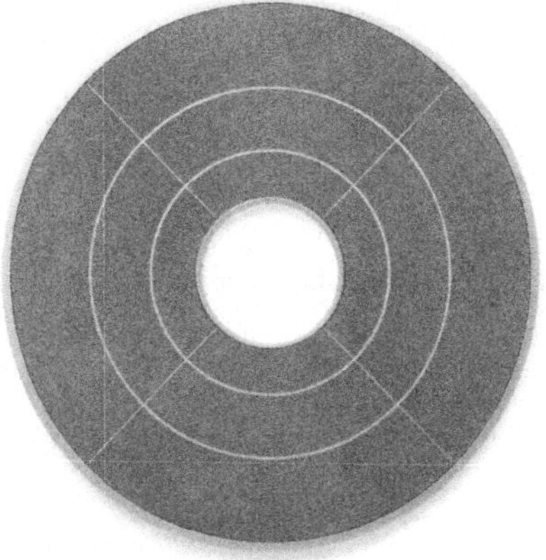

Robert Alice, *BLOCK 21 (42.36433° N, -71.26189° E)*, 2019 (da *Portraits of a Mind*). Foglia d'oro a 24 carati, pigmento sospeso e acrilico su tela stesa su pannello, NFT. Diametro 128.5 cm

più grande lavoro nella storia della blockchain, i quaranta dipinti che compongono *Portraits of a Mind* estendono su più di cinquanta metri lineari di superficie la trascrizione integrale dei 12.3 milioni di caratteri che hanno fondato l'iconica tecnologia nel 2008"[35]. L'opera è concepita come un ritratto di Satoshi Nakamoto, e "esplora la politica e l'estetica dell'*open source* e la sua relazione con l'identità e la verità." La vendita dei quaranta "blocchi" che la costituiscono, inoltre, è "strings attached": ognuno deve andare a un collezionista differente, che viva nella parte del mondo corrispondente al fuso orario specificato nelle coordinate inserite nel nome dell'opera. Come la blockchain, nessuno può possedere la serie nella sua integrità.

Portraits of a Mind è interessante per la sua abilità di combinare la tradizione dell'arte contemporanea – attraverso evidenti (e ampiamente esplicitati) riferimenti ad artisti quali Jasper Johns, On Kawara o Roman Opalka – con l'autoreferenzialità degli NFT, e le rispettive modalità di produzione e disseminazione. Mentre le opere fisiche acquisiscono legittimità come opere d'arte contemporanea rispettandone i protocolli – una cornice concettuale solida, un'estetica minimalista, un *pedigree* storico artistico, grandi dimensioni, performatività del lavoro manuale, infiltrazione di un mercato e di un collezionismo rispettabile – la sua versione digitale sfrutta tutto il potenziale concettuale e finanziario del mercato degli NFT. Concepito in collaborazione con Async Art e venduto assieme all'opera fisica, il *token* di Robert Alice per *Block 21* "è uno dei primi NFT a incorporare tutti i fusi orari del mondo nei suoi livelli. Un testamento alla natura veramente globalizzata della comunità blockchain e alla natura globale dello stesso *Portraits of a Mind*, l'NFT è una riflessione sul tempo, le reti decentralizzate e gli stati binari, ed esplora la relazione tra i linguaggi digitali e fisici"[36].

Robert Alice è uno pseudonimo adottato nel 2018 dall'artista londinese Benjamin Gentilli, con l'intenzione esplicita di "educare" il mondo delle arti visive sulla storia e la cultura della blockchain[37]. In forme ancora più smaccate e acritiche, la celebrazione delle criptovalute ritorna in innumerevoli altri lavori, il più tristemente noto dei quali è *Bitcoin Angel* (2021) di Trevor Jones. *Bitcoin Angel* è l'immagine digitale di uno sciatto dipinto ad olio che rappresenta l'*Estasi di Santa Teresa* di Gian Lorenzo Bernini, in cui la raggiera dorata è parzialmente coperta da una gigantesca rappresentazione del Bitcoin. Messo in vendita su Nifty Gateway nel febbraio 2021 in una edizione di 4.157 esemplari, ciascuno al prezzo di 777 dollari, il lavoro ha fatto *sold out*, totalizzando l'impressionante somma complessiva di 3.2 milioni di dollari. Il prezzo di ogni edizione (777) è vergato a lettere d'oro in basso a sinistra, appena sopra la firma[38].

Beeple, Pak e Mad Dog Jones

Prima di chiudere questa veloce rassegna sulla cosiddetta "Crypto Art" può essere utile considerare il lavoro dei tre artisti scelti rispettivamente da Christie's, Sotheby's e Phillips per aprirsi al mercato degli NFT: Beeple, Pak e Mad Dog Jones. Beeple, nome d'arte di Mike Winkelmann (1981), è un graphic designer e animatore americano nativo del Wisconsin. Laureato in informatica, l'1 maggio 2007 inizia *Everydays*, un progetto che consiste nel pubblicare sul suo blog una illustrazione al giorno. A metà tra progetto performativo ed esercizio quotidiano, questo diario *in progress* ha lo scopo dichiarato di migliorare le sue abilità di disegnatore e la sua padronanza dei programmi, come dimostra anche la tendenza a concentrarsi su un singolo *tool* per lunghi periodi. Negli ultimi anni la modellazione e l'animazione 3D sono il suo mezzo privilegiato di espressione. Le sue illustrazioni e animazioni, che spesso fanno riferimento in tono grottesco e satirico a notizie del giorno e fatti di attualità, gli hanno guadagnato una crescente popolarità sui social network, e hanno aperto le porte a collaborazioni con brand come Louis Vuitton e Nike e star della musica come Justin Bieber, Katy Perry, Nicki Minaj e Eminem. Solo nell'ottobre 2020 comincia a registrare alcune sue illustrazioni come NFT su Nifty Gateway, ottenendo un immediato successo economico. *Crossroads*, una videoanimazione che esisteva in due varianti che simboleggiavano rispettivamente la vittoria e la sconfitta di Donald Trump, viene venduta l'1 novembre per 66.666 dollari (a febbraio 2021 passerà di mano per 6 milioni e 600.000 dollari). Seguiranno altre vendite spettacolari che apriranno la strada all'asta di Christie's del marzo 2021, in cui ad essere messo in vendita è un mosaico di 5000 immagini, in ordine cronologico, di *Everydays*. Da qui il titolo *Everydays: The First 5000 Days*, che viene proposto come esemplare unico di un'immagine digitale ad alta risoluzione.

A fronte della valanga di stampa generata dalla sua vendita milionaria, in realtà sono ancora molto pochi i tentativi di affrontare criticamente il lavoro di Beeple. Sul suo sito personale, lui si presenta così, nel suo caratteristico linguaggio: "fa una varietà di schifezze artistiche usando diverso linguaggi. Alcune sono ok, ma per la maggior parte fanno cagare. Si da da fare ogni giorno per migliorarle, quindi abbi pazienza ... :)" [39]. Secondo Will Gompertz, noto critico di *BBC News*, in realtà non sono così male: "Se ti piace l'estetica dei *comic book*, che ha ormai una storia di decenni, allora Beeple è un esponente talentuoso del genere." Gompertz scomoda Hieronymus Bosch, Andy Warhol e Philip Guston, e pur ammettendo che "le opere di Beeple mi ricordano più le battute veloci di un comico che la profondità di un romanzo tradotto in immagine, come sanno fare i più grandi artisti", dichiara di aver "visto a sufficienza da sapere che si tratta di un lavoro dal valore artistico e documentario"[40]. Decisamente più critico Ben Davis, che su *Artnet News* firma un articolo intitolato: "Mi sono guardato tutte le 5000 immagini del capolavoro da 69 milioni di Beeple. Ciò che ho trovato non è tanto piacevole". Innanzitutto, Davis fa notare che ci sono almeno quattro "Beeple" stratificati nelle 5000 immagini di *Everydays*. L'iconografia che lo identifica maggiormente – la satira politica condita di riferimenti fantascientifici e immersa in un'atmosfera oscura e distopica – emerge solo negli ultimi anni e occupa circa il 20 % del grande mosaico; tra 2015 e 2018 si dedica prevalentemente a illustrazioni fantascientifiche con elementi robotici immersi in atmosfere oniriche, mentre tra il 2011 e il 2014 sembra per lo più impegnato a imparare gli strumenti. Prima del 2011 le immagini di *Everydays* sono per lo più disegni e vignette digitalizzate. Come dice lo stesso Beeple, a fianco di poche immagini che riescono a raggiungere un certo livello di qualità e di efficacia iconica, la maggior parte si collocano sotto il livello dell'amatorialità, zeppe come sono di ingenuità, incertezze, errori. Scherzi e battute sono per lo più crassi e volgari, e attingono ampiamente al repertorio e all'immaginario della pornografia. Razzismo, maschilismo e misoginia, annacquati dal trattamento a mosaico in cui ogni immagine perde la sua autonomia per diventare la tessera di un puzzle, emergono chiaramente scorrendo le immagini di *Everydays* sul blog dedicato, dove ogni immagine è accompagnata da un titolo o un commento testuale[41]. Davis conclude:

Beeple, *CROSSROAD #1/1*, 2020. Video, screenshot

*Abbiamo attraversato una rivolta razziale, abbiamo fatto i
conti con il sessismo, e il progetto culturale del momento è…
scoprire modi nuovi per venerare scoregge cerebrali vecchie di
dieci anni, al livello di BroBible? In tempi di impoverimento, gli
investitori fanno a gara per buttare decine di milioni di dollari…
su questo?*[42]

Molto diverso il lavoro di Pak, scelti da Sotheby's per il suo
sbarco nel mondo degli NFT. Tanto terreno, sarcastico e volgare
è l'immaginario di Beeple, quanto astratto e algido quello di
Pak. Amate e collezionate da Elon Musk, le misteriose identità
che agiscono dietro questo pseudonimo che chiedono di riferirsi
a loro in forma plurale si presentano nel loro profilo su Nifty

Gateway[43] come un "onnisciente designer / sviluppatore / creatore, un riferimento nella scena del design", e come uno dei creatori di Archillect, una intelligenza artificiale che seleziona e pubblica sui suoi *account* social contenuti web destinati a diventare virali. Per lo più in bianco e nero, i loro NFT sono brevi animazioni in *loop* o immagini statiche dall'estetica minimalista, che usano solidi geometrici elementari e processi generativi. Nel loro lavoro, Pak si ricollegano a tutta la tradizione della software art, al minimalismo di Sol Lewitt e alle ricerche astratto geometriche e optical della seconda metà del Novecento, ma al contempo, come nota acutamente Michael Connor,

[...] rappresentano alla perfezione l'estetica rifinita e frutto di un uso intenso dell'unità di elaborazione grafica del computer che ha conquistato la scena degli NFT. In particolare il loro lavoro, con la sua fredda precisione matematica, risuona con un immaginario crittocrafico in cui il mercato degli NFT è solo una componente di un metaverso nascente[44].

Sfere, cubi, ipercubi e cubi di Rubik, nastri di Möbius e paradossi visivi alla Escher si mescolano a esperimenti più concettuali sull'uso della blockchain, come in *The Title*, una collezione di NFT tutti uguali nell'aspetto ma diversificati solo dal titolo e dal prezzo di partenza, a sottolineare la crucialità dello *smart contract* associato, importante tanto quanto – e forse più – dell'immagine: così *Copy*

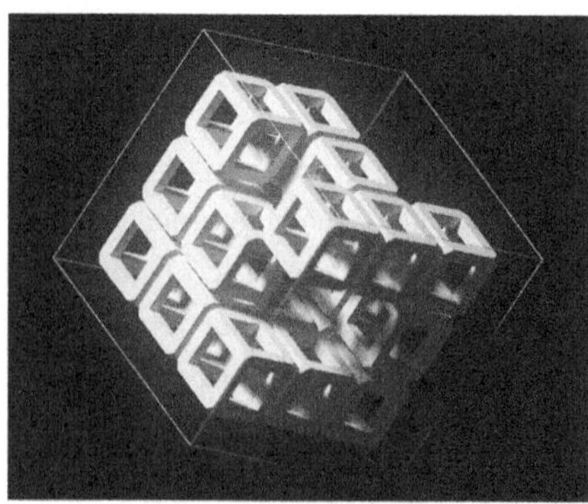

Pak, *Cube – Twenty Cubes*, 2021. Video, screenshot

viene proposto per 17,777 dollari, *Paste* per la stessa cifra, mentre *The Cheap*, *The Expensive* e *The Unsold* sono messi in vendita per un milione di dollari; e ancora, *The Gift* non è in vendita e *The Flipper* è proposto in edizione di 99 a un dollaro ciascuno, il che non gli ha impedito di raggiungere cifre vertiginose sul mercato secondario. Hanno dichiarato in riferimento al loro coinvolgimento con Sotheby's:

> *La nostra aspettativa è che intervenire su questa scala possa giocare un ruolo culturale significativo nel portare la narrazione del mondo digitale nel mondo tradizionale, in termini di definizione del mezzo e di creazione di valore. La gente può essere in grado di scaricare una 'jpeg' cliccando con il tasto destro del mouse, ma come possono salvare una performance digitale?[45]*

La volontà di sperimentare con la natura performativa e concettuale degli *smart contract* contraddistingue anche l'ingresso in campo della terza fra le principali case d'asta, Phillips. *REPLICATOR* di Mad Dog Jones, battuta all'asta tra il 12 e il 23 aprile 2021, si potrebbe descrivere tecnicamente come un "genesis NFT", uno *smart contract* programmato per generare un nuovo NFT ogni 28 giorni, per un totale di 7 generazioni. Ogni NFT di nuova generazione, secondo un calcolo probabilistico, può essere esso stesso un "REPLICATOR", quindi capace di generare nuovi NFT, o un "jammed NFT", una "fotocopia sbagliata" destinata a rimanere un unicum. Secondo l'artista,

> *REPLICATOR è la storia di una macchina nel tempo. Riflette sulle manifestazioni di alcune fondamentali innovazioni del passato, e funziona come metafora degli sviluppi tecnologici attuali. In passato, le fotocopiatrici erano rivoluzionarie, così come il fax prima di loro. Guarda dove siamo arrivati oggi. Sono interessato a vedere come i collezionisti risponderanno a un'opera che evolve e che continua a creare nuove generazioni[46].*

Al secolo Michah Dowbak, Mad Dog Jones è un illustratore che da vita a scenari urbani di matrice cyberpunk, zeppi di insegne elettroniche, luci artificiali, stratificazioni da "sprawl" di vecchie e nuove tecnologie come lavatrici, automobili *vintage*, apparecchi telefonici, monitor CRT. Coerentemente con il concept, *REPLICATOR* rappresenta un'ingombrante fotocopiatrice in un ambiente da ufficio, davanti a uno scenario urbano zeppo di grattacieli. Come per Beeple, prima di sbarcare con successo nel mondo degli NFT le sue illustrazioni hanno conquistato il pubblico sui social e alcune star della musica e dell'intrattenimento, da Deadmau5 ai Maroon 5. Come molti altri artisti della scena, reinveste spesso e volentieri i suoi corposi guadagni sul lavoro di altri artisti, come dimostra la sua cospicua collezione su Nifty Gateway[47].

Mad Dog Jones, *REPLICATOR*, 2021. Non-Fungible Token
(ERC-721), HD Video, 00:50. Courtesy Phillips

Il ritorno del "middleman",
dall'*artwashing* alle piattaforme curate

Per molte delle cose che abbiamo visto finora, la tentazione di sposare il giudizio di Kenny Schachter è forte:

> *Un problema, certamente, è che molta 'arte' NFT non comunica, né ha altra ragion d'essere del suo valore di scambio. Per molti in questo settore, è più che sufficiente. Ma questa estetica da videogiochi senza il gioco sembra uno specchio della società del mondo reale di oggi, qualsiasi cosa sia – io non ne ho idea*[48].

Ma per quanto suggestivo, un discorso così generale e massimalista è abbastanza inutile ai nostri scopi. Se c'è qualcosa che stiamo imparando, è che è problematico raccogliere tutto quello che succede sui *marketplace* degli NFT sotto una definizione comune, e costringerlo nelle strettoie di un unico discorso.

A complicare ulteriormente le cose intervengono due dinamiche opposte, anche se a volte sollecitate dagli stessi attori: il crescente coinvolgimento nel mondo degli NFT di celebrità, influencer e "autori" di memi di internet; e l'ingresso, in questo stesso spazio, di un numero crescente di artisti noti al mondo dell'arte contemporanea. Per quanto facilmente sminuibile, in molti casi, a un tentativo di cavalcare l'onda mediatica e l'interesse per gli NFT, il primo fenomeno assume risvolti più interessanti quando coinvolge figure relativamente marginali dello *star system*, come come è accaduto per la modella e attrice Emily Ratajkowski, che ha messo in vendita un autoritratto davanti a una stampa di Richard Prince che la ritrae, a sua volta appropriazione di una foto di *Sports Illustrated*, presentando il gesto come un tentativo di riassumere il controllo sulla propria immagine[49]; o quando a registrare l'NFT sono i presunti "autori" di popolari memi di internet. Per quanto radicato, attraverso i Pepe rari, nella storia della "Crypto Art", il fenomeno è esploso nel febbraio 2021 con la vendita, sul *marketplace* di Foundation, del *Nyan Cat* per mano dell'autore dell'animazione

Emily Ratajkowski, *Buying Myself Back: A Model for Redistribution*, 2021

Zoe Roth, *Disaster Girl*, 2005. Immagine digitale, 2560x1920 pixel

originaria, Chris Torres, per 300 ETH. In rapida successione, altri memi si sono affacciati sui *marketplace* degli NFT per mano dei loro autori: sempre su Foundation, il 13 aprile 2021 *Leave Britney Alone*, un breve video del 2007 in cui Chris Crocker si lancia in una difesa esageratamente appassionata di Britney Spears, è stato venduto dallo stesso per più di 50.000 dollari; per una cifra analoga, la stessa piattaforma ha fatto la fortuna di una ora ventunenne Zoë Roth, la bambina del South Carolina catturata dal padre nel 2005 mentre sfodera un diabolico sorriso davanti a un incendio, e passata alla storia come *Disaster Girl*. Sono solo pochi esempi di un fenomeno in crescita, abilmente orchestrato da manager come Ben Lashes, da anni alla ricerca delle persone che hanno generato questi piccoli tsunami dell'infosfera, e supportato da collezionisti cresciuti culturalmente nell'internet dei social network e dei *subreddit*[50]. Immagini e video a bassa risoluzione, condivisi gratuitamente anni fa da persone che non potevano prevedere la popolarità che avrebbero conquistato, sono diventati fonti significative (e, considerati i diritti sulle vendite secondarie, permanenti) di reddito per le persone che li hanno realizzati e condivisi, o che ne sono protagoniste. Finalmente, l'economia dell'attenzione di cui sono stati protagonisti nel corso degli anni, raccogliendo migliaia di *like*, condivisioni, risposte, remix e variazioni, sembra tradursi in una economia reale, che va a beneficio di chi ci ha regalato sorrisi, ma anche strumenti espressivi usati da tutti noi per comunicare online. E tuttavia, proprio la confusa nebulosa di passaggi che intercorrono tra la condivisione dell'artefatto in rete e la sua registrazione sulla blockchain non può che sollevare una serie di interrogativi su quanto sta accadendo. Chi è il "creatore" di un meme? Nessuno di questi presunti "creatori" era consapevole del potenziale delle proprie creazioni; e spesso, l'atto decisivo che ne ha sancito il successo non è stata la condivisione, ma il gesto intermedio di qualcun'altro che ha pubblicato il video o l'immagine su un forum, li ha modificati, ha aggiunto una *caption* o una colonna sonora o gli ha dato un titolo. Dave Roth, padre di Zoe, aveva inizialmente intitolato la foto della figlia *Firestarter*; la gif originaria del *Nyan Cat* (chiamato da Torres *Pop-tart Cat*) ha una forza visiva straordinaria, ma gran parte del suo successo si deve all'associazione, fatta dall'utente YouTube

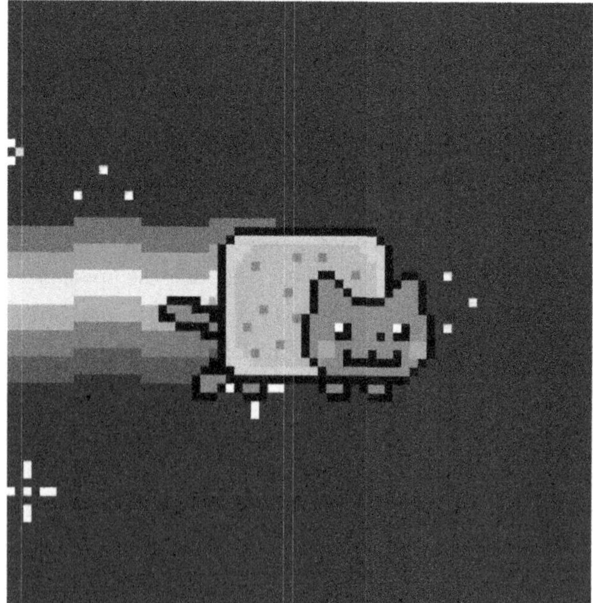

Chris Torres, *Nyan Cat*, 2011. Video, 1400 x 1400 pixel, 12 frame

saraj00n, con la canzone *Nyanyanyanyanyanyanya* del musicista giapponese Daniwell-P[51]. E poi: qual'è l'originale di un meme? Nel caso in cui la persona raffigurata e l'autore della foto o del video non siano la stessa persona, chi merita di guadagnarci?[52]

Foundation, la piattaforma per la registrazione e la vendita di NFT che ha promosso la vendita di questi e altri memi di internet[53], viene lanciata online il 27 maggio 2020. Foundation mantiene un'attitudine generalista e aperta a vari percorsi (il post di annuncio sul blog menziona il *graphic designer* e musicista Dan Barkle, l'artista Addie Wagenknecht e il fotografo Wesley Verhoeve tra i primi membri della *community*)[54], ma cerca anche di dare un orientamento preciso allo sviluppo della propria base di artisti. Su Foundation non si diventa creatori semplicemente registrando un *account*: si entra su invito di un altro partecipante, o ci si può candidare a essere votati dalla base comunitaria. Come Head of Community, inoltre, Foundation assume Lindsay Howard, una curatrice con un'ottima reputazione e un curriculum di rilievo nel mondo dell'arte contemporanea. La sua carriera inizia a 319 Scholes, una istituzione *no-profit* destinata a diventare, negli anni della sua attività, uno dei punti di riferimento a New York per la generazione post internet. Curatorial Fellow a Eyebeam, New York tra 2012 e 2013, Howard cura *F.A.T. Gold: Five Years of Free Art & Technology*, la mostra retrospettiva del collettivo F.A.T. Lab, nato proprio a Eyebeam. Nell'ottobre 2013 è la curatrice di *Paddles ON!*, una collaborazione tra la casa d'aste Phillips e Tumblr che segna simbolicamente l'ingresso di diversi artisti "digitali" e post internet nel mondo delle aste. Come abbiamo visto nel capitolo 3, un mercato della media art esisteva già da tempo, ma come sta accadendo oggi con gli NFT, a fronte della riservatezza delle gallerie quando si parla di vendite e valutazioni, i meccanismi di vendita pubblica e la trasparenza dei prezzi delle case d'asta hanno spesso un impatto forte in termini simbolici e di comunicazione. Nel 2017, Howard ha collaborato con il New Museum di New York e con i Nokia Bell Labs per organizzare gli eventi del cinquantesimo anniversario di Experiments in Art and Technology.

Il coinvolgimento di una figura di questo tipo come Head of Community ha avuto un ruolo centrale nel definire l'identità di Foundation. Howard ha portato su Foundation molti degli artisti con cui ha collaborato in passato, da Petra Cortright a Rafael Rozendaal, da Ryder Ripps a Jonas Lund alle giovani leve dell'arte post digitale, e con essi i loro collezionisti. Da membro fondatore di Deep Lab e curatrice sensibile alle questioni razziali e di genere, ha implementato significativamente la presenza femminile nella *community*.

Come il coinvolgimento di Robbie Barrat nel lancio di SuperRare, il coinvolgimento di Lindsay Howard con Foundation ha un valore programmatico che non è solo culturale. Se, da un lato, abbiamo visto le case d'asta tradizionali aprire al mercato degli NFT per conquistare al proprio mercato le ragguardevoli liquidità degli imprenditori della blockchain e di chi specula in criptovalute, così il coinvolgimento crescente, da parte dei *marketplace* degli NFT, di figure di riguardo del mondo dell'arte (curatori come Lindsay Howard, artisti come Damien Hirst e Urs Fischer) è prova dello sforzo di acquisire alle proprie *community* in espansione il collezionismo dell'arte contemporanea, con il suo potere d'acquisto, il suo sguardo educato, il suo supporto continuativo agli artisti che sostiene. È una tendenza destinata a crescere e a rafforzarsi, e che in analogia con il *greenwashing*, potremmo definire come un processo di "artwashing": un tentativo di "lavare via" la propria eredità di mercatini di carte collezionabili e *asset* per videogiochi, aperti a ogni genere di proprietà digitale e a ogni livello di pratica creativa, e di riqualificarsi come legittime piattaforme artistiche. Ma è anche una tendenza che contraddice i presunti valori di orizzontalità e apertura che contraddistinguono le piattaforme degli NFT, e che queste ultime avrebbero ereditato dal loro ambiente nativo, la blockchain.

In una direzione analoga va anche l'apertura, che approfondiremo meglio nel capitolo successivo, di nuove piattaforme "curate", che si appoggiano alla blockchain per strutturare la propria base comunitaria e regolamentare le transazioni, affiancandosi alle grandi piattaforme generaliste nell'esplorazione dei benefici degli *smart contract*: spazi espositivi come Feral File, progettato dall'artista e programmatore americano Casey Reas; o come la francese Danae, lanciata dagli ex galleristi Laetitia Maffei e Frédéric Laffy sotto la direzione artistica del curatore Dominique Moulon; gallerie online come left gallery, fondata dall'artista olandese Harm Van Den Dorpel ben prima del boom degli NFT; mostre come *Pieces of Me* e iniziative online come Bit.art, proposte rispettivamente da Transfer Gallery e da Bitforms, due rispettate gallerie che da anni focalizzano la propria attenzione sulla media art, in dichiarata polemica con il mercato sregolato della cosiddetta "Crypto Art".

Ryder Ripps, *Deal With It*, 2010.
Immagine digitale

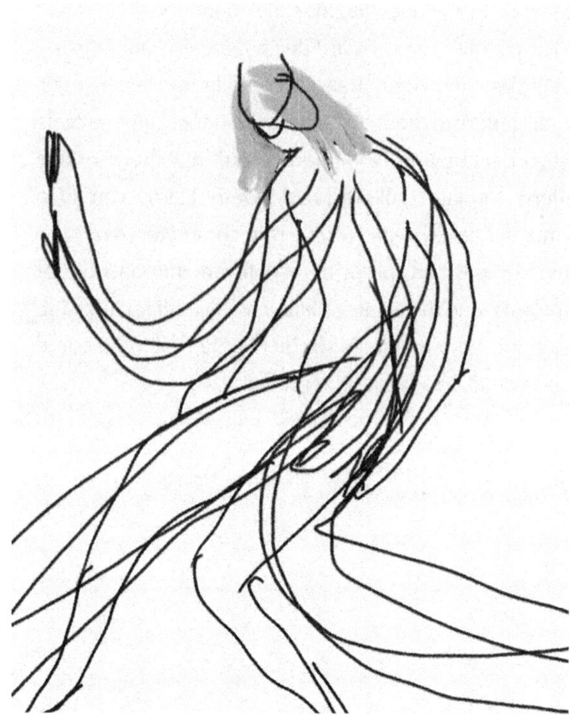

Vanessa Beecroft, *Fabiola drawing 2 (version 2)*, 2001.
Animazione digitale, in vendita su Foundation

Reisinger Andrés, *Matsumoto*, 2021.
Dalla serie The Shipping, in vendita su
Nifty Gateway

La Crypto Art non esiste

*L'intero mondo della Crypto Art è una replica delle parti
più brutte del mondo dell'arte, senza l'arte.*
Hito Steyerl 2021[55]

A Parigi, nel cuore del Marais, esiste una piazza chiamata Place des Vosges. È una piazza bellissima, la più antica piazza reale di Parigi e uno dei primi esempi di pianificazione urbanistica razionale in Francia. La pianta è quadrata, e gli edifici identici che si ergono sui quattro lati circoscrivono, al centro, dei giardini nobilitati dal monumento equestre a Luigi XIII. In uno di questi quattro palazzi, l'Hôtel Arnaud, ci visse Victor Hugo. Oggi, gli ambienti che corrono lungo i porticati al piano terra della piazza sono stati colonizzati da gallerie d'arte, il che rende una passeggiata per Place des Vosges per certi versi simile alla visita di una fiera d'arte – se non fosse che le gallerie di Place des Vosges non propongono arte contemporanea di ricerca, quanto piuttosto colorati pezzi d'arredo, oggetti innocui realizzati da artisti marginali e anonimi, o da altri che hanno avuto una loro fase di sperimentazione per poi ripiegare su lavori che li aiutassero a tirare a campare, affiancati da qualche multiplo licenziato dagli studi di nomi famosi per alzare un po' il tiro e dimostrare che, in fondo, anche quella è arte.

Oltre a essere molto piacevole, una visita a Place des Vosges è molto istruttiva e funziona come "memento" per qualsiasi figura professionale – artista, critico, curatore – che, vivendo nella sua bolla, si illuda che il mondo dell'arte sia solo quello delle gallerie che frequenta, dei musei di arte contemporanea, delle riviste che legge. In realtà, come scriveva anni fa Julian Stallabrass in *Art Incorporated*, "il mondo dell'arte è verticalmente stratificato e orizzontalmente eterogeneo, e comprende diverse sfere di associazione e di commercio che si sovrappongono tra loro"[56]. Queste sfere sono più permeabili e porose di quanto sembrino, e non si può mai dire quando, e secondo quali dinamiche, si finirà per scivolare da una sfera all'altra, cadendo in un luccicante

Purgatorio senza ritorno come Place des Vosges o venendo assunti nell'empireo della cosiddetta arte contemporanea.

Non è di questo che stiamo parlando, ma l'introduzione di questa articolazione può essere utile per farci capire a che cosa ci troviamo di fronte quando apriamo, sul nostro computer, un *marketplace* di NFT. È come se Place des Vosges e Art Basel, i mercatini di rarità collezionabili e la Biennale di Venezia, Deviantart e Rabarama fossero collassati in un unico ambiente, dove le uniche linee guida per orientarsi sono quelle offerte da chi colleziona chi, chi segue chi, chi commenta cosa e, ovviamente, dal prezzo a cui è stato acquistato o venduto cosa. Nulla di nuovo, se lo si guarda dal punto di vista del modo in cui viene gestita l'economia dell'attenzione nella Platform Economy; ma può risultare abbastanza disorientante e sconvolgente per chi ritiene che certe barriere non possano essere scavalcate, e poi vede flussi ingenti di criptovaluta abbatterle con poca o nulla resistenza.

In questo sconvolgimento, rimescolamento di carte e abbattimento di barriere, c'è sicuramente qualcosa di molto forte, fresco e atteso. La forte polarizzazione e l'emotività delle reazioni di odio e amore, disdegno e celebrazione, che il *boom* degli NFT sta suscitando nel mondo dell'arte, è anche sintomo della sua capacità di mettere in discussione categorie consolidate dalla storia dell'arte e dall'educazione artistica e soprattutto il ruolo dei cosiddetti "gatekeeper" – critici, curatori galleristi che hanno la presunzione di decidere che cosa è arte e cosa non lo è. L'esternazione di Hito Steyerl, citata in un esilarante articolo della curatrice e critica Anika Meier dedicato proprio a questo problema, è sintomatica di un fastidio che sembra assumere i tratti dell'atteggiamento difensivo, del rifiuto pregiudiziale verso il nuovo che avanza. Come ha notato Martin Herbert dalle colonne di *Art Review*, momenti come questi hanno la capacità di rivelare il *gatekeeper* che c'è in noi:

Quando la struttura stessa cambia, e nuovi campi entrano in azione, mi irrigidisco un po'. Questo potrebbe essere un angolo imperfetto ma è il mio angolo imperfetto, è quello che penso, mio malgrado. La cosa difficile da capire è se stai cercando di mantenere uno standard acquisito, se sei diventato tradizionalista o se, più semplicemente, sei uno snob[57].

L'arte deve cambiare, conclude Herbert, e se pensi che stia cambiando in peggio potrebbe essere un tuo problema.

Gli NFT stanno portando un'aria di cambiamento nell'arte contemporanea; stanno attirando nuovi attori, nuovi pubblici e nuovi gusti verso un territorio spesso percepito come oscuro, ostile e refrattario a contatti con l'esterno; stanno, apparentemente, consentendo a creatori fino ad ora marginalizzati e a spettatori fino ad ora disinteressati al gioco di cambiare le regole del gioco. Quale atteggiamento dovrebbe assumere il mondo dell'arte, tra i due poli estremi dell'accettazione acritica e della difesa preventiva?

Questa questione si ripercuote anche sul tema discusso in questo capitolo: quale atteggiamento tenere di fronte alla definizione di "Crypto Art", usata e amata da artisti e collezionisti che hanno contribuito a plasmare questo ambiente? A fronte di due atteggiamenti ugualmente pregiudiziali, la scelta che abbiamo fatto è stata quella di condurre un'analisi il più possibile capillare e obiettiva del fenomeno. Da questa analisi, la cosiddetta "Crypto Art" emerge come un modo di esistenza di poca arte (digitale o

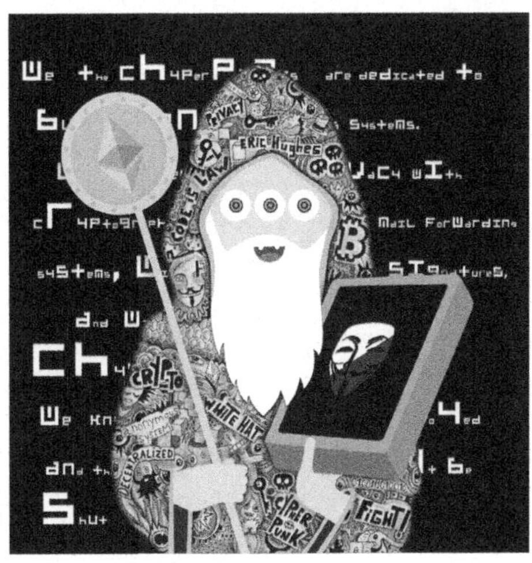

Hackatao, hex6c, *Cypher::Prophet*, 2020. 2000 x 2005 px JPG. In vendita su Async Art

fisica) e di moltissima non arte (digitale e fisica) in rete, regolato da *smart contract* e reso possibile dalla blockchain. Questo modo di esistere sollecita dinamiche comunitarie e, per alcuni, risolve il problema del sostentamento; disintegra le gerarchie tradizionali del mondo dell'arte, attribuendo ai collezionisti, alle dinamiche solidali tra gli artisti (che si collezionano a vicenda, o si invitano e si votano l'un l'altro) e ai dispositivi di selezione dei *marketplace* (quando esistono) il compito tradizionalmente affidato a gallerie, musei, critici e curatori (i quali, peraltro, stanno tornando, reintroducendo la possibilità di una mediazione e arricchendo di nuove sfumature la già variegata offerta di queste piattaforme).

In termini formali, le impostazioni dei *marketplace* (che spesso ereditano l'architettura dei social network e impongono limiti di peso e di formato ai contenuti di ciò che viene caricato) e la preistoria degli NFT (dai Pepe rari ai *CryptoKitties*) favoriscono la proliferazione di piccoli oggetti mediali: immagini statiche, gif animate, video in *loop*. Ma nulla vieta di "tokenizzare" altre forme

Grimes, *Rokoko Monolith*, 2020.
Illustrazione digitale, in vendita
su Nifty Gateway

d'arte (nata digitale o meno), e le piattaforme più sperimentali si stanno già attrezzando per aprire le porte ad altri formati e ad altri linguaggi, e per non ridurre più, come scrive Silvia Dal Dosso, "il lavoro dell'artista a quella che non è nient'altro che una carta collezionabile digitale"[58]. Come abbiamo visto, infine, molti partecipanti sperimentano artisticamente con gli *smart contract*, considerandoli (giustamente) non un mero certificato di autenticità, ma qualcosa che fa a tutti gli effetti parte del lavoro e ne condiziona la natura e l'esistenza nel tempo.

Sta di fatto che, presi nel loro insieme, questi aspetti non sono sufficienti a giustificare l'utilizzo di una categoria o definizione unificante come "Crypto Art", con le implicazioni aberranti che l'uso di questo termine può generare. La "Crypto Art" non esiste: esistono gli NFT, con gli effetti economici, politici, sociali, culturali che il loro utilizzo può implicare quando genera un mercato veloce, effervescente, globale e parzialmente protetto da pseudonimia e anonimato.

1. Kenny Schachter, "Kenny Schachter Gets Sucked Into the Surreal NFT Vortex... and Makes a Fortune Overnight in the New Virtual Art Market", in *Artnet News*, 24 febbraio 2021, https://news.artnet.com/opinion/kenny-schachter-tk-1946256.

2. Ben Davis, "What the NFT World Can Learn From the Great '90s Comic Book Bubble. (It's a Cautionary Tale)", in *Artnet News*, 30 marzo 2021. https://news.artnet.com/opinion/nfts-90s-comic-book-bubble-1955239.

3. Martin Lukas Ostachowski, "History of Crypto Art", https://ostachowski.com/about/what-is-crypto-art-or-nft-art/history-of-crypto-art/.

4. Gli artisti hanno dettagliato questa ricerca nel catalogo della mostra *The Black Chamber. Surveillance, Paranoia, Invisibility & the Internet*, curata da Eva e Franco Mattes con Bani Brusadin nel 2016 per Škuc Gallery, Ljubljana. Cf. Bani Brusadin, Eva and Franco Mattes, Domenico Quaranta (a cura di), *The Black Chamber: Surveillance, Paranoia, Invisibility & the Internet*, Link Editions, Brescia e Aksioma, Ljubljana 2016, pp. 68 – 81.

5. Massimo Franceschet, Giovanni Colavizza, Tai Smith, Blake Finucane, Martin Lukas Ostachowski, Sergio Scalet, Jonathan Perkins, James Morgan, Sebastián Hernández, "Crypto art: A decentralized view", in *arXiv.org*, 9 giugno 2019, https://arxiv.org/abs/1906.03263, p. 3.

6. Jerry Saltz, "Think of NFTs As a Brush", in *Vulture*, 15 aprile 2021, https://www.vulture.com/2021/04/nfts-will-be-an-artistic-tool-as-powerful-as-any-other.html.

7. Anil Dash, "NFTs Weren't Supposed to End Like This", in *The Atlantic*, 2 aprile 2021, https://www.theatlantic.com/ideas/archive/2021/04/nfts-werent-supposed-end-like/618488/.

8. Il video della storica presentazione è disponibile su Vimeo: https://vimeo.com/96131398.

9. Felix Salmon, "Exclusive: The first-ever NFT from 2014 is on sale for $7 million plus", in *Axios*, 25 marzo 2021, https://www.axios.com/nft-sale-art-blockchain-millions-90238222-e702-4df2-a24f-1f7256ec3809.html.

10. Cf. Daniel Cawrey, "How Monegraph Uses the Block Chain to Verify Digital Assets", in *Coindesk*, 15 maggio 2014. https://www.coindesk.com/monegraph-uses-block-chain-verify-digital-assets.

11. Il progetto è documentato qui: https://robmyers.org/2014/07/22/ethereum-this-contract-is-art/.

12. Il progetto è documentato qui: https://robmyers.org/2014/07/24/ethereum-art-market/.

13. *MYSOUL* (2014) è documentato all'indirizzo https://robmyers.org/my-soul/. Sulla nonna di Schachter, cf. Kenny Schachter, "Are NFTs the Next Tulip Bubble? Kenny Schachter Doesn't Care – and He Sold His Own Grandma on the Crypto Web to Prove It", in *Artnet News*, 10 marzo 2021, https://news.artnet.com/opinion/kenny-schachter-on-nfts-continued-1950407. L'artista americano Ryder Ripps ha venduto *Nothing*, un PNG trasparente di un pixel quadrato, all'artista Yung Jake il primo aprile del 2021 per 0.586 ETH, corrispondenti a 1.172 dollari, tramite la piattaforma Foundation: https://foundation.app/ryder_ripps/nothing-16682.

14. Brian Droitcour, "NFT as Joke", in *Art in America*, 2 aprile 2021, https://www.artnews.com/art-in-america/features/nft-joke-1234588596/.

15. Rob Myers, "Allographic, Fake, Information, Materiality", 9 settembre 2013. https://robmyers.org/2013/09/09/allographic-fake-information-materiality/.

16. Online all'indirizzo http://www.irational.org/donate/.

17. Cf. Vitalik Buterin, "Vitalik Buterin Introduction", in *Cypherhunter*, https://www.cypherhunter.com/en/p/vitalik-buterin/.

18. È significativo che nel *paper* decentralizzato già citato, la voce del collezionista sia quella di Sebastián Hernández, sviluppatore VR per Decentraland, un mondo virtuale che si appoggia alla blockchain e che permette l'esposizione di beni virtuali tokenizzati; e che il suo discorso parta dai videogame per poi passare all'arte. Cf. Massimo Franceschet et al., "Crypto art: A decentralized view", in *arXiv.org*, cit., pp. 30 – 34.

19. Online all'indirizzo https://rarepepewallet.com/.

20. Sui memi di internet, cf. almeno Alessandro Lolli, *La guerra dei meme. Fenomenologia di uno scherzo infinito*, Effequ, Firenze 2017; e Valentina Tanni, *Memestetica. Il settembre eterno dell'arte*, NERO, Roma 2020.

21. Su questo argomento, cf. Silvia Dal Dosso, "Gatti, rane e criptoartisti. Se il .jpg d'autore diventa un bene di lusso", in *NOT*, 25 febbraio 2021, https://not.neroeditions.com/gatti-rane-e-criptoartisti/; e Nathan, "The Early Evolution of (Some) Art On The Blockchain — Part 1", in *Medium*, 24 ottobre 2018, https://medium.com/kaleidoscope-xcp/the-early-evolution-of-art-on-the-blockchain-part-1-d52d1454e34b.

22. Cf. https://www.larvalabs.com/cryptopunks.

23. Cf. https://www.cryptokitties.co/.

24. Cf. Dean Takahashi, "CryptoKitties explained: Why players have bred over a million blockchain

felines", in *Venture Beat*, 6 ottobre 2018, https://venturebeat.com/2018/10/06/cryptokitties-explained-why-players-have-bred-over-a-million-blockchain-felines/.

25. Cf. https://zkm.de/en/event/2018/09/cryptokitties-bringing-blockchain-to-life.

26. Cf. OpenSea, "Announcing OpenSea", in *Medium*, 29 dicembre 2017, https://medium.com/opensea/announcing-open-sea-4e90daa8c84.

27. SuperRare Team, "It's SuperRare's First Birthday!", in *Medium*, 2 aprile 2019, https://medium.com/superrare/its-superrare-s-first-birthday-c160ee26ee63.

28. In Ruby Boddington, ""These are important visual moments": artist Robbie Barrat pushes, tests and breaks AI in his works", in *It is nice that*, 24 febbraio 2020, https://www.itsnicethat.com/features/ones-to-watch-2020-robbie-barrat-digital-240220.

29. Cf. https://niftygateway.com/itemdetail/primary/0x1c233a2676bd7ec4f83b78962712fb66350f7d26/2.

30. Cf. https://niftygateway.com/collections/theshipping.

31. Cf. https://niftygateway.com/collections/warnymphvolume1.

32. Cf. https://async.art/art/master/0xb6dae651468e9593e4581705a09c10a76ac1e0c8-245. Su Async Art, TokenAngels vanta ad ora una collezione di soli 4 lavori, tutti più o meno legati alla celebrazione delle criptovalute o alla denigrazione delle valute "reali". *Cypher::Prophet*, l'illustrazione di un profeta che tiene in una mano un ritratto di Anonymous, e nell'altra il simbolo di Ethereum, acquisita dagli artisti (Hackatao e hex6c) per quasi 2.500 dollari, è ora in vendita per circa 5555 ETH (quasi 12 milioni di dollari, un prezzo simbolico fissato per dissuadere le offerte). Cf. https://async.art/u/tokenangels/collection.

33. Cf. https://mattkane.com/projects/volatility-art/.

34. Cf. https://mattkane.com/projects/this-is-cryptoart/.

35. Christie's, "Robert Alice Block 21 Lot Essay", in *Christie's*, 2020, https://www.christies.com/lot/lot-robert-alice-block-21-6283759/.

36. Per maggiori informazioni, cf. https://async.art/featured/block-21-at-christies.

37. Laura Cabiscol, "Insight: 'Portraits of a Mind', an enticing tribute to Bitcoin's history by Robert Alice", in *Clot*, 24 febbraio 2021, https://www.clotmag.com/news/insight-portraits-of-a-mind-an-enticing-tribute-to-bitcoins-history-by-robert-alice.

38. Cf. Sarah Cascone, "Here Are the 10 Most Expensive NFT Artworks, From Beeple's $69 Million Opus to an 18-Year-Old's $500,000 Vampire Queen", in *Artnet News*, 23 marzo 2021, https://news.artnet.com/market/most-expensive-nfts-1952597.

39. Cf. https://www.beeple-crap.com/.

40. Will Gompertz, "Everydays: The First 5000 Days – Will Gompertz reviews Beeple's digital work", in *BBC News*, 13 marzo 2021. https://www.bbc.com/news/entertainment-arts-56368868.

41. Cf. https://www.beeple-crap.com/everydays.

42. Ben Davis, "I Looked Through All 5,000 Images in Beeple's $69 Million Magnum Opus. What I Found Isn't So Pretty", in *Artnet News*, 17 marzo 2021, https://news.artnet.com/opinion/beeple-everydays-review-1951656. BroBible è un popolare magazine americano per maschi *millennial*.

43. Cf. https://niftygateway.com/collections/pak.

44. In Brian Boucher, "Not to Be Left Out, Sotheby's Is Wading Into the

NFT Fray With an Auction by the Anonymous Digital Artist Pak", in *Artnet News*, 16 marzo 2021, https://news.artnet.com/market/sothebys-auction-nft-collaboration-artist-pak-1952293.

45. In Tanzeel Akhtar, "Sotheby's Plans Its First NFT Auction With Artist Pak and Nifty Gateway", in *Coindesk*, 6 aprile 2021, https://www.coindesk.com/sothebys-plans-its-first-nft-auction-with-artist-pak-and-nifty-gateway.

46. Sarah Cascone, "Phillips Is Entering the Digital Fray With the Sale of a Mad Dog Jones NFT That Will Generate New NFTs Every Month", in *Artnet News*, 2 aprile 2021, https://news.artnet.com/market/phillips-mad-dog-jones-nft-1956730.

47. Cf. https://niftygateway.com/profile/maddogjones.

48. Kenny Schachter, "Kenny Schachter Gets Sucked Into the Surreal NFT Vortex…", cit.

49. Jacob Kastrenakes, "How many layers of copyright infringement are in Emily Ratajkowski's new NFT?", in *The Verge*, 24 aprile 2021, https://www.theverge.com/2021/4/24/22399790/emily-ratajkowski-nft-christies-copyright-nightmare-richard-prince. Il lavoro di Prince appartiene alla serie *New Portraits*, presentata presso la galleria Gagosian nel settembre 2014. Cf. https://gagosian.com/exhibitions/2014/richard-prince-new-portraits/.

50. Cf. Will Pritchard, "They were ancient internet memes. Now NFTs are making them rich", in *Wired*, 16 aprile 2021, https://www.wired.co.uk/article/nft-memes-2010s. Su *Disaster Girl*, cf. Marie Fazio, "The World Knows Her as 'Disaster Girl.' She Just Made $500,000 Off the Meme", in *The New York Times*, 29 aprile 2021, https://www.nytimes.com/2021/04/29/arts/disaster-girl-meme-nft.html.

51. Cf. "Nyan Cat", in *Know Your Meme*, 2011, https://knowyourmeme.com/memes/nyan-cat.

52. Su queste questioni ho dialogato con Matthias Fritsch, autore del video che ha dato origine al meme del *Technoviking*, e che anni dopo è stato denunciato dalla persona ritratta nel video per sfruttamento della sua immagine. Cf. Domenico Quaranta, "My Life Without Technoviking: an Interview with Matthias Fritsch", in *Rhizome*, 5 dicembre 2013, https://rhizome.org/editorial/2013/dec/05/interview-matthias-fritsch/.

53. Oltre a quelli citati, Foundation ha messo in vendita, sempre con la complicità dei loro autori, anche *Ermahgerd Original*, *Ridiculously Photogenic Guy*, *Bad Luck Brian*, *Overly Attached Girlfriend*, tutti del 2012, e *Deal With It* (2010), un template animato creato dall'artista Ryder Ripps per la sua community dump.fm.

54. Cf. Kayvon Tehranian, "This is Foundation", in *Foundation*, 27 maggio 2020, https://foundation.app/blog/this-is-foundation.

55. Cit. in Anika Meier, "Wohin mit dem NFT-Hass?", in *Monopol Magazin*, 27 aprile 2021, https://www.monopol-magazin.de/wohin-mit-dem-nft-hass.

56. Julian Stallabrass, *Art Incorporated. The Story of Contemporary Art*, Oxford University Press 2004, p. 25.

57. Martin Herbert, "How the NFT Craze Reveals the Artworld's Snobbism", in *Art Review*, 10 marzo 2021, http://artreview.com/how-nft-craze-reveals-artworld-snobbism/.

58. Cf. Silvia Dal Dosso, "Gatti, rane e criptoartisti", cit.

Cap. 5. La moda degli NFT tra utopia e speculazione

L'economia è ovunque non ci sia la vita: ma per quanto le due cose
possano avvilupparsi l'una all'altra, semplicemente non possono
fondersi, e l'una non può mai essere confusa con l'altra.
Raoul Vaneigem 1994[1]

È passato più di un anno da quando abbiamo cominciato a
dover familiarizzare con parole come pandemia, confinamento,
quarantena. È iniziata come una situazione di emergenza, e si è
a poco a poco, ma inesorabilmente trasformata in quella che, con
orribile espressione, viene definita "nuova normalità." Non solo
la nostra vita quotidiana, ma i sistemi su cui si fondava il nostro
stile di vita ne sono usciti sconvolti. Il piccolo mondo dell'arte
contemporanea non ha fatto eccezione: i musei hanno chiuso,
le gallerie hanno chiuso, i grandi eventi internazionali sono stati
interrotti, rimandati o spostati online.

Per quanto riguarda il mercato dell'arte, i rapporti di fine 2020
sono stati sorprendentemente consolatori: se è evidentemente finita
l'era del *globetrotting* e del proliferare di fiere internazionali, le aste,
le fiere maggiori e le gallerie si sono dedicate a un riadattamento
a tappe forzate a un mercato prevalentemente online; le gallerie
hanno fatto tesoro dei risparmi salvati dalla cancellazione di viaggi,
movimentazione di opere, assunzione di personale temporaneo
per assicurare la propria presenza in fiera, e generalmente la loro
economia non ha ancora subito il contraccolpo drammatico della
pandemia. Tuttavia, è innegabile che ci troviamo di fronte a un
radicale, e tutt'altro che temporaneo, cambiamento del sistema,
che continua a spaventare molti al di là delle sue ripercussioni
immediate. Prima ancora che di imprese, istituzioni e statistiche, il
mondo dell'arte è fatto di persone, e se in astratto possiamo pensare
che la pandemia stia solo accelerando una transizione già in corso
verso il prevalere della fruizione mediata su quella diretta, verso
la virtualizzazione delle transazioni economiche e dei momenti di

aggregazione, sono in molti, a tutti i livelli, che si chiedono se siano disposti a rinunciare ad abitudini inveterate, a modi di fare e di essere – che sono poi, in molti casi, ciò che gli ha fatto amare il mondo dell'arte e gli ha dato il coraggio e la forza per parteciparvi nel corso dei decenni – al solo scopo di tirare avanti. I processi che questo cambiamento epocale innescherà a lungo termine sono solo in parte prevedibili, e sicuramente avranno come conseguenza un cambio generazionale, nuove forme di finanziamento e una riformulazione della missione di musei e istituzioni, una trasformazione dell'arte come siamo abituati a intenderla.

Fra le demografie del mondo dell'arte che sono state più colpite dall'impatto di questa trasformazione, e per le quali al contempo la portata di questo impatto è meno traducibile in termini statistici, figurano senza dubbio gli artisti. Mostre cancellate, fiere rimandate, musei chiusi hanno avuto un impatto molto diverso su una popolazione molto diversificata per introiti e per modalità di costituzione di una economia sostenibile; su coloro che erano in grado di "vivere d'arte" e coloro che dovevano ricorrere a un'altra forma di sostentamento (l'insegnamento o un'altra attività professionale, dentro o fuori il mondo dell'arte); su coloro che avevano un'economia prevalentemente di mercato e coloro che la fondavano prevalentemente su gettoni di partecipazione, premi e residenze; su esordienti, giovani, *mid career* e artisti ormai consolidati; su uomini, donne, collettivi, minoranze razziali, e ovviamente su artisti collocati in diversi contesti socioeconomici e culturali. A fronte della crescita incontrollata della popolazione degli studenti d'arte e degli artisti nel corso del ventennio che ci siamo lasciati alle spalle, è impossibile, ad ora, fare una stima credibile del numero delle vittime che questa riconfigurazione porterà con sé.

Penso a tutto questo fissando la vivace e movimentata homepage di Foundation. In alto c'è l'asta appena conclusa, seguita dalle aste in corso, i numeri che si aggiornano a ritmo febbrile. *Boxer*, dell'artista americano Austin Lee, è appena stato aggiudicato a @hypnopizza, per la somma considerevole di 17.05 ETH, pari a

Austin Lee, *Boxer*, 2021. Video digitale, loop

37.232 dollari[2]. L'artista continuerà a guadagnare una percentuale sulle transazioni future, un fatto non comune nel mercato secondario dell'arte, in cui gli artisti guadagnano una percentuale variabile (di solito il 50%) solo sulla prima vendita effettuata dalla galleria con cui collaborano. Il lavoro era stato messo in vendita un paio di giorni prima per poco più di 4.000 dollari. Ho seguito l'asta da spettatore e posso solo immaginare l'emozione dell'artista quando @RultonFyder ha alzato la puntata a 10 ETH, e nel corso dell'ultima ora, quando i rialzi si sono succeduti freneticamente. Non ho idea di quale impatto abbia questa vendita sull'economia di Austin Lee, un giovane (nato nel 1983) artista americano di base a New York che da qualche anno stava riscontrando un buon successo con la sua pittura massimalista, coloratissima, realizzata con l'aerografo, che si colloca tra l'art brut e il disegno infantile, e che è zeppa di rimandi "analogici" a estetiche ed effetti digitali. Nel mondo dell'arte è rappresentato da Peres Projects, una solida galleria californiana con sede attualmente a Berlino. Considerato il prezzo di apertura, immagino che 17.05 ETH sia molto più di quanto si aspettasse per questa animazione in *loop* che rappresenta, nel suo linguaggio visivo caratteristico, un boxeur esultante sul ring.

Su Foundation funziona così: l'artista registra un NFT e gli attribuisce un prezzo; quando viene fatta una puntata che raggiunge o supera quel prezzo, parte un'asta di 24 ore al termine della quale il lavoro viene venduto sulla base dell'ultima offerta. Difficile dire qualcosa sul collezionista che se l'è aggiudicata: al momento, su Foundation @hypnopizza ha collezionato solo due opere; dei due riferimenti social che propone, su Instagram non ha ancora pubblicato nulla, mentre l'account Twitter l'ha aperto ad aprile 2021, giusto per comunicare le sue nuove acquisizioni.

Intervistata in un podcast da *Hyperallergic* nel marzo 2021, Lindsay Howard ha dichiarato che, dopo sole tre settimane di attività della piattaforma, 27 artisti hanno guadagnato più di 10.000 dollari dalla vendita dei loro NFT, 150 artisti hanno guadagnato più di 1500 dollari, 215 artisti hanno guadagnato più di 800 dollari[3]. Considerata la situazione che abbiamo cercato di delineare in apertura di capitolo, tutto questo è ragguardevole. Il momento è drammatico, il mondo dell'arte alla ricerca disperata di soluzioni. Non è facile capire in quale direzione cercare, ma è abbastanza intuitivo immaginare che la rete, il luogo in cui si stanno trasferendo in maniera crescente tanto l'esperienza quanto il mercato, possa offrire almeno alcune di queste soluzioni.

Può il mercato degli NFT essere *la* soluzione, o perlomeno *una* soluzione? Nel corso di questo capitolo, cercheremo di prendere in considerazione le critiche al mercato degli NFT e gli eventuali benefici e opportunità che può produrre, il funzionamento delle piattaforme principali e le alternative che stanno emergendo alle stesse.

Un'affermazione del valore delle criptovalute

Senza arte, è dura per noi credere in qualcosa.
Damien Hirst[4]

David Gerard è un giornalista australiano che vive a Londra. Nel 2017 ha pubblicato il libro *Attack of the 50 Foot Blockchain: Bitcoin, Blockchain, Ethereum & Smart Contracts*[5], e da allora segue con attenzione il dibattito sulla blockchain dal suo blog. Per Gerard quella delle criptovalute non è una vicenda tecnologica, ma una vicenda psicologica, e il suo sforzo costante è dimostrare perché queste tecnologie apparentemente meravigliose non funzionino nella pratica. Dal suo blog, l'11 marzo 2021 Gerard si è sentito in dovere di avvisare gli artisti che gli NFT sono una truffa perpetrata a loro danno, con un duplice scopo: promuovere le criptovalute e portare denaro (quello degli artisti che registrano NFT e quello dei collezionisti che li comprano) sulla blockchain. Secondo Gerard:

Lo scopo degli NFT è farti dare denaro ai truffatori delle criptovalute. Quando il truffatore ha il tuo denaro, l'NFT ha fatto il suo lavoro e a quel punto nessuna delle favolose affermazioni sugli NFT deve funzionare o essere vera.

Gli NFT sono interamente a vantaggio dei truffatori delle criptovalute. Gli artisti sono solo utili idioti funzionali a esaltare la criptovaluta – e, ovviamente, a acquistare criptovaluta per pagare il 'conio' dell'NFT. A volte l'artista riceve delle briciole per continuare a esaltare la criptovaluta[6].

I punti su cui Gerard insiste sono due. Il primo, su cui torneremo fra poco, è che l'NFT in sé non autentica nulla, e non rende raro alcunché. Un NFT è solo un puntatore, un link a una risorsa collegata che non cessa di essere riproducibile perché non risiede sulla blockchain. Non esiste proprietà digitale: l'unica cosa di cui chi registra o compra un NFT è proprietario l'NFT medesimo, il gettone che rappresenta l'opera d'arte sulla blockchain.

Il secondo punto è che l'arte serve a esaltare, a dare credibilità e concretezza, alle criptovalute. Gerard non è l'unico a pensarlo. Nell'intervista da cui proviene la citazione in esergo, Damien Hirst – che, vale la pena ricordarlo, ha prestato il suo nome e la sua opera al lancio di una nuova blockchain ecosostenibile – spiega che le opere d'arte vengono riprodotte sulle valute tradizionali per la stessa ragione: farci credere nel valore del denaro. Sorprendentemente sulla stessa lunghezza d'onda è sintonizzato l'artista americano Seth Price: "le immagini sono il modo per rendere eccitante questa idea alle persone." L'arte viene usata perché "è un buon strumento per portare a un nuovo livello il progetto più ampio, che sta sviluppando queste nuove forme di vendita, speculazione, circolazione. In questo scenario, l'arte rappresenta l'utile idiota"[7].

Il critico d'arte Brian Droitcour aggiunge:

Puoi vedere gli NFT come una forma d'arte espansa che manifesta concetti di valore, proprietà e comunità in rete. O puoi vederli come un'affermazione del valore delle criptovalute, un bene finanziario di valore per la sua unicità – un bene rivestito con una facciata d'arte [...] Le quantità di denaro che sciamano intorno agli NFT ostentano il loro status di fintech. È difficile vedere somme come i 580.000 dollari pagati per Nyan Cat o i 777.777 dollari sborsati per la Complete MF Collection di Beeple come qualcosa di diverso dal prezzo pagato per promuovere le criptovalute a un pubblico di massa. Il valore delle criptovalute dipende in parte dal volume delle transazioni sulla blockchain. Ma le loro applicazioni sono ancora relativamente limitate. Non puoi acquistare generi alimentari in Bitcoin [...] Gli NFT sono qualcosa che puoi acquistare con le criptovalute. Rendono gli investimenti necessari per far crescere la blockchain visibili e tangibili[8].

Persino Lindsay Howard, responsabile della *community* di Foundation, parlando dei collezionisti spiega che fino agli NFT la criptovaluta poteva essere usata solo per acquistare altra criptovaluta; lo sbarco dell'arte sulla blockchain fa sentire i "criptoricchi" socialmente utili (danno il loro supporto economico allo sviluppo di una nascente comunità artistica), e al contempo rende reale e tangibile la loro ricchezza[9].

Con questi presupposti, è difficile non vedere nell'asta di *Everydays* una straordinaria – e straordinariamente ben pagata – campagna di marketing e di legittimazione delle criptovalute. Il monumentale mosaico digitale di Beeple è stato messo all'asta da Christie's il 25 febbraio 2021 per 100 dollari. I due collezionisti che, l'11 marzo 2021, hanno portato il prezzo dell'opera all'incredibile somma di 69 milioni di dollari sono Justin Sun, fondatore della blockchain Tron, e Metakovan, che se l'è aggiudicata. Dietro questo pseudonimo si cela l'identità di Vignesh Sundaresan, un cripto imprenditore indiano di base a Singapore che, dopo aver fondato varie *start-up* legate alla blockchain, ha lanciato con il socio in affari Anand Venkateswaran Metapurse, un fondo di investimento in criptovaluta che intende "democratizzare la proprietà e l'accesso all'opera d'arte." In sostanza, Metapurse ha tokenizzato la sua collezione *in progress*, in modo tale che chiunque, acquistando i suoi "B.20 token", possa parteciparvi. Venkateswaran è autore, tra l'altro, di un articolo intitolato "Perché la finanza decentralizzata ha bisogno degli NFT", in cui spiega come questi ultimi possono risolvere problemi come la volatilità e la *governance*[10]. Metapurse aveva già investito sul lavoro di Beeple, che da parte sua ha investito sui B.20 token[11]. Qualche giorno dopo l'acquisto, Sundaresan ha dichiarato di aver acquistato quest'opera – creazione di uno *yankee* che pullula, come ha dimostrato Ben Davis, di spunti razzisti – per "dimostrare agli indiani e alla gente di colore che anche loro possono essere mecenati delle arti"[12]. Bingo.

Riassumendo: se Christie's ha usato Beeple per allungare le mani sulle inutilizzabili ricchezze dei nuovi criptoricchi (piccato, qualche giorno dopo Justin Sun si è rifatto con un Picasso), Sundaresan ha usato la vecchia signora delle aste per legittimare il suo *business* e rendere concreto agli occhi di milioni di persone il valore delle criptovalute. Sappiamo chi ci ha guadagnato, ma la vera domanda è: chi ci ha perso?

Secondo la *concept artist* e illustratrice canadese Kimberly Parker, non ci sono dubbi: a perderci sono gli artisti, vittime di uno schema di Ponzi in cui loro, ultimi arrivati, pagano i guadagni dei primi investitori della blockchain, che si arricchiscono a dismisura. Parker ha sostanziato la sua tesi con una capillare raccolta di dati sulle vendite nell'arco di una settimana, e con una serie di grafici in cui rende visibili i numeri, anziché le medie (che possono rivelarsi fallaci). I risultati sono rivelatori: il 67.6% degli NFT venduti ha avuto una sola vendita; delle vendite registrate sul mercato primario, il 33.6% ha venduto sotto i 100 dollari, il 20% tra i 100 e i 200 dollari, l'11.1% tra i 200 e i 300. Considerando i costi delle "gas fee", è altamente probabile che un artista che vende sotto i 100 dollari esca dalla vendita senza alcun guadagno, o addirittura in perdita.

Questi numeri non mostrano la democratizzazione della ricchezza resa possibile da una rivoluzione tecnologica. Mostrano un minuscolo numero di artisti che si arricchiscono con un piccolo numero di transazioni, mentre la stragrande maggioranza si compra un sogno di immensi guadagni che è orrendamente esagerato. Nascondere queste informazioni è manipolatorio, predatorio e dannoso, e i siti NFT hanno la responsabilità di rendere trasparente queste informazioni. Nessuno di loro l'ha fatto[13].

I marketplace degli NFT, conclude Parker, sono "fabbriche di vittime", e fra le vittime non annovera solo gli investitori ingenui, ma anche gli artisti, "dal momento che ogni artista che vende un lavoro su queste piattaforme diventa automaticamente un investitore in Ether. Il valore del loro lavoro è legato al valore speculativo dell'Ether"[14]. Un fatto di cui, quantomeno, sembrano essere consapevoli anche alcuni investitori, come rivelano le parole di Jamis Johnson, portavoce di PleasrDAO, un collezionista che conosceremo fra poco: "Penso che sarà un campo minato, e che il 95% delle persone potrebbe farsi male"[15].

La proprietà come allucinazione consensuale

> *Il problema di spiegare gli NFT a un bambino è che è*
> *difficile convincerlo che questa assurdità non è l'assurdità*
> *che ovviamente è. Sembra incomprensibilmente stupida*
> *perché è incomprensibilmente stupida.*
> David Gerard 2021

Secondo Gerard, nelle trentatré pagine di contratto che accompagnano la vendita di *Everydays*, non c'è una riga che dica che Metakovan sia diventato proprietario di qualcosa di più del gettone crittografico associato all'opera. È il nodo gordiano degli NFT, in cui ci siamo già imbattuti nel primo capitolo: registri un gettone crittografico sulla blockchain e il gettone è unico; ma se il bene a esso associato è un bene digitale, dire che è unico è una menzogna (perché è e resta infinitamente riproducibile); quanto alla sua autenticità, se non è accompagnato da altre certificazioni, possiamo solo credere alla buona fede di chi ha registrato l'NFT associato al bene.

Entro certi limiti, questi problemi "nativi" della tecnologia sono emendabili, sul breve e sul lungo termine. La grande potenzialità degli *smart contract* è che sono programmabili, e una volta che sono stati programmati, quello che dicono è scolpito nel codice. Prima del boom degli NFT, sono nate diverse compagnie che usano la blockchain per emettere certificati digitali di autenticità per le opere fisiche, come Verisart e Codex; e diversi spazi per l'arte fondati su blockchain stanno, come vedremo, lavorando a *smart contract* che incorporano al loro interno clausole sull'autenticità e sulla gestione dei diritti degli artisti. Registrare l'opera – anziché il *token* associato – direttamente sulla blockchain è tecnicamente possibile, almeno per file di piccole dimensioni, ma proibitivamente costoso; tuttavia, è possibile che anche questo problema possa essere risolto, nel lungo periodo. Per ora, se vogliamo comprare un NFT dobbiamo prendere atto che stiamo acquistando solo un certificato di proprietà che dichiara il falso (ossia, che il file associato sia unico quando non lo è) e che stiamo investendo della nostra fiducia (quel "trust" che la blockchain si proponeva di debellare) due "terze parti": il venditore e la piattaforma su cui avviene lo scambio. Crediamo – con o senza prove – che il venditore sia anche il creatore o il legittimo proprietario dell'opera; e crediamo – decisamente senza prove – che la piattaforma sui cui server risiede fisicamente il nostro bene immateriale duri in eterno, o risolva in tempo utile il problema della sua portabilità. Ma quanto dobbiamo fidarci?

Anil Dash, il co-inventore di Monegraph, spiega che all'epoca, la scelta di associare il bene tokenizzato a un link fu adottata come una scorciatoia, inevitabile dal momento che il progetto è stato varato in ventiquatt'ore.

Sette anni dopo, tutte le piattaforme di compravendita degli NFT popolari oggi usano ancora la stessa scorciatoia. Ciò significa che quando qualcuno compra un NFT, non sta comprando l'opera d'arte digitale vera e propria; sta comprando un link alla stessa. Peggio, sta comprando un link che, in molti casi, vive sul sito di una nuova start-up che probabilmente fallirà nel giro di pochi anni[16].

Con queste premesse, il problema non è tanto capire se i proprietari dei *marketplace* siano, come spesso rivendicano di essere, dei mecenati illuminati interessati solo al bene degli artisti o se siano, come i gemelli Winklevoss – cofondatori di Facebook e ora proprietari di Nifty Gateway – i rappresentanti del capitalismo rampante e sfacciato della Silicon Valley, "di gran lunga più potenti, spietati e meno affidabili" delle economie (il mercato dell'arte tradizionale) a cui si stanno affiancando o sostituendo. Il problema è che la tecnologia non ci lascia altra scelta che fidarci, o non entrare nel loro mercato.

Un discorso simile può essere fatto per i venditori. Secondo Gerard, "Se gli NFT non fossero una frode, ci sarebbero salvaguardie legali e tecniche ad assicurare che l'NFT è stato creato da qualcuno che possiede l'opera in questione, per allontanare i truffatori. Ma non ce n'è alcuna – tutti i siti affrontano la questione con un 'risolveremo tutto più tardi, forse.'" L'italiano Riccardo Zanardelli ha tradotto in una efficace parabola la situazione (ipotetica ed estrema, ma verosimile) in cui un truffatore riesce non solo a sottrarre alla creatrice legittima la proprietà e l'autografia della sua opera, ma anche a frodare lo sprovveduto collezionista che ha acquistato l'opera (da lui associata a un NFT) sul mercato secondario senza conoscere o capire bene i diritti che gli concede lo *smart contract*. Questo accade perché, da un lato, "un registro [...] non garantisce da solo l'autenticità di un *asset* digitale nè l'identità dell'autore, ma solamente la catena di eventi che ad esso fa riferimento, sempre che le parti riconoscano entrambe il registro"; e dall'altro, perché "la mini-*community* raccontata in questa storia ha ancora una bassa consapevolezza di come funziona il sistema, di quali sono le sue regole e le sue minacce intrinseche"[17].

Come recita un "NFT autocosciente" creato dall'artista Sterling Crispin (e venduto su Foundation per 0.55 ETH, pari a quasi 1.200 dollari) mutuando la definizione di cyberspazio proposta da William Gibson, la proprietà privata è un'allucinazione consensuale[18]. Nel mercato degli NFT, dobbiamo fidarci del fatto che chi ha registrato il *token* dica la verità sulla natura e la provenienza dell'opera, in un contesto in cui l'autenticità di quest'ultima è minacciata dal furto (il venditore ha rubato l'opera a un altro creatore) e dall'appropriazione (il venditore riutilizza materiale trovato senza dichiarare la fonte), il tutto fuori dal controllo e dalle garanzie offerte da un dealer affidabile, come può essere una galleria o un mercante d'arte. Per dirla con le parole di Rhea Myers:

> *Gli artisti che si sentono autorizzati a definire il valore economico e reputazionale dell'arte che producono a prescindere dal metodo usato, e i collezionisti che si sentono legittimati a reagire semplicemente al prezzo dei gettoni di 'Arte rara' finiscono per scontrarsi su questioni di autenticità in piattaforme che sembravano destinate a rendere tali questioni irrilevanti*[19].

Sterling Crispin, *Property*, 2021. Immagine digitale

In questa situazione, quella dichiarata dai *Certificate of Inauthenticity* (2020) di Rhea Myers sembra l'unica verità possibile. I certificati nascono in associazione a *Shareable Readymades* (2011–2012), un vecchio lavoro dell'artista, in cui dei modelli 3D di oggetti celebri dell'arte contemporanea come l'orinatoio di Duchamp, il *Balloon Dog* di Jeff Koons, e la pipa del *Tradimento delle immagini* di René Magritte sono stati commissionati da Myers e resi disponibili liberamente sotto licenza Creative Commons, con attribuzione a se stessa in quanto committente. Gli *Shareable Readymades* esistono quindi come oggetti digitali liberi e liberamente stampabili da chiunque. I più recenti *Certificate of Inauthenticity*, invece, sono associati a *token* unici sulla blockchain, e attestano che l'eventuale file digitale o stampa 3D da noi posseduto "non è stato modellato, presentato o rappresentato da Rhea Myers." Ma ovviamente possiamo anche appropriarci del certificato tokenizzato, affiancarlo o meno all'opera che certifica, o a una delle stampe prodotte da Furtherfield e registrate dall'istituzione sulla blockchain di Arteia. Possiamo mentire fino alla vertigine, ma il *Certificate of Inauthenticity* dirà sempre la verità, perché certifica un file digitale.

C E R T I F I C A T E

Rare art certified instance __04__ / __11__
of the artwork __Urinal__
has not been modelled, instantiated, or presented by Rhea Myers.

This certificate is valid only when:

a. It is displayed accompanying a single instance of the artwork named above that is being displayed in the same physical or virtual location as this certificate, and;

b. That display has been organized by, on behalf of, or with the full knowledge and authorization of the party or parties that either;

i. control the private key of the Externally Owned Account that is currently the ownerOf() the ERC-721 token having the URI of this image as the "image" field of its tokenURI() metadata, or;

ii. control the smart contract or contracts that are currently the ownerOf() the ERC-721 token having the URI of this image as the "image" field of its tokenURI() metadata and can demonstrate sufficient authority to authorize this display using an appropriate on-chain mechanism, or;

iii. are able to demonstrate equivalent or successor ownership of this image - for example the beneficiary of a token rental or of a cross-chain transfer but not the owner of a fractionalized wrapper token or a token referencing the URI of this image, or a copy of this image, created by an unauthorized third party.

Certified by____*R. Myers*________
Rhea Myers

Date____2020-05-11________

Rhea Myers, *Certificate of Inauthenticity*, 2020. Immagine digitale

I *marketplace* e i metaversi

Più diventa evidente quanto gli NFT servano alla finanza decentralizzata, e quanto l'arte serva agli investitori in criptovalute; più diventa manifesta la debolezza dell'attuale sistema di autenticazione e di certificazione della rarità in uso nei marketplace degli NFT; più diventa leggibile e trasparente lo sforzo della *crypto élite* di certificare la validità di questo sistema con la forza bruta del denaro, e la forza persuasiva delle parole. Non c'è nulla di più convincente, quando si tratta di sancire il valore di qualcosa, di vedere qualcuno disposto a spendere milioni di dollari per averlo; e di sentirsi ripetere da ogni parte, come una nenia, che ciò che questo qualcuno ha comprato ha valore perché una misteriosa tecnologia che pochi riescono a comprendere ne determina in maniera sicura l'unicità. Lo sforzo di indottrinamento, del resto, è evidente sin dai nomi scelti per alcune di queste piattaforme, che insistono appunto sulla scarsità o sull'origine certificata: SuperRare, Rarible, KnownOrigin.

Altre piattaforme, come OpenSea, insistono invece sull'apertura del marketplace e sulla vastità del mercato a cui permette di accedere. Abbiamo già considerato la nascita di OpenSea, che si presenta come il più ampio mercato di NFT. Si tratta di una piattaforma generalista su cui si possono certificare e vendere opere d'arte ma anche nomi di dominio, carte collezionabili, *asset* videoludici, *gadget* sportivi digitali, spazi per costruire nei mondi virtuali basati sulla blockchain, che vedremo più avanti. Praticamente tutto il mercato degli NFT che usano Ethereum passa per OpenSea, in cui gli *asset* registrati attraverso altri *marketplace*, come Rarible, SuperRare, Foundation o AsyncArt, sono inseriti automaticamente come collezioni e possono essere acquistati. Le collezioni e i canali principali ("Art", "Domain Names" ecc) sono navigabili autonomamente, ma se navighiamo attraverso il canale principale ("Browse") l'arte si ritrova mescolata a ogni altro genere di bene collezionabile. La stessa categoria di arte si rivela inevitabilmente molto aperta, affiancando dipinti e disegni digitalizzati a icone 8bit, modelli 3D e frattali, carte collezionabili e ogni genere di vernacolo digitale.

L'accesso a OpenSea è aperto così come quello alle altre principali piattaforme generaliste basate su Ethereum, come Rarible e Mintable. Fondata all'inizio del 2020 a Mosca da Alex Salnikov e Alexei Falin, come *marketplace* Rarible non è molto dissimile da OpenSea, ma il suo aspetto più originale consiste probabilmente nel suo investimento sulla *community*. Rarible si presenta come "il primo mercato di NFT posseduto dalla *community*". Quest'ultima manifesta la sua voce in capitolo sugli sviluppi della piattaforma attraverso i cosiddetti "RARI token". In sostanza, i RARI sono i gettoni di *governance* della comunità. Più interagiamo attivamente con la piattaforma, comprando e vendendo ma anche attraverso altre attività più tipiche di un social, più RARI otteniamo. Il nostro portafoglio di RARI determina quindi la nostra influenza individuale nelle scelte collegiali[20]. Questo aspetto comunitario, mutuato dalle DAO – organizzazioni decentralizzate che si fondano sulla blockchain – sta diventando comune anche in altri mercati, anche se di solito (come avviene ad esempio in Mintable) il numero di voti di cui disponiamo è calcolato sulla base della quantità di criptovaluta che abbiamo nel portafoglio. In altre parole, il nostro potere di voto corrisponde al nostro potere di acquisto.

Un caso peculiare di marketplace di NFT è offerto da Nifty Gateway. Lanciata nell'ottobre 2018 dai gemelli Duncan e Griffin Marc Cock Foster con la promessa di rendere il collezionismo di NFT accessibile a tutti, Nifty rendeva gli NFT commercializzabili attraverso il semplice utilizzo di una carta di credito, senza la necessità di acquisire criptovalute. Nel novembre 2019, Nifty viene acquisita da Gemini, una piattaforma di compravendita di criptovalute fondata dai ben più noti gemelli Tyler e Cameron Winklevoss, cofondatori di Facebook. Da allora Nifty Gateway si appoggia all'infrastruttura messa a disposizione da Gemini. I contenuti di Nifty sono disponibili in esclusiva sulla piattaforma (anche se si possono importare da o esportare su portafogli esterni), e vengono venduti e acquistati in dollari. La promessa che accoglie chi visita la pagina "About" del sito è: "Non avremo pace finché non ci sarà un milione di persone che colleziona nifty"[21], il vezzeggiativo con cui sin dall'inizio i fratelli Cock Foster hanno ribattezzato i più aridi NFT.

Numerose le piattaforme che sono, o si proclamano, dedicate all'arte. Diversamente dalle piattaforme generaliste, solitamente non sono aperte ma utilizzano un sistema di selezione dei partecipanti: alcune, come KnowOrigin, SuperRare, MakersPlace e Async Art, sollecitano e valutano le autocandidature degli artisti; altre, come Foundation, adottano un sistema misto (gli artisti possono essere invitati da altri membri della *community* o sollecitati a partecipare da Lindsay Howard, che in quanto Head Of Community assume anche un ruolo curatoriale). Se esistono sensibili differenze di design tra queste piattaforme, le caratteristiche di fondo rimangono le medesime: i lavori supportati sono per lo più video, brevi animazioni in *loop*, immagini statiche; titolo, prezzo e storia delle transazioni sono in primo piano, a volte (ma non sempre) affiancate da caratteristiche tipiche dei social, come aggiungere un'opera ai favoriti o vederne le visualizzazioni; in molti casi, per fare il login è sufficiente connettere il proprio portafoglio, senza ulteriori passaggi di registrazione; i più raffinati hanno un blog associato su cui vengono veicolati contenuti editoriali. Le parole chiave che ci accolgono sono "autentica", "vendi", "colleziona": sono negozi online con una robusta struttura social, che consente ai venditori di mettere in mostra le loro merci e ai collezionisti di pavoneggiarsi delle proprie collezioni.

Alcune, tuttavia, vantano caratteristiche più specifiche. Ephimera, lanciata nel novembre 2020 a Vancouver durante la Vancouver Biennale, si dichiara aperta alle gallerie oltre che a artisti e collezionisti, con lo scopo di "creare un ponte tra arte tradizionale e arte digitale"[22]; Snark.art, fondata a Brooklyn nel 2018, inserisce in bella mostra nel suo menù la voce "Snark Production", in cui invita gli artisti a esplorare i limiti della blockchain candidando progetti più sofisticati, in cui "l'acquisto di un'opera sia solo l'inizio di un'esperienza poetica e sofisticata"[23]; Async Art, infine, più che come un *marketplace* si presenta ambiziosamente come un "nuovo movimento artistico sulla blockchain"[24]. Lanciata nel febbraio 2020, Async Art rende disponibile la tecnologia che abbiamo visto in azione in *Right Place & Right Time* di Matt Kane, che consente di dividere il lavoro in "layer", livelli dinamici che evolvono nel tempo e che possono essere collezionati separatamente: un'alternativa programmabile e dinamica all'idea di edizione.

Altre piattaforme di compravendita di NFT si appoggiano a blockchain differenti da Ethereum, come Near (a cui si affida Mintbase), Flow, Hive o Tezos. Anche qui riscontriamo le medesime categorie che abbiamo già incontrato su Ethereum: ci sono piattaforme generaliste e altre dedicate all'arte; piattaforme aperte a tutti e altre curate o su invito. Il loro *marketplace* è generalmente più ridotto e meno propenso alla speculazione di quello che troviamo sulle piattaforme Ethereum, anche se un punto di forza a livello di immagine è legato al fatto di appoggiarsi a blockchain *eco-friendly*, il che le rende attraenti per artisti attenti al tema della sostenibilità ambientale (oltre a dar loro un vantaggio temporale su chi promette di passare alla Proof-of-Stake in un secondo momento). Su Pixeos, un marketplace basato su Eos, troviamo ad esempio un NFT di Joanie Lemercier, uno degli artisti che ha sferrato l'attacco al modello Proof-of-Work. Pixeos, che come molte di queste piattaforme ha ancora una *community* relativamente piccola (al momento in cui scrivo vanta 193 creatori e 1272 opere pubblicate) punta molto sul proprio ruolo di nuovo spazio dell'arte nella costruzione della propria identità. Un discorso analogo può essere fatto per Hic et Nunc, una piattaforma aperta su blockchain Tezos che ci accoglie con un'interfaccia a sfondo nero e scorrimento verticale, simile a un vecchio Tumblr blog. In *homepage*, i lavori sono identificati solo dall'*hash* alfanumerico del creatore e dal numero d'ordine dell'oggetto caricato, lasciando spazio all'immagine; è necessario cliccare sull'*hash* per vedere il nome del creatore, e interagire con la piattaforma per avere accesso ad altre informazioni sul lavoro, il prezzo, i collezionisti che altri *marketplace* ci sbattono sfacciatamente in primo piano.

Un discorso a parte, prima di chiudere questa breve e inevitabilmente incompleta rassegna, va dedicata ai mondi virtuali fondati su blockchain, i cosiddetti "metaversi". Se i marketplace forniscono all'arte digitale o digitalizzata degli spazi di compravendita, i metaversi offrono una possibile risposta alla domanda: che ci faccio con la mia collezione di NFT? Come ne faccio esperienza? Come la valorizzo e la comunico al mondo? Oltre a questo, i metaversi sono, come le piattaforme di scambio, un altro modo possibile per fare comunità, e per comunicare e valorizzare le cripto economie. E manifestano visibilmente la propensione al gioco e la familiarità con i videogiochi di una generazione di imprenditori, collezionisti e creatori che ha preso confidenza con la nozione di "bene virtuale" chiedendosi come potessero ritenersi veramente proprietari di beni acquisiti o duramente conquistati in mondi virtuali online come World of Warcraft. Così come la registrazione sulla blockchain rende "portabili" i propri *asset* videoludici, i metaversi mettono a disposizione uno spazio virtuale di esposizione e di fruizione delle proprie creazioni o collezioni di arte NFT.

Il termine "metaverso", come è noto, è mutuato dal romanzo di Neal Stephenson *Snow Crash* (1992), una epitome del movimento cyberpunk in cui il metaverso, una realtà virtuale 3D condivisa sulla rete, arriva a rimpiazzare la più astratta nozione di cyberspazio, introdotta da William Gibson all'inizio degli anni Ottanta. Quello dei mondi virtuali basati su blockchain, in realtà, è già un metaverso di seconda generazione, reiterando per molti versi l'esperienza sviluppata in mondi virtuali come Second Life nel periodo tra 2005 e 2010. Gli elementi di continuità sono molti, a partire dall'aspetto di questi spazi, mondi virtuali immersivi in cui ogni utente è rappresentato da un proprio *avatar* e si può muovere in un mondo in costruzione il cui sviluppo è delegato alla comunità che ne fa parte. Come in Second Life, si può acquisire una porzione di "terreno", costruirvi quello che si desidera, creare o importare oggetti che possono assumere la forma di sculture o installazioni. Diversamente da Second Life, i metaversi di oggi usano la blockchain e le criptovalute (anziché una valuta interna) per le transazioni economiche, come l'acquisizione di spazio e di

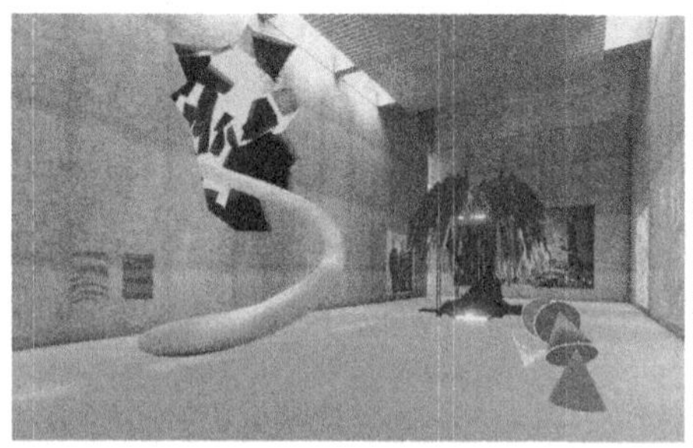

The Artist is Online su Decentraland. Immagini courtesy König Gallery

altri *asset* virtuali. Alcuni possono essere esplorati tramite browser, senza bisogno di scaricare applicativi terzi, e in molti casi sono predisposti per l'utilizzo di visori di realtà virtuale. L'origine è ancora videoludica, come dimostra una visita nel marketplace di The Sandbox, focalizzato su creazioni in "voxel art" (una sorta di versione 3D della pixel art); ma considerata la crescita del mercato degli NFT associati a opere d'arte, e la possibilità che questi mondi offrono di incorporare e mostrare qualsiasi asset digitale abbiamo nel nostro portafoglio, non deve sorprendere se l'arte comincia a essere una presenza in questi mondi, e se alcuni inizino a orientare in quella direzione la propria identità e la propria comunicazione. Nemesis ospita giochi ed eventi, ma fra i suoi "sottomondi" include anche le gallerie d'arte: "La tua galleria d'arte virtuale, per mostrare le tue opere in modo piacevole, futuristico e facile da capire "[25]. In Cryptovoxels "i giocatori possono comprare terreno e costruire negozi e gallerie d'arte"[26]. Fondato nel 2018 da uno sviluppatore indipendente neozelandese, Cryptovoxels è accessibile da browser e consente di visitare una città di nome Origin City, le cui strade sono proprietà dei fondatori, mentre i lotti possono essere acquisiti da chiunque abbia un portafoglio Ethereum. Ben Nolan, il suo fondatore, dichiara di aver voluto costruire una città di Minecraft che fosse proprietà dei suoi abitanti[27]. Cryptovoxels è abitato da una vivace comunità artistica, e si contende con Decentraland il ruolo di mondo virtuale dell'arte NFT. Su Cryptovoxels, Decentraland e

Somnium Space, Metapurse – il fondo che ha acquisito *Everydays* – ha fatto costruire il B.20 Monument, sede della sua collezione. Al momento lo spazio – disegnato da uno studio di architetti chiamato Voxel Architects – ospita, appiccicate alle pareti come fossero quadri o grossi poster, alcune immagini selezionate di *Everydays*, e funziona come spazio promozionale per il fondo di investimenti associato alla collezione. Secondo Ben Davis, "la sensazione, più che quella di esplorare una qualche sorta di eccitante reinvenzione tecnologica dell'esperienza artistica, è quella di camminare in un chiosco promozionale abbandonato in una *convention* sulle criptovalute, dopo che la folla se n'è andata"[28].

Nata nel 2015 con l'obiettivo di creare un mondo digitale in cui gli utenti possano avere completo controllo sui contenuti che creano e condividono, Decentraland agli inizi (quella che gli abitanti chiamano "Età della pietra") è poco più di una mappa bidimensionale in cui ogni pixel corrisponde a un terreno, di cui i proprietari possono scegliere il colore. Oggi è un mondo virtuale completo, fruibile da browser o con dispositivi VR, diviso in 90.000 "Land", appezzamenti associati a un *token* sulla blockchain. Più "Land" sotto una stessa proprietà costituiscono una "Estate". Il territorio di Decentraland è organizzato in distretti tematici, aree destinate a un'attività e comunità specifica, dal gioco d'azzardo alla moda.

Pur appoggiandosi alla blockchain Ethereum, Decentraland ha una moneta interna, il Mana, che funziona sia da moneta per le transazioni, sia ai fini della *governance*, per votare e gestire il mondo. Decentraland, infatti, è a tutti gli effetti una DAO, un'organizzazione decentralizzata in cui il potere di intervento del singolo individuo dipende dalla quantità di Mana posseduto e dal numero di Land controllate[29].

Su Decentraland si è svolta, grazie all'intervento di un collezionista che ha affittato della "Land", l'estensione virtuale della mostra *The Artist Is Online. Painting and Sculpture in the Postdigital Age*, organizzata dalla tedesca König Gallery e curata da Anika Meier e Johann König. Allestita nell'affascinante chiesa brutalista di

Sant'Agnese che costituisce la sede berlinese della König Gallery, la mostra fisica – comprensiva di 50 artisti e circa 70 lavori – intende esplorare gli sviluppi della scultura e della pittura in un'epoca dominata dai social media, dalla circolazione online delle immagini e da innovazioni tecnologiche che lasciano le loro tracce anche in questi linguaggi apparentemente tradizionali. Ambiziosa sia nella scala che nella tematica, la mostra – in cantiere da quasi due anni a causa della pandemia di Covid-19 – ha inaugurato finalmente il 18 marzo 2021, beneficiando degli strumenti di fruizione e vendita online nel frattempo messi a punto dalla galleria: una visita virtuale in 3D e una pagina di *e-commerce* con riproduzioni di buona qualità delle opere esposte[30]. L'estensione su Decentraland si è svolta in una riproduzione virtuale della chiesa di Sant'Agnese, realizzata dall'artista tedesco Manuel Rossner, ma non era un mero duplicato della mostra nello spazio reale: fra i 22 artisti partecipanti, ne figuravano alcuni che non partecipavano alla mostra nello spazio fisico; e i 29 lavori esposti – immagini, video, .gif – erano opere digitali originali (nei pochi casi in cui il lavoro era il medesimo, come nel caso dei ritratti manipolati di Ry David Bradley, l'opera esposta era in realtà l'immagine digitale nativa di un lavoro di *digital painting*). Anche lo spazio era stato in parte ripensato, grazie a un intervento ambientale dello stesso Rossner che sfondava una delle pareti della chiesa, creando una spirale colorata che collegava interno ed esterno.

Ovviamente, la mostra su Decentraland era anche un'asta, che si è svolta dal 26 al 31 marzo su OpenSea e nel marketplace della piattaforma, in un dichiarato tentativo di esplorare il mercato e il collezionismo degli NFT in un momento di grande interesse da parte del mondo dell'arte[31].

Ry David Bradley in studio. Courtesy: Unit, London

Ry David Bradley, *Company Clouds*, 2021.
Arazzo acrilico, 160 x 140 cm, unico.
Courtesy König Gallery

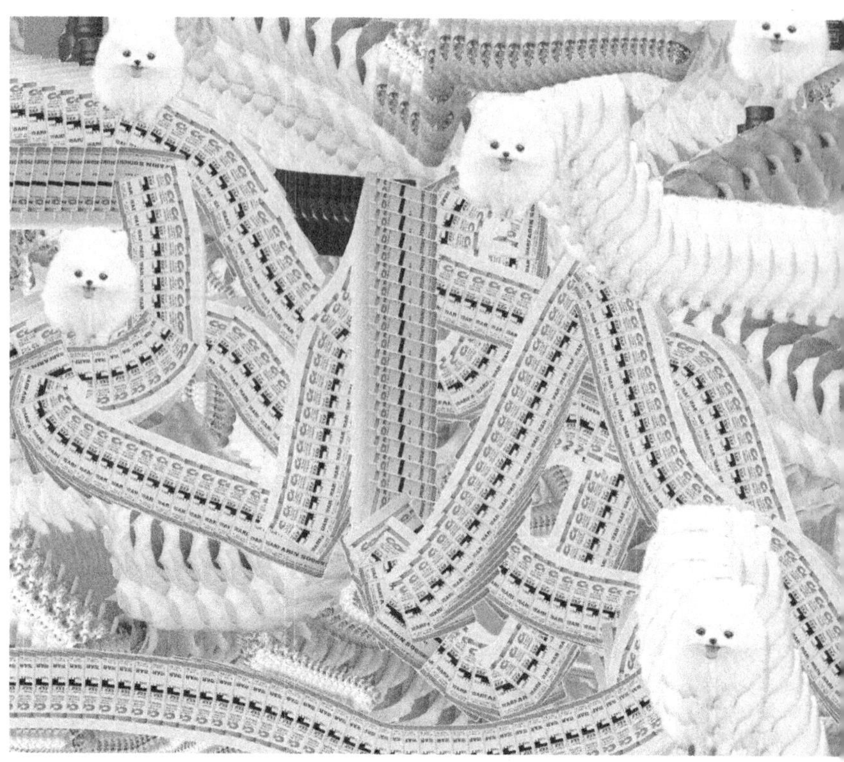

Addie Wagenknecht, *Doge*, 2015. Immagine digitale, presentata nella versione online di The Artist is Online

I collezionisti

Se le principali case d'asta, almeno fino a questo momento, sembrano aver inseguito il denaro dei collezionisti di NFT rilanciando, e in qualche modo legittimando, le loro star, il lavoro di gallerie come König rivela delle direttrici più complesse. Se da un lato le gallerie, come le case d'asta, sono ovviamente attratte dalla possibilità di conquistare un nuovo collezionismo che sembra ben disposto a investire somme considerevoli, dall'altro inseriscono nel mercato degli NFT i propri artisti, e accompagnano in questo territorio i propri collezionisti. Questo è vero soprattutto, come vedremo tra poco, per le gallerie che hanno già una familiarità con i linguaggi digitali e una lunga storia di supporto alla media art.

Ad oggi, l'incontro tra il mondo dell'arte contemporanea e quello degli NFT è appena iniziato, e le dinamiche che scaturiscono da questo incontro sono interessanti, folli, misteriose, imprevedibili a seconda del punto di vista da cui le si guarda. A fronte dello sbigottimento generato dalle cifre da capogiro raggiunte da artisti sconosciuti al mondo dell'arte, privi di un pedigree di mostre istituzionali, e per molte voci della critica inaccettabili come artisti, sono rari i casi di artisti legittimati dal mondo dell'arte che abbiano raggiunto, nel mercato degli NFT, risultati superiori alle proprie quotazioni di mercato, e anche solo avvicinabili a quelle di un Pak o di un Beeple[32]. È difficile capire quali saranno, a lungo termine gli esiti di questo incontro: sarà il mondo dell'arte ad accettare, e legittimare, le preferenze dei collezionisti di NFT? O saranno questi ultimi a lasciarsi "educare" dall'ingresso, nel loro territorio, di artisti già legittimati dal mondo dell'arte, dalle scelte di collezionisti che si sono costruiti una reputazione nel mondo cosiddetto "reale" e dal lavoro di consulenza, dialogo, affiancamento offerto da curatori o da gallerie dalla lunga esperienza?

Interrogata da *Hyperallergic* sulla natura dei collezionisti con cui si trova a dialogare in quanto Head of Community di Foundation, Lindsay Howard individua tre macro categorie: gli speculatori, per cui il collezionismo è soprattutto un gioco finanziario; i collezionisti "attivisti", che intuiscono che questo spazio gli consente, per la prima volta, di fare la differenza e di perseguire una propria agenda – ad esempio supportando artiste donne, minoranze etniche, artisti residenti in paesi poveri o in via di sviluppo[33]; e i mecenati, il cui scopo primario è sostenere l'arte e gli artisti. Pur chiarendo che la sua visione è condizionata dalle sue preferenze, dalle persone con cui sceglie di avere un dialogo più attivo, Howard stima che i collezionisti-mecenati siano circa il 75% dell'intera demografia di collezionisti di NFT attivi su Foundation, e porta a supporto della sua affermazione due iniziative meritorie: il "Mint Fund", un fondo comune destinato a coprire i costi del conio degli NFT per gli artisti che non possono permetterseli; e la Flamingo DAO, un'organizzazione di collezionisti nata per investire in NFT, con lo scopo primario di supportare economicamente gli artisti.

Come abbiamo già visto, le DAO sono degli organismi di *governance* che hanno potere decisionale su questioni vitali per l'intera comunità e il suo sviluppo futuro. Per partecipare alle decisioni della DAO bisogna disporre di gettoni di *governance*, che possono coincidere in toto con la valuta usata per le transazioni (e quindi, con il contenuto del proprio portafoglio, come il Mana in Decentraland) o essere una valuta diversa (come i Rari su Rarible, che si guadagnano in rapporto alla propria attività sulla piattaforma e al numero di transazioni effettuate). Nella Flamingo DAO, i gettoni sociali si chiamano "Flamingo Units" e vanno acquistati in Ether. Un aspirante membro della DAO può acquistare da un minimo di 100.000 a un massimo di 900.000 unità (dall'1% al 9% dell'ammontare complessivo). Il regolamento attuale prevede un massimo di 100 membri. Il potere di voto di ciascun membro dipende dal numero di unità acquisite[34].

La sostanziale identificazione tra potere d'acquisto e potere di voto implica, in sostanza, che nel caso in cui la DAO coincida con la piattaforma, come in Decentraland, la stessa funzioni come una aristocrazia fondata sul censo; nel caso in cui sia solo uno dei soggetti attivi sulla piattaforma, come nel caso di Flamingo, la DAO diventa una sorta di potente *lobby* in cui il maggiore potere decisionale è nelle mani dei soci più ricchi. Il limite del 9% impedisce che una sola persona possa controllare la DAO, ma non impedisce affatto che possa essere pilotata da una minoranza.

Accantonando per ora la riflessione su quelle che possono essere le ripercussioni di questa struttura gerarchica sul funzionamento di piattaforme che si vantano democratiche, in termini di collezionismo questo significa che i gusti degli investitori più abbienti continueranno a condizionare il mercato degli NFT ancora per molto tempo, sia attraverso le loro acquisizioni individuali, sia attraverso le DAO. Il che rende cruciale il problema della loro "rieducazione", tanto più se è vero quello che scrive Anil Dash. Non potendo acquistare nient'altro...

> *[...] l'unico hobby da ricchi che può intraprendere [chi si è arricchito con le criptovalute] è comprare arte. E in questo mercato dell'arte, nessuno è obbligato ad avere alcun gusto o giudizio sull'arte. Se i prezzi degli NFT crollassero improvvisamente, questi investitori proveranno a comprare cavalli da polo o biglietti per Davos. Pensa a un bambino che ha giocato tutto il giorno a Skee-Ball e ora ha un sacco di biglietti da spendere. Ogni giocattolo sembra attraente. Gli NFT sono diventati questo giocattolo[35].*

Ma non lasciamoci intrigare troppo dal profilo tracciato da Dash e proviamo ad andare più a fondo. Il collezionista che prende la parola nel paper collaborativo sulla Crypto Art è Sebastián Hernández, membro del team di sviluppo di Decentraland e del collettivo di collezionisti Momus Collective, la cui raccolta di NFT, che include "arte digitale, leggendari oggetti di gioco, carte collezionabili uniche e altre esotiche categorie di NFT", fa bella mostra di sé a Momus Park, vicino al centro del mondo virtuale. Il suo background sembra essere nel mondo dei videogiochi, come dimostra indirettamente il fatto che, per illustrare quanto fosse difficile "possedere" qualcosa di digitale prima degli NFT, parli di mondi virtuali e di giocatori, non di arte e collezionisti. Venendo alla sua espererienza attuale, Hernández dice che l'arte "è un elemento importante per costruire esperienze interessanti in realtà virtuale", e che, nei suoi progetti futuri, ha in mente di "usare l'arte per migliorare alcune esperienze (come aspettare in un ascensore o sull'autobus"). Potrebbe usare materiale disponibile su internet, ma preferisce la "Crypto Art" perché "c'è una forte sinergia tra noi, gli sviluppatori degli scenari, e gli artisti". Inoltre ci sono gli aspetti non secondari della certificazione dell'unicità, della programmabilità dei contratti e dell'investimento economico ("il valore dei nostri NFT dovrebbe crescere)"[36]. Infine, c'è il piacere della sfida tecnica. Nel febbraio 2020, Hernández ha curato l'esposizione su Decentraland di *Sometimes a Thousand Twangling Instruments*, un lavoro del compositore e artista austriaco Volkmar Klien che consiste in una serie di disegni che possono essere riprodotti musicalmente, quindi convertiti in suono, attraverso un apposito strumento, che l'artista chiama "sound drawing". A partire dal progetto, Snark.art ha prodotto una serie di 2000 NFT unici che possono essere acquisiti individualmente. Hernández, che ne ha acquisiti per la sua collezione più di 200, ha commissionato a Polygonal Mind, uno studio di sviluppatori di videogame, un'installazione per la Momus Collection, in cui il suono aumenta di intensità quando il visitatore si avvicina, e i *sound drawing* possono essere scelti e riarrangiati dai movimenti dell'avatar. "Per ora l'obiettivo è soprattutto sperimentale", spiega Hernández in un comunicato: "sondare i limiti della piattaforma di Decentraland ed esplorare come i visitatori vogliano interagire con l'installazione"[37].

Il piacere di rendersi visibili è un tratto comune a molti collezionisti di NFT, e va di pari passo con la trasparenza di questo tipo di mercato, legato a doppio filo a un registro pubblico e distribuito, la blockchain. Pur agendo dietro lo pseudonimo di Metakovan, gli acquirenti di *Everydays* non ci hanno messo molto a venire allo scoperto, né a portare un estratto della loro collezione su Cryptovoxels. Già nell'aprile 2020, Pablo Rodriguez-Fraile e Colborn Bell hanno aperto nel mondo virtuale di Somnium Space un museo che hanno chiamato, con una certa faccia tosta, il MoCA (Museum of Crypto Art). Secondo un profilo pubblicato su *Cointelegraph*,

Rodriguez-Fraile e Bell investono da tempo sulla blockchain; hanno cominciato a collezionare NFT con i *CryptoKitties* ma ne hanno intuito la reale potenzialità quando hanno capito che si poteva collegare il collezionismo con il possesso di spazi virtuali. I due dichiarano: "è una comunità bella e meravigliosa, e c'è veramente poco che cambieremmo. Ora che altro denaro entra in questo spazio, saremo messi alla prova, e spero che tutti sappiano rimanere fedeli a ciò che li ha attirati qui dentro in prima battuta"[38]. Altrove, Rodriguez-Fraile ha dichiarato:

Non vogliamo fare speculazione. Non siamo venuti qui solo per fare qualche centinaio di dollari comprando e rivendendo NFT. Al contrario, vogliamo aiutare a porre le fondamenta di ciò che questo mondo può diventare, perché crediamo veramente che questo approccio sia il futuro delle esperienze artistiche immersive[39].

Un altro collezionista di NFT che non disdegna la visibilità è Eric Young, anche lui imprenditore della blockchain, che ha speso più di un milione di dollari per costituire una collezione che, a oggi, consta di circa 350 opere. Young è asceso alla ribalta grazie alla sua partecipazione all'asta che Sotheby's ha dedicato a Pak, di cui era già un appassionato collezionista, dove ha investito un altro milione abbondante nell'acquisizione di una singola opera, *The Pixel*. *The Pixel* è quello che dice il nome: un'immagine bitmap costituita da un singolo pixel grigio. Nifty Gateway, che come molte piattaforme web non sa gestire un'immagine così piccola, la visualizza dopo il caricamento come un grosso quadrato grigio – un fatto che l'artista sloveno Vuk Ćosić aveva già notato nel 2011, caricando su Flickr otto pixel colorati e ironizzando sulla differenza di scala tra l'immagine originale e le sue "thumbnail" o anteprime[40]. Ma questa volta il pixel solitario è collegato a un NFT, e grazie a questo, ha trovato finalmente un collezionista disposto a prendersene cura. "Capisco come [un NFT] attribuisca la provenienza di un'opera su un registro pubblico, e non c'è nient'altro che io abbia bisogno di capire", ha dichiarato a Bloomberg[41]; e su Twitter, congratulandosi con Pak dopo il successo

Edward Snowden, *Stay Free*, 2021. Immagine digitale, edizione di 1

dell'asta: "*The Pixel* ha occupato gran parte della mia mente negli ultimi giorni. Come rifletterà la storia su questo momento? Come sarà ricordata quest'opera? Come sarò ricordato io?"

Impossibile rispondere ora a questa domanda: sarà celebrato come il pioniere di una nuova fase del collezionismo, o preso in giro come colui che si fece soffiare 1 milione e 355 mila dollari da uno scaltro epigono, invece di riconoscere l'originalità quando si è manifestata? Quel che è certo è che, in questa breve rassegna, ad alcuni elementi che destano preoccupazione – la *gamification* del collezionismo, la tendenza a reinvestire sul proprio business, lo sforzo di legittimarlo, la costituzione di forme sociali elitarie fondate sul censo, l'ignoranza e la mancanza di gusto – se ne affiancano altri che aprono spiragli di speranza e di innovazione: un amore sincero per l'arte, qualsiasi cosa si intenda con questa parola; un forte senso di comunità; la convinzione di essere impegnati nella costruzione di un mondo nuovo, e di star facendo la storia.

La storia stessa potrebbe darci una mano a ridimensionare gli elementi che destano maggiore preoccupazione. In fondo, raramente collezionismo e mecenatismo sono stati guidati da motivazioni prettamente culturali, dal puro amore per l'arte: le più belle pale d'altare sono state commissionate per scontare i peccati della committenza; principi, papi, imperatori hanno spesso trovato nell'arte un modo per legittimare e celebrare il proprio potere, o fare ammenda davanti alla società del modo in cui hanno accumulato i propri soldi. Persino l'ignoranza e la mancanza di gusto possono essere matrici di innovazione, origine di una nuova consapevolezza e di un nuovo gusto; e forse il confronto costruttivo, il dialogo possono aiutare a cambiare ciò che troviamo inaccettabile nel mercato degli NFT.

Nel momento in cui scrivo, il quarto NFT più costoso al mondo – dopo tre opere di Beeple – è *Stay Free (Edward Snowden 2021)*, venduto su Foundation il 16 aprile 2021 per 2.224.00 ETH (pari al momento dell'acquisto a quasi 4 milioni e mezzo di dollari)[42]. Firmato da Snowden, l'ex dipendente di una associata della National Security Agency (NSA) che nel 2013, con le sue rivelazioni e le prove portate a sostegno, ha rivelato al mondo lo stato di sorveglianza globale in cui ci ha trascinati il post 11 settembre – *Stay Free* è un autoritratto basato su una fotografia dello stesso, in cui il volto si genera attraverso l'organizzazione in griglia delle pagine di un documento testuale. Il documento in questione è la sentenza con cui, nel 2015, un tribunale americano decretò che la sorveglianza di massa messa in atto dalla NSA violava la legge: una decisione epocale, che faceva di Snowden non un traditore nemico dello Stato, come ancora è trattato dagli Stati Uniti, ma un difensore dei diritti dell'umanità. Secondo Snowden, "le applicazioni emergenti della crittografia sono uno spazio importante per supportare i nostri diritti, o per portarceli via. Questa asta vuole contribuire a guidare queste tecnologie verso il servizio del bene pubblico."

I proventi dell'asta sono stati devoluti a sostegno della Freedom of the Press Foundation, di cui Snowden è Presidente. Il lavoro, messo in vendita con una base d'asta di 2 ETH, è stato aggiudicato a PleasrDAO, una DAO di circa quaranta membri costituitasi un mese prima su Twitter, per acquisire (sempre su Foundation) un'opera dell'artista pplpleasr, poi accolta nell'organizzazione come membro onorario. Secondo Mariano Conti, imprenditore della blockchain e membro di PleasrDAO, "Snowden rappresenta l'etica cypherpunk con cui mi identifico – trasparenza per tutti. È questo che ti da la blockchain"[43]. Nelle sue storie di Instagram, Lindsay Howard ha rivendicato il risultato, commentando "Oggi ho aiutato i miei brillanti amici della Freedom of the Press Foundation a raccogliere 5.5 milioni di dollari. Andate a vedere il lavoro che fanno a supporto del giornalismo investigativo e degli informatori". Nonostante la notorietà di Snowden, è difficile qualificare questa acquisizione come un investimento economico – a meno che sia, ancora una volta, un investimento più sulla blockchain e sui suoi valori (trasparenza, "libertà dalle banche", come dice ancora Conti) che sull'opera. Il lavoro è più da considerarsi un poster tremendamente costoso che un'opera d'arte. Se pensiamo a questa acquisizione come a una donazione, dobbiamo ammettere che il collezionismo di NFT, consapevole o ben indirizzato, interessato o meno che sia, può fare la differenza.

La bolla speculativa

Un paio di giorni dopo l'acquisizione di *Stay Free*, i 2.224 ETH pagati da @PleasrDAO valevano quasi un milione di dollari in meno; il giorno dopo, mezzo milione era già stato recuperato. Le criptovalute, abbiamo visto, sono soggette a una notevole volatilità, il che ne fa un terreno di gioco ideale per gli speculatori – meno ideale per chi ha bisogno di un guadagno sicuro. Alcune di esse sono anche soggette a un *trend* di crescita impressionante, come sa bene chi nel 2010 pagò 10.000 Bitcoin per due pizze. Scrive Tim Schneider a questo proposito:

> *Il fondo speculativo medio ha reso l'11.6% nel 2020, secondo i dati comunicati da Reuters. Nello stesso periodo, i Bitcoin e gli ether sono cresciuti del 378% e del 539%, rispettivamente. Quindi, se avevi una di queste criptovalute nel corso dell'ultimo anno, il tuo investimento sulla blockchain ti ha reso 32,5 o 46,5 volte più ricco che se avessi investito la stessa cifra in un tipico fondo di investimento[44].*

Sul lungo periodo, i dati sono ancora più impressionanti: in cinque anni, il valore di un Bitcoin è cresciuto da 417 a circa 55.800 dollari, quello di un ether da 10 a 1.700 dollari. Nel suo articolo, Schneider porta avanti un paragone tra il mercato degli NFT e la bolla speculativa giapponese dei primi anni Novanta, che prese di mira i quadri impressionisti. Anche allora, la crescita dei prezzi fu causata da un gruppo di nuovi collezionisti la cui ricchezza era prevalentemente speculativa; anche allora, questi collezionisti cercarono di applicare logiche finanziarie al loro investimento, frazionando la proprietà dei dipinti in azioni così come sta facendo Metapurse, l'acquirente di *Everydays*, che ha convertito la propria collezione di NFT in un fondo di investimento.

Ben Davis preferisce fare riferimento a un'altra bolla speculativa, quella che interessò il mondo dei fumetti e delle *graphic novel* a cavallo fra anni Ottanta e Novanta. Qui l'analogia è più sottile e riguarda sia l'applicazione artificiosa del concetto di scarsità a un prodotto culturale che in linea di principio è tutt'altro che scarso, sia le ripercussioni che le bolle speculative possono avere sulla produzione artistica quando si adatta alle leggi del mercato (45). Da parte sua, Brian Droitcour richiama due fenomeni di mercato che hanno segnato gli inizi degli anni Dieci, lo Zombie Formalism e il Post Internet: entrambi manifestazione dalla crescente importanza che stava assumendo la circolazione online delle immagini, del predominio della fruizione mediata sulla fruizione diretta; ed entrambi sostenuti da smaliziate strategie di *flipping* (46). Analogamente, il boom degli NFT riflette la crescente importanza che sta assumendo il paesaggio digitale in una realtà post-pandemica, e vede nella proliferazione incontrollata uno dei suoi rischi più grandi (almeno dal punto di vista artistico e culturale).

Insomma: a prescindere dal riferimento storico che scegliamo, o dal giudizio che esprimiamo sugli NFT come fenomeno culturale, è difficile valutare l'attuale boom degli NFT come qualcosa di diverso da una bolla speculativa, alimentata da una altissima disponibilità di capitale liquido (non utilizzabile altrimenti) e da un desiderio di legittimazione che investe le criptovalute, i business basati sulla blockchain, e le pratiche artistiche a cui i cripto-collezionisti si sentono tanto intimamente legati. Lo ammette candidamente anche Beeple, forse la persona che più di chiunque altro è stata in grado di beneficiare di questa situazione: "è una bolla, per essere onesti. Assisteremo a una folle corsa di persone lanciate alla conquista di questo spazio. E molto di ciò che le persone stanno convertendo in NFT è spazzatura, e questa roba non avrà valore."

I rischi di una bolla speculativa, quando riguarda l'arte contemporanea, sono ben noti e in qualche modo già emersi: le opere e gli artisti che l'hanno cavalcata maggiormente colano a picco assieme alla barca, quando questa affonda, a prescindere dalla loro genuinità e qualità; il mercato viene saturato da una crescita dell'offerta, in cui la ricerca cede spesso il passo all'emulazione e alla ripetizione degli elementi esteriori e formali dell'arte più inflazionata. In questo paragrafo, vorrei porre l'attenzione su altri due rischi, meno evidenti e più specifici dell'ambito che andiamo analizzando.

Il primo è stato sottolineato dal docente di Media Studies Jonathan Beller in un articolo su *Coindesk*. Secondo Beller, che segue Walter Benjiamin, il potenziale innovativo e democratizzante dei nuovi media può essere vanificato se soggiogato dai valori fascisti del culto del genio e della ricchezza, e la blockchain non fa eccezione. Il suo potenziale, se adeguatamente difeso, è enorme: la blockchain, con la sua promessa di disintermediazione, con la sua programmabilità, potrebbe davvero democratizzare l'economia e preludere a un mondo più sostenibile. L'uso speculativo degli NFT, tuttavia, sembra il preludio di un'altra storia, che conduce all'estetizzazione dell'avidità e alla fascistizzazione della cultura, fondata sul culto della personalità, del genio, della celebrità, del talento imprenditoriale:

> *Con l'uso attuale degli NFT la blockchain, lontana dall'essere un sistema di radicale disintermediazione di interessi legittimi, è 'forzata' a fare propri i valori di culto del mondo dell'arte capitalista e a rafforzare l'aura dell'opera d'arte unica. Viene usata, come Benjamin ha profeticamente spiegato in relazione all'estetica del valore di culto, per 'elaborare i dati nel senso fascista'. Se non stiamo bene attenti finiremo per alimentare l'estetica dell'avidità sovrana, e per perdere la storica opportunità di usare i 'cryptomedia' per creare forme estetiche di comunità che servano genuinamente – che significa anche materialmente e politicamente – la società globale*[47].

Il rischio peggiore che Beller segnala è che valori e protocolli fascisti vengano naturalizzati e automatizzati attraverso la progettazione e l'uso delle piattaforme, e che "l'arte, che ha il potenziale di creare forme di bellezza solo sognate, e di trasformare le relazioni sociali creando una nuova estetica della relazione", si trasformi nella sua antitesi – una celebrazione di personalità carismatiche la cui stessa esistenza dipende dalla disuguaglianza.

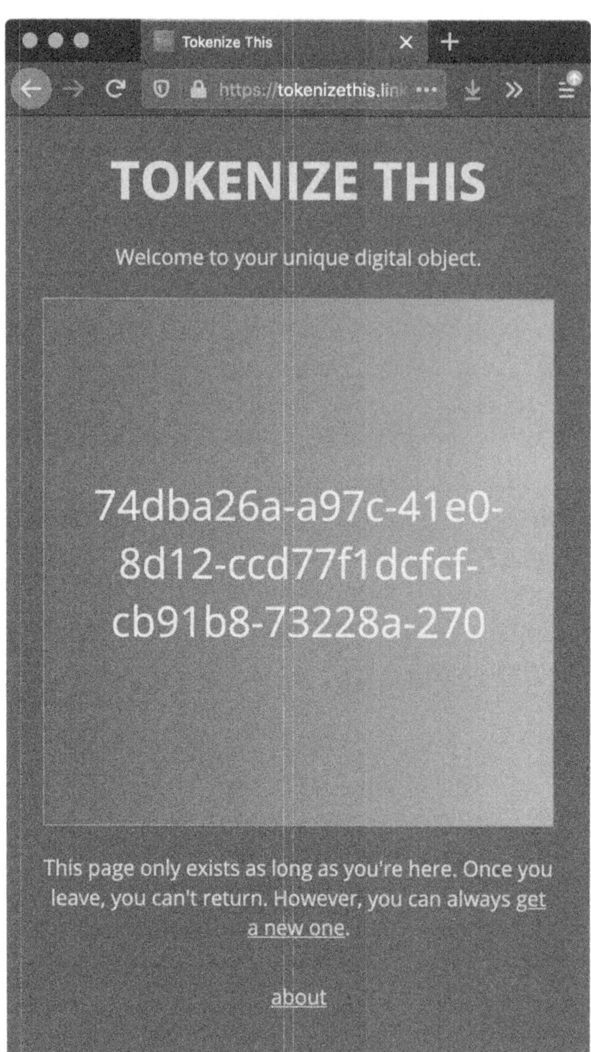

Ben Grosser, *Tokenize This*, 2021. Sito web

Un esempio concreto di quella che Beller definisce "naturalizzazione di protocolli fascisti" è la trasformazione del *flipping* da pratica marginale e deprecata nel mercato dell'arte, a pratica incorporata nei marketplace degli NFT. Comprare per rivendere a prezzi più alti, giocare con la volatilità delle criptovalute, usare doppi *account* per competere contro se stessi, istruire *bot* per surriscaldare aste particolarmente contese, o accelerarne altre dormienti, sono tutte pratiche da cui non solo i *marketplace* degli NFT non si possono difendere, ma che sono in qualche modo legittimate dalla trasparenza della loro infrastruttura. Un altro esempio altrettanto evidente è offerto dalla immediata traducibilità della popolarità sui social (il culto fascista della celebrità) in successo economico: tutti i grandi sconosciuti al mondo dell'arte che hanno ottenuto uno sconcertante successo nel mondo degli NFT, da Beeple a Pak, così come le celebrità, gli influencer e gli "autori" di meme che sono partiti alla conquista di questo territorio, sfruttano l'opportunità che gli offre di convertire velocemente il capitale d'attenzione accumulato in criptovaluta.

Il secondo rischio è stato portato in evidenza da un progetto artistico, *Tokenize This* (2021) dell'artista americano Ben Grosser. Il progetto è un sito web che genera un contenuto digitale unico e irripetibile (un gradiente cromatico con un codice alfanumerico associato) a ogni accesso. Ognuno di questi contenuti risiede su un URL dedicato ma temporaneo: se lo copiamo e cerchiamo di accedervi in un secondo momento, non troveremo più niente. La temporaneità dell'URL vanifica il valore certificante del processo di tokenizzazione: per quanto unici (un gradiente casuale associato a un codice casuale, che risiede su un indirizzo dedicato), i beni digitali generati da *Tokenize This* non sono associabili a un NFT; coniugano l'estremo della scarsità digitale (non solo unici, ma temporanei) con l'estremo negativo del valore. Si può accedervi solo una volta, e farli esistere solo per il tempo in cui manteniamo aperta la *tab* del browser. Spiega Grosser:

Questa spinta alla mercificazione... minaccia di riconfigurare il focus di molti digital / software / net artist verso la produzione di opere vendibili e innocue, che la folla della finanza speculativa possa facilmente riconoscere come 'arte'... il lavoro agisce in opposizione alle ideologie capitaliste incorporate negli NFT e ai modi in cui i mercati delle Crypto Art hanno già spinto un mezzo artistico spesso anticapitalista e anti-corporativo a una corsa all'oro del XXI secolo, alimentata dalla frenesia dell'arricchimento veloce[48].

Se l'appello di Beller è rivolto alla *community* che segue e determina gli sviluppi della blockchain, quello di Grosser è rivolto piuttosto alla *community* della media art. Il mercato dell'arte può anche averci indotti a pensare che la riproducibilità del digitale sia un limite, un difetto di nascita che renderà sempre problematica l'accettazione e la legittimazione di qualsiasi cosa "nata digitale" all'interno del mondo dell'arte; ma il mercato degli NFT, con la sua febbre dell'oro indotta, rischia di farci dimenticare che c'è stato un momento in cui gli artisti vivevano la riproducibilità, l'irriducibilità del digitale a una merce, come una straordinaria opportunità, un elemento di distinzione, una sfida permanente al mercato e al museo. *Tokenize This* chiede agli artisti se sono veramente convinti di rinunciare a questa libertà, a questo potere di critica che gli ha permesso una volta, e per l'ultima volta nel XX secolo, di essere un'avanguardia in grado di mettere in discussione lo status quo, per inondare i mercati della finanza decentralizzata di piacevoli e innocue animazioni.

Empowerment e opportunità

Fino a questo punto, abbiamo fatto la parte del diavolo. Nel capitolo precedente, abbiamo sottolineato i pericoli insiti in una definizione omologante come "Crypto Art", per poi decidere di abbandonarla. In questo, abbiamo tratteggiato un paesaggio dai toni cupi, fatto di tentativi di sfruttamento e di cooptazione, di imprenditori rapaci che investono sul loro business pretendendo di beneficiare gli artisti, di criptoricchi ignoranti che giocano al collezionista, di *flipper* che manipolano la valutazione delle opere. Abbiamo smontato il meccanismo di un sistema di certificazione della scarsità che viene smerciato come magia, ma che si è rivelato un trucchetto da fenomeno da baraccone. Le poche luci emerse finora – come la possibilità di giocare concettualmente con gli *smart contract*, o l'opportunità per gli artisti di sostenere o consolidare la propria economia – non bastano a riscattare uno scenario dipinto a tinte fosche.

Il rischio, in questa narrazione, è quello di ricadere nell'errore del determinismo tecnologico. Se nessuna tecnologia è intrinsecamente emancipatrice, è vero anche il contrario: che nessuna tecnologia è intrinsecamente soggiogante. Il destino di una tecnologia dipende dall'uso sociale che se ne fa, dal modo in cui viene plasmata dalla comunità che ne segue lo sviluppo, dai suoi pregiudizi e dalle sue intenzioni.

Torniamo brevemente sul principale limite tecnologico degli NFT, la debolezza e arbitrarietà del legame tra *token* crittografico e opera d'arte. A seguito dell'analisi proposta, possiamo sostenere senza tema di smentite che la rivendicazione principale del mondo degli NFT, secondo cui i *token* crittografici risolverebbero definitivamente il problema della certificazione della scarsità e dell'autenticità dell'opera d'arte digitale, è pretenziosa e infondata. Come abbiamo già detto, un NFT non è altro che un certificato associato all'opera: l'opera stessa resta libera e riproducibile.

Questo, tuttavia, per il mondo dell'arte contemporanea non è mai stato un problema: come abbiamo visto, la determinazione della scarsità e della autenticità di un'opera d'arte riproducibile (digitale o meno) o immateriale (come una performance) è sempre stata frutto di un artificio, una convenzione, un accordo, un contratto stipulato per iscritto o con modalità ancora più effimere. Se gli NFT non superano in validità – come pretendono alcuni – questo paradigma, dobbiamo se non altro ammettere che rimangono all'interno dei suoi confini. In rapporto ai modello tradizionali, quali sono i suoi punti di forza, e i suoi punti di debolezza?

Un'autentica o un contratto devono la loro forza al rapporto di fiducia che si genera tra i due contraenti (artista e collezionista) grazie all'intermediazione di una terza parte ritenuta affidabile (il gallerista, il mercante, la casa d'aste); devono la loro debolezza alla loro natura materiale. Un foglio di carta, anche se tutte le parti in causa ne conservano copia con cura, resta sempre un foglio di carta: può deteriorarsi, andare perso o distrutto.

Un NFT deve la sua forza al fatto di essere pubblico, distribuito sulla blockchain e protetto da crittografia. Deve la sua debolezza alla possibilità che dà al venditore di mentire, alla mancanza di un intermediario ritenuto affidabile, alla possibile temporaneità e inaffidabilità della piattaforma su cui viene caricata l'opera vera e propria. A ognuno di questi tre livelli, tuttavia, si può intervenire. Il risultato potrebbe essere meglio di una tradizionale certificazione: i diritti dell'artista potrebbero essere codificati nello *smart contract* e automatizzati dall'infrastruttura. Perché, allora, non sostituire a un fin troppo facile rifiuto una attitudine critica, consapevole ma proattiva? Perché non considerare la blockchain uno spazio in via di sviluppo, che il nostro intervento può condizionare?

Uno degli elementi di *empowerment* spesso sottolineati dai sostenitori degli NFT è il fatto che, con essi, l'artista può creare il proprio *smart contract* e determinare i propri diritti, che vengono codificati e implementati sulla blockchain diventando, così, inviolabili. Scrive ad esempio la docente di cultura visuale Charlotte Kent:

Uno smart contract è un codice rende operativa una serie di condizioni necessarie perché uno scambio si compia; se una condizione non viene rispettata, lo scambio non avviene. Così, adottando gli smart contract della blockchain per cedere la proprietà del proprio lavoro, gli artisti possono assicurarsi diritti di rivendita come condizione per il trasferimento di proprietà, ottenendo automaticamente una percentuale su ogni vendita futura. Di fatto, è facile intuire che con questa tecnologia, un artista possa decidere che parte del guadagno vada a compensare non solo se stesso o la galleria, ma anche lo staff della galleria, assistenti di studio, o una associazione, e che alcuni o tutti costoro possano percepire una percentuale a ogni vendita futura[49].

Queste idee devono essere ancora codificate, ma i diritti degli artisti sono già una realtà tangibile, sostiene Kent: la realizzazione del sogno di cinque generazioni di artisti e attivisti, a partire dalla fondazione dell'americana Artists Equity Association, nel 1947, e dall'*Artist's Reserved Rights Transfer and Sale Agreement* di Siegelaub e Projansky. L'*Agreement* di Siegelaub è un contratto privato che corregge una normativa inesistente, in assenza di un assetto normativo; la blockchain ne implementa e ne automatizza molti articoli e rivendicazioni.

Secondo Kent, la blockchain è solo un sistema di archiviazione dati, dove la finanza è approdata per prima; ma la speculazione ci distrae dai suoi reali vantaggi, che risiedono nell'autodeterminazione degli artisti, nella possibilità che gli offre di riconfigurare il proprio rapporto con il mercato e con i collezionisti. Come il contratto di Siegelaub, non accantona il mondo dell'arte e non elimina il bisogno di essere rappresentati da una galleria, che anzi può guidare gli artisti in questo spazio e affiancarli nella determinazione dei propri diritti.

Invito alla mostra *Social Codes* curata da Casey Reas per Feral File

Su un altro fronte, Lindsay Howard insiste sul ruolo che l'artista conquista attraverso il diritto di voto nelle *community* delle piattaforme, e nelle conversazioni pubbliche e private che affiancano le votazioni. Secondo Howard, gli artisti possono collaborare alla costruzione di un'economia creativa che trasferisce il potere nelle mani dei creatori. In aggiunta a questo, con gli *smart contract* "i creatori hanno il potere di progettare i propri mercati in modi che si adattano ai loro bisogni, e guadagnare dalle *royalty*"[50]. Infine, gli artisti possono sostenersi a vicenda, acquistando le opere altrui e redistribuendo così i guadagni accumulati con le proprie vendite.

Soocial Coodes

19 March 2021
10 am PST / 1 pm EST / 7 pm CET
https://feralfile.com

Andrew Benson, LIA, Dmitri Cherniak, Raven Kwok,
Anna Carreras, Manolo Gamboa Naon, Maya Man,
Frederik Vanhoutte, Saskia Freeke, Dave Whyte

Curated by Casey Reas

Video chat reception:
19 March 2021
10 am PST / 1 pm EST / 7 pm CET
https://videolounges.com/feralfile

Image courtesy Dmitri Cherniak

I modelli alternativi: Feral File e left gallery

Ma è soprattutto lontano dalle dinamiche adrenaliniche dei marketplace degli NFT, e da *community* in cui, come abbiamo visto, il proprio potere di voto si valuta in Ether, che emergono con maggiore evidenza i benefici che gli artisti e il mondo dell'arte possono trarre da un uso consapevole della blockchain.

Feral File è una piattaforma espositiva basata su tecnologia blockchain lanciata nel marzo 2021 dall'artista americano Casey

Maya Man, *can I go where you go?*, 2021, software modificato. Edizione di 75.
Courtesy: Feral File, New York

Reas in collaborazione con la blockchain Bitmark. La piattaforma non è aperta e non è primariamente una piattaforma di mercato; gli artisti entrano nella *community* di Feral File su invito di un curatore che organizza una mostra. L'evento di lancio, *Social Codes*, è stato curato dallo stesso Casey Reas e propone dieci artisti che lavorano con il codice. L'accesso a ogni lavoro è preceduto da una didascalia tecnica e da un breve testo di presentazione; ogni lavoro si presenta su una pagina dedicata, dal design minimale che si adatta con piccoli accorgimenti alle necessità dell'opera. Siamo lontani anni luce dalle interfacce invadenti e dai limiti tecnici dei marketplace NFT, che accettano solo immagini, suoni e video: qui i lavori sono presentati nella loro forma originaria, come codici generativi che producono configurazioni sempre diverse, o come software interattivi che si modificano con la partecipazione attiva dell'utente. La pagina di accesso a ogni lavoro offre anche l'opportunità di collezionarne un'edizione. Cliccando sul link, accediamo a un registro pubblico dove scopriamo che ogni lavoro esiste in edizioni di 75 esemplari, con un prezzo di partenza di 75 dollari l'una. Un'edizione di ogni lavoro viene donata a ciascuno degli artisti in mostra, e al curatore della stessa; le restanti edizioni sono in vendita.

Seppur lanciata nel pieno del boom degli NFT (con l'effetto collaterale di fare il *sold out* in pochi minuti, e di indurre alcuni collezionisti a impostare valori di rivendita molto alti per le opere rimesse sul mercato), Feral File era in gestazione da diverso tempo. Casey Reas ha cominciato a collaborare con Bitmark nel 2017, e il primo risultato di questa collaborazione è stato il progetto a2p, un "sistema di scambio da artista a artista per creare e curare una collezione di opere" e una "esplorazione speculativa dei modi di distribuire e condividere immagini digitali, video e animazioni." a2p era a tutti gli effetti un'economia del dono, in cui un gruppo di artisti, sempre coinvolti attraverso mostre curate, condivideva un lavoro in edizione di 10 più una prova d'artista; mentre quest'ultima restava di proprietà dell'autore, i diritti di proprietà venivano trasferiti agli altri artisti partecipanti, il tutto registrato su blockchain Bitmark.

Collochiamo questo progetto nella tradizione degli artisti che lavorano al di fuori del mercato. Siamo stati direttamente ispirati dalla prima net.art e, prima ancora, da Fluxus. Molti di noi non hanno una galleria che rappresenti il nostro lavoro e quelli fra di noi che ne hanno una, spesso potrebbero permettersi di collezionare il proprio lavoro. Questo esperimento è un modo per noi per scambiarci lavori per la creazione di una collezione[51].

Feral File raccoglie ed espande l'eredità di questo progetto. "Ci abbiamo lavorato per un anno, e non abbiamo fatto riferimento a ciò che facevamo con il termine NFT fino a un mese fa. Tecnicamente sono sempre stati NFT"[52].

La qualità del dialogo che Reas è stato in grado di costruire con Bitmark, una piccola blockchain che agisce fuori dal mercato delle criptovalute e che ha lavorato soprattutto alla messa in sicurezza di dati medici e a un mercato per produttori musicali, è evidente nell'attenzione che quest'ultima presta ai diritti degli artisti. Come scrivono Michael Nguyễn e Sean Moss-Pultz, rispettivamente Head of Operations e CEO di Bitmark:

*Nessun contratto, e quindi nessun programma informatico, non
importa quanto ben costruito, può prendere in considerazione
ogni possibile eventualità… per questo, gli NFT di Bitmark
combinano la migliore tecnologia e la legislazione sulla proprietà
per generare accordi robusti per tutte le parti in causa*[53].

Per Feral File, Bitmark ha lavorato a un'attualizzazione
dell'Agreement di Siegelaub, il suo "Artist + Collector Rights" [54], che
viene firmato digitalmente da collezionista e artista, e dotato come
l'opera di un *hash* crittografico per generare un identificatore unico.
Opera e contratto sono dunque indivisibili tra di loro e inseparabili
dall'NFT registrato sulla blockchain. L'accordo stabilisce per l'artista
una percentuale (10%) su tutte le vendite secondarie, attribuisce
all'artista il copyright sul lavoro, e determina i diritti (download,
esposizione, vendita, prestito, anonimato) che l'artista trasferisce al
collezionista.

Un altro aspetto qualitativamente interessante di Feral File è la sua
idea di comunità. Per Casey Reas, che nel 2001 ha creato – con
Ben Fry – *Processing*, un software *open source* di programmazione
e *sketching* per artisti, la parola comunità ha un significato preciso.
Processing è cresciuto nel tempo come è cresciuto il suo utilizzo in
ogni campo della creatività, dalle arti visive all'intrattenimento di
massa; si è costituito come fondazione la cui missione è promuovere
l'alfabetizzazione informatica nelle arti visive, e l'alfabetizzazione
visiva nel settore tecnologico; ha prodotto valanghe di pubblicazioni
e manuali tecnici, ma è sempre rimasto *open source* e liberamente
scaricabile; condivide tutorial, librerie, esempi; esiste ed è cresciuto
grazie alla sua *community*[55]. Feral File nasce da premesse molto
diverse: è una scommessa sulla curatela come forma di costruzione
di una comunità che si espande in senso radiale, da Reas ai curatori
che invita agli artisti che coinvolgono; e sul collezionismo e lo
scambio dei lavori tra gli artisti come costituzione di una rete di
persone che delle opere si prende cura.

Un altro esempio di spazio *artist run* basato sulla blockchain è left
gallery, fondata dall'olandese Harm Van Den Dorpel nel 2015. Van

Den Dorpel è un artista con un *background* da programmatore, che emerge con la generazione dei Surfing Club – "gruppi di navigazione" che si raccolgono attorno a blog collettivi – per diventare uno dei protagonisti della fase Post Internet. Nel 2015 Van Den Dorpel registra, su blockchain Bitcoin, il suo primo NFT, uno screensaver generativo in edizione da 100 intitolato *Event Listeners* che riflette poeticamente sul concetto di inadeguatezza sociale. Quello stesso anno, il MAK (Museum of Applied Arts di Vienna) ne acquisisce 20 edizioni pagando in Bitcoin, facendo entrare il lavoro nella storia come il primo NFT acquisito da un museo pagando in criptovaluta[56]. Da questo evento nasce l'idea di aprire, in collaborazione con la compagna dell'artista Paloma Rodríguez Carrington, left gallery, un mercato online per la vendita di lavori digitali registrati sulla blockchain, in edizioni ampie e a prezzi sostenibili[57]. Left gallery si serviva del servizio ascribe.io, ora defunto, per registrare i *token* sulla blockchain. Secondo l'artista,

> *lo stato della tecnologia blockchain allora non era abbastanza*
> *maturo per supportare il loro modello di business; ascribe smise*
> *di offrire il proprio servizio intorno al 2017, e decise di diventare*
> *un'azienda di database. Sebbene le informazioni sull'origine*
> *del token che ascribe ha registrato sulla immutabile blockchain*
> *Bitcoin rimarranno sempre lì, di fatto abbiamo perso l'accesso ad*
> *essi, perché la loro interfaccia web è stata interrotta*[58].

Nel 2017, per dare continuità a left gallery Van Den Dorpel registra il suo primo *smart contract* su blockchain Ethereum, ma la sostenibilità della galleria viene compromessa dalla diffidenza dei collezionisti e dai costi delle transazioni, che in certi momenti arrivano a superare di gran lunga il prezzo delle edizioni. Nel 2020, con l'esplodere della pandemia di Covid-19, l'artista rilancia la galleria ma registrando le transazioni in un database tradizionale, anziché sulla blockchain. Il boom degli NFT lo coglie di sorpresa, ma gli consente anche di rilanciare i vecchi lavori e di ripristinare la registrazione su blockchain.

Attualmente, left gallery sta sviluppando un'applicazione specifica basata su blockchain Proof-of-Stake (a basso impatto ambientale) con Cosmos SDK, un *framework* che consente di creare applicazioni personalizzate, con l'obiettivo a lungo termine di collaborare con i musei per dare vita a una rete di registri istituzionale.

La storia di left gallery può essere letta come una parabola che colloca il boom degli NFT nel tempo, evidenziando opportunità e criticità del modello da essi proposto: emblematico l'episodio della scomparsa di ascribe e delle sue conseguenze, un monito per chiunque affida i propri lavori a compagnie dall'economia ora galoppante ma volatile come quella delle criptovalute. Come Feral File, ci fa capire che più solida e durevole della registrazione sulla blockchain è la presenza di una comunità che abbia a cuore l'arte più che l'investimento economico, lasciando intuire che i musei potrebbero tornare ad avere un ruolo attivo e prezioso in questo contesto.

Travess Smalley, *Succulents in Early Spring, Kalanchoe Waldheimii*, 2021. Immagine .TIFF esposta in *Pieces of Me*, Transfer Gallery + left gallery

I modelli alternativi: le gallerie sulla blockchain

Il primo aprile 2021, left gallery ha collaborato con la newyorkese Transfer Gallery al varo di *Pieces of Me*, una mostra online e una reazione a caldo al boom degli NFT da parte di una galleria che dal 2013 sostiene "artisti che lavorano con le simulazioni e con processi computazionali." La mostra, curata da Wade Wallerstein, raccoglie lavori di diversa natura di artisti "riconosciuti per la loro esplorazione dell'identità, dell'essere e della fenomenologia degli ambienti mediati digitalmente", presentati come "offerte alle affamate divinità della finanza decentralizzata." L'obiettivo polemico è dichiarato: "Questa mostra si presenta come uno sguardo di speranza a un mercato più equilibrato di quello che è emerso troppo velocemente, e senza cura. Non è un'asta – i lavori registrati su blockchain per questa mostra sono oggetti unici di considerazione, fatti per essere conservati e amati, non rivenduti immediatamente"[59]. I collezionisti possono scegliere se registrare l'NFT e riceverlo dalla left gallery, o se comprare con valuta nazionale e un certificato di autenticità standard. In entrambi i casi, quando un lavoro viene acquistato, il 30% degli introiti viene distribuito tra tutti gli artisti partecipanti e chiunque abbia contribuito col suo lavoro a renderlo possibile. Tutto il progetto è concepito per ripristinare quel contatto e quella cura che si sono persi nella frenesia delle aste sui *marketplace* principali: seppur online, la mostra nasce visitabile solo in orari di apertura della galleria fisica, accompagnati da curatore o gallerista; le opere dei più di 50 artisti vengono messe in vendita a poco a poco, secondo un calendario di offerte. Kelani Nichole, fondatrice di Transfer, ha scritto per *Pieces of Me* un accorato manifesto, che elenca molte delle problematiche che abbiamo analizzato in queste pagine e le soluzioni sperimentate nella mostra. A fronte degli *smart contract* standard, che "appiattiscono l'opera d'arte", Nichole oppone un NFT che articola accuratamente gli elementi di cui si compone il lavoro, offre indicazioni sul suo uso, cura ed esposizione e si associa a un duplicato caricato sul server dell'artista, a maggior garanzia della sua durata nel tempo. Al 10% di diritti di rivendita che i *marketplace* stabiliscono per gli artisti, validi solo in caso di rivendita tramite la piattaforma su cui l'NFT è stato registrato, Nichole oppone il 70% di guadagno sulla prima vendita, e il 50% di diritti per l'artista su ogni vendita successiva; inoltre associa al lavoro (venduto come unico) una prova d'artista, il cui *token* associato resta all'artista stesso, garantendogli un controllo sul lavoro che va oltre il semplice copyright. Infine, la galleria – e non l'artista, come nei *marketplace* – copre integralmente i costi di registrazione degli NFT[60].

Transfer non è l'unica galleria con una lunga storia di supporto alla media art che abbia deciso di offrire una risposta immediata allo sregolato e confuso mercato degli NFT. Postmasters, la prima galleria commerciale a occuparsi di media art, come membro della *community* di The Thing (1991) e con mostre collettive come *Can You Digit?* (1996) e *Mac Classics* (1997), ha annunciato il lancio di uno spazio basato sulla blockchain non ancora visitabile, con l'intenzione di puntare soprattutto sul recupero di alcuni pezzi storici. Attiva a New York dal 2001, Bitforms ha lanciato nell'aprile 2021 la piattaforma bit.art con una selezione di modelli 3D di Auriea Harvey, l'artista esposta in quel momento negli spazi fisici della galleria[61]. Lo *statement* del nuovo spazio virtuale denuncia la perdita del contesto, l'affollamento, i pochi formati di file accettati dai *marketplace* principali, e la loro indifferenza alle questioni ambientali sollevate dall'infrastruttura a cui si appoggiano. Bit.art risponde appoggiandosi per la registrazione degli NFT alla piattaforma Hic et Nunc, basata sulla blockchain *eco-friendly* di Tezos, e offrendo ai modelli di Harvey – caratteri di una mitologia alterata dall'artista, che coniuga una passione per l'antichità con una lunga esperienza nel mondo dei videogame, come co-fondatrice dello studio di game design indipendente Tale of Tales – uno spazio consono di fruizione.

Per quanto non sia la ramificazione di una galleria commerciale, la francese Danae[62] si porta sulle spalle l'esperienza pluriennale dei suoi fondatori Laetitia Maffei e Frédéric Laffy, sia in ambito

Auriea Harvey, *Ram (digital v1)*, 2021. Modello 3D, 657 x 524 px, edizione di 1.
Mostra online *Auriea Harvey: Year Zero* su bit.art

istituzionale (con il museo itinerante Musée Passager) sia in ambito
privato (con la Laffy Maffei Gallery, nata nel 2016 per occuparsi
di pittura digitale). Lanciata nel 2021 con la blockchain Dune
Network, Danae propone un modello originale che si basa sulla
distinzione tra proprietà (certificata dai *token*) e uso (su licenza)
dell'opera, e su natura digitale e istanziazioni fisiche dell'artefatto
digitale. Su Danae, a un'opera sono associati diversi *token*, che
possono essere acquisiti individualmente (diventando, di fatto,
una partecipazione nella proprietà dell'opera) o collettivamente
da un unico collezionista, che quindi ne diventa proprietario a
pieno titolo. In alternativa (o in associazione ai *token*) si possono
acquistare delle stampe digitali *fine art* (o altre tipologie di artefatti
come video o lavori in VR), "edizioni" che generano delle *royalty*

divise equamente fra la piattaforma, l'artista e i proprietari dei *token* associati. L'idea è mutuata da Sol LeWitt e dalla sua distinzione tra il concept dell'opera e la sua materializzazione in forma di artefatti. Ovviamente l'utilizzo di un registro decentralizzato consente di rivendere i *token* anche al di fuori della piattaforma di Danae.

Danae è a tutti gli effetti un *marketplace*, ma che effettua una selezione curatoriale sui contenuti proposti (con l'assistenza del curatore francese Dominique Moulon) e che investe molto nello sviluppo di contenuti di approfondimento e contestualizzazione.

1. Raoul Vaneigem, *The Movement of the Free Spirit*, Zone Books, New York 1994, p. 17.

2. Cf. https://foundation.app/austinlee/boxer-21442.

3. Hrag Vartanian, "Lindsay Howard Talks About the Burgeoning Market for NFTs", in *Hyperallergic*, 9 marzo 2021, https://hyperallergic.com/628046/lindsay-howard-talks-about-the-burgeoning-market-for-nfts/.

4. Anny Shaw, "NFT breakthrough: Ethereum co-founder Joe Lubin creates 99% energy efficient blockchain – and Damien Hirst is its first artist", in *The Art Newspaper*, cit.

5. David Gerard, *Attack of the 50 Foot Blockchain: Bitcoin, Blockchain, Ethereum & Smart Contracts*, CreateSpace Independent Publishing, 2017.

6. David Gerard, "NFTs: crypto grifters try to scam artists, again", in *Attack of the 50 Foot Blockchain*, 11th March 2021, https://davidgerard.co.uk/blockchain/2021/03/11/nfts-crypto-grifters-try-to-scam-artists-again/.

7. In Seth Price, Michelle Kuo, "What NFTs Mean for Contemporary Art", in *MoMA Magazine*, 29 aprile 2021, https://www.moma.org/magazine/articles/547.

8. Brian Droitcour, "How to Look at NFTs", in *Art in America*, 4 marzo 2021, https://www.artnews.com/art-in-america/features/nft-art-1234585590/.

9. Hrag Vartanian, "Lindsay Howard Talks About the Burgeoning Market for NFTs", in *Hyperallergic*, cit.

10. Anand Venkateswaran, "Why DeFi needs NFTs", in *Lendroid*, 28 novembre 2020, https://lendroid.com/why-defi-needs-nfts/.

11. Cf. Amy Castor, "Metakovan, the mystery Beeple art buyer, and his NFT/DeFi scheme", 14 marzo 2021, https://amycastor.com/2021/03/14/metakovan-the-mystery-beeple-art-buyer-and-his-nft-defi-scheme/.

12. Cf. Ben Davis, "The Buyers of the $69 Million Beeple Reveal Their True Identities – and Say the Purchase Was About Taking a Stand for People of Color", in *Artnet News*, 19 marzo 2021, https://news.artnet.com/art-world/beeple-buyers-metakovan-twobadour-1953418.

13. Kimberly Parker, "Most artists are not making money off NFTs and here are some graphs to prove it", in *Medium*, 19 aprile 2021, https://thatkimparker.medium.com/most-artists-are-not-making-money-off-nfts-and-here-are-some-graphs-to-prove-it-c65718d4a1b8.

14. Lo stesso concetto è espresso dall'analista Christine Bourron, intervistata da Scott Reyburn per *The Art Newspaper*: "Il valore di un'opera NFT... è legata al prezzo dell'Ether come da un cordone ombelicale... L'asta di Christie's non avrebbe avuto successo se non avesse accettato gli Ether." In Scott Reyburn, "The cost of a single tulip bulb surged to the same price as a mansion 400 years ago: are NFTs the 'tulipmania' of the 21st century?", in *The Art Newspaper*, 16 aprile 2021, https://www.theartnewspaper.com/analysis/nfts-and-tulipmania.

15. In Lindsay Howard, "PleasrDAO's $5.5M purchase of Edward Snowden's genesis NFT", in *Foundation*, 27 aprile 2021, https://foundation.app/blog/pleasrdao.

16. Anil Dash, "NFTs Weren't Supposed to End Like This", cit.

17. Riccardo Zanardelli, "Due o tre cose che non ci siamo ancora detti su NFT e fiducia, raccontate da Alice e da un coniglio", in *Medium*, 5 aprile 2021, https://rzanardelli.medium.com/due-o-tre-cose-che-non-ci-siamo-ancora-detti-su-nft-e-fiducia-raccontate-da-alice-e-da-un-e67f7b92172c.

18. Cf. https://foundation.app/sterlingcrispin/property-145.

19. Rhea Myers, *Certificate of Inauthenticity*, 2020, https://rhea.art/certificate-of-inauthenticity.

20. Ivan on Tech, "What is Rarible – The Ultimate Guide to Rarible and RARI", in *Ivan on Tech Academy*, 24 settembre 2020, https://academy.ivanontech.com/blog/what-is-rarible-the-ultimate-guide-to-rarible-and-rari.

21. Cf. https://niftygateway.com/about.

22. Cf. https://ephimera.com/.

23. Cf. https://snark.art/production.

24. Cf. https://async.art/.

25. Cf. https://thenemesis.io/metaverse.

26. Cf. https://www.cryptovoxels.com/.

27. Cf. Casey Tonkin, "Cryptovoxels: a virtual world built on blockchain, in Information Age", 7 aprile 2021, https://ia.acs.org.au/article/2021/cryptovoxels--a-virtual-world-built-on-blockchain-.html.

28. Cf. Ben Davis, "I Visited the Digital Beeple Art Museum and All I Got Was an Aggressive Pitch for My Money", in *Artnet News*, 25 marzo 2021, https://news.artnet.com/opinion/beeple-b-20-museum-review-1954174.

29. Cf. Andrea Bellacicca, "Decentraland: ecco il mondo virtuale che fa monetizzare", in *Blockchain4innovation*, 14 dicembre 2020, https://www.blockchain4innovation.it/mercati/media-entertainment/decentraland-ecco-il-mondo-virtuale-che-fa-monetizzare/.

30. Per maggiori informazioni, cf. https://www.koeniggalerie.com/

exhibitions/35415/the-artist-is-online/.

31. Cf. https://www.koeniggalerie.com/exhibitions/35679/the-artist-is-online/.

32. Cf., a questo proposito, Sarah Cascone, "'It's Whiplash': After a Record-Setting Run, NFT Artwork Prices Have Plummeted Nearly 70 Percent in Four Weeks", in *Artnet News*, 13 aprile 2021, https://news.artnet.com/market/nft-market-1957770. L'articolo cita, tra l'altro, 10 x 10, un'asta organizzata da Verisart su SuperRare proponendo lavori di 10 artisti affermati, fra cui Rob Pruitt, Neïl Beloufa, AES+F e Shepard Fairey. Quest'ultimo ha realizzato il risultato più alto, un ragguardevole 178 mila euro che tuttavia impallidisce a fronte dei prezzi raggiunti da quelli che fino a poche settimane fa erano considerati *outsider* del mondo dell'arte. Cf. https://go.verisart.com/verisart-x-superrare/.

33. Una panoramica sulle opportunità aperte dal mercato NFT agli artisti di colore è offerta da Angela Carroll su *Sugarcane Magazine*: "New Avenues for Black Creative Succe$$: NFTs and Art in the Digital Dimension", in *Sugarcane Mag*, 15 aprile 2021, https://sugarcanemag.com/2021/04/new-avenues-for-black-creative-succe-nfts-and-art-in-the-digital-dimension-by-angela-carroll/.

34. Cf. https://flamingodao.xyz/.

35. Anil Dash, "NFTs Weren't Supposed to End Like This", cit.

36. Cf. Massimo Franceschet et al., "Crypto art: A decentralized view", cit., pp. 30 – 34.

37. Cf. "Blockchain Art Collector Sebastián Hernández Launches Gallery Featuring Volkmar Klien's Sound Drawings in New Virtual Reality Platform Decentraland", 21 febbraio 2021, https://thecryptosight.com/wp-content/uploads/2020/02/Snark_Volkmar_Klien_Decentraland_press_release_2-20-20.pdf. La galleria di *sound drawing* è accessibile sul sito di Snark.art: https://snark.art/1000-twangling-instruments/.

38. Cf. "Museum of Crypto Art", in *Cointelegraph*, https://cointelegraph.com/top-people-in-crypto-and-blockchain/museum-of-crypto-art.

39. Cf. "Colborn Bell", in *Spalter Digital*, https://spalterdigital.com/artists/colborn/.

40. Vuk Ćosić, *Pixls*, 2011, https://www.flickr.com/photos/vuk-cosic/albums/72157626388866148/with/5575127370/.

41. James Tarmy, Olga Kharif, "These Crypto Bros Want to Be the Guggenheims of NFT Art", in *Bloomberg Businessweek*, 15 aprile 2021, https://www.bloomberg.com/news/features/2021-04-15/nft-collectors-this-is-who-s-buying-beeple-pak-mad-dog-jones-micah-johnson.

42. Cf. https://foundation.app/Snowden/stay-free-edward-snowden-2021-24437.

43. In Ekin Genç, "Why This DAO Bought Snowden's NFT for $5.4 Million", in *Decrypt*, 19 aprile 2021, https://decrypt.co/66933/why-this-dao-bought-snowden-nft.

44. Tim Schneider, "The Gray Market: How Deep-Pocketed Crypto-Collectors Are Rushing Into an Old Art-Market Trap (and Other Insights)", in *Artnet News*, March 29, 2021, https://news.artnet.com/opinion/gray-market-cryptocollectors-japan-1980s-1955318.

45. Ben Davis, "What the NFT World Can Learn From the Great '90s Comic Book Bubble. (It's a Cautionary Tale)", in *Artnet News*, cit.

46. Brian Droitcour, "How to Look at NFTs", in *Art in America*, cit.

47. Jonathan Beller, "Fascism on the Blockchain? The Work of Art in the

Age of NFTs", in *Coindesk*, 23 marzo 2021, https://www.coindesk.com/fascism-blockchain-art-nfts.

48. Cf. Ben Grosser, *Tokenize This*, 2021, https://bengrosser.com/projects/tokenize-this/.

49. Charlotte Kent, "Artists Have Been Attempting to Secure Royalties on Their Work for More Than a Century. Blockchain Finally Offers Them a Breakthrough", in *Artnet News*, 7 aprile 2021, https://news.artnet.com/opinion/artists-blockchain-resale-royalties-1956903.

50. María Paula Fernández, "A Conversation with Curator Lindsay Howard, Foundation's Head of Community", in *Medium*, 13 dicembre 2020, https://medium.com/ethberlin/a-conversation-with-curator-lindsay-howard-foundations-head-of-community-451456086df6.

51. Cf. https://a2p.bitmark.com/v2/about/en.

52. In Eileen Kinsella, "Some of the World's Top Artists Are Trying Their Hand at NFTs. The World's Top Galleries Are a Bit More Skeptical", in *Artnet News*, 6 aprile 2021, https://news.artnet.com/market/galleries-give-green-light-nfts-artists-real-winners-1956422.

53. Michael Nguyễn, Sean Moss-Pultz, "Digital Property Rights with Bitmark NFTs — Evolving The Artist's Reserved Rights Transfer and Sale Agreement", in *Feral File*, 2021, https://feralfile.com/close-ups/Digital_Property_Rights_with_Bitmark_NFTs_Evolving_The_Artist_Reserved_Rights_Transfer_and_Sale_Agreement.

54. Cf. https://feralfile.com/docs/artist-collector-rights.

55. Per maggiori informazioni su Processing e la Processing Foundation, cf. https://processing.org/ e https://processingfoundation.org/.

56. Cf. Hannah Ghorashi, "MAK Vienna Becomes First Museum to Use Bitcoin to Acquire Art, a Harm van den Dorpel", in *Artnews*, 24 aprile 2015, https://www.artnews.com/art-news/market/mak-vienna-becomes-first-museum-to-acquire-art-using-bitcoin-a-harm-van-den-dorpel-3995/.

57. Cf. https://left.gallery/.

58. Cf. Harm Van Den Dorpel, "Tokenizing Sustainability", 2021, https://harm.work/news/tokenizing-sustainability.

59. Cf. http://transfergallery.com/pieces-of-me/.

60. Kelani Nichole, "Exhibition Statement", 2021. https://piecesofme.online/exhibition_statement.html.

61. Cf. https://bit.art/.

62. Cf. https://danae.io/.

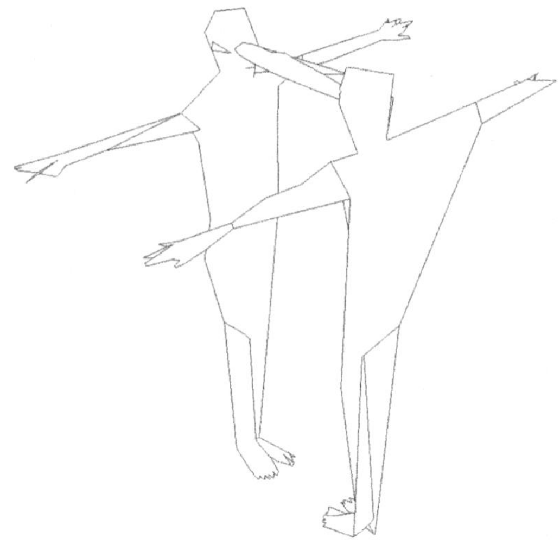

Francoise Gamma, *Transmeet*, 2020. GIF animata, 1280 x 960 px.
Edizione di 1 + 1 AP, Courtesy Transfer Gallery

Conclusione

Un'opera d'arte può sopravvivere senza il mercato,
ma dove non c'è dono non c'è arte.
Lewis Hide 1983[1]

Quando ero bambino, amavo molto una filastrocca di Gianni Rodari che raccontava di un pittore povero in canna, tanto da non potersi comprare nemmeno i colori. Usava i capelli per farsi i pennelli, ma i padroni dei colori lo respingevano a male parole. A un certo punto, fu colto da un'intuizione: "Il Rosso ce l'ho! / Detto fatto un dito si tagliò." Può darsi che la filastrocca di Rodari sia un po' patetica, e figlia di un mito romantico morto e sepolto da decenni, se non da secoli; ma a me ha sempre trasmesso una rassicurante certezza: che l'arte potrebbe continuare a esistere anche al di fuori di qualsiasi economia.

Qualche anno più tardi, è stato proprio questo aspetto ad attrarmi verso la neonata net art: il fatto che potesse esistere libera, nel flusso dell'informazione, accessibile da chiunque avesse un dispositivo per farlo, in qualunque momento, da qualsiasi parte del mondo; il fatto che potesse essere realizzata con pochi mezzi, e che potesse raggiungere un pubblico – spesso molto ampio – senza passare per un complicato, e spesso ostile, sistema di produzione, distribuzione e consumo; il fatto che, fuori dal mondo dell'arte, potesse costruirsi il suo sistema di legittimazione, di cui anche io potevo fare parte.

La net art era un dono, e per anni è sopravvissuta senza un mercato. Ma sangue e capelli non durano in eterno, ed è inevitabile sperare che il nostro artista, prima o poi, riceva sufficiente attenzione da tradurre le sue intuizioni con tele, pennelli, e colori; che delle sue opere qualcuno si prenda cura, e le faccia durare nel tempo; che possa vivere, e non solo sopravvivere.

In un'intervista recente, i membri del collettivo K-HOLE, che all'inizio degli anni Dieci ha fatto *trend forecasting* come arte concettuale, regalandoci termini come "normcore", hanno dichiarato: "Gli NFT hanno un profumo, e quel profumo è l'internet"[2]. Credo che molti riconoscano negli NFT quello che io ho visto nella net art: accessibilità, dono, possibilità di aggirare i sistemi gerarchici del mondo dell'arte e di dare vita a uno spazio nuovo, di cui sono gli artisti a codificare le regole. In più, gli NFT introducono, non come promessa futura ma come attualità presente, il mercato: la possibilità di finanziare la propria opera senza ricorrere a sotterfugi, lavori su commissione, percorsi di legittimazione lunghi e accidentati. Il dono è comparso varie volte in questa trattazione: la possibilità di accedere all'opera anche se vincolata, tramite la registrazione sulla blockchain, alla proprietà di qualcun altro; la donazione dei profitti a organizzazioni che si curano dell'ambiente, della società, dell'educazione dei bambini e della libertà di espressione di chiunque; il reinvestimento dei guadagni nell'acquisizione di opere altrui; la codificazione di comunità in cui gli *smart contract* regolamentano lo scambio di lavori tra artisti. Ma così come il dono, anche il furto ha fatto capolino tra i blocchi della blockchain: il furto di opere, identità e diritti altrui; l'espropriazione della qualità e del senso da un'arte che diventa appendice visiva di un *asset* finanziario, pretesto per rendere reale il valore delle criptovalute e giustificarne lo spostamento da un portafoglio all'altro; l'estorsione di denaro in cambio di una promessa di benessere e di arricchimento che per troppi artisti che sono entrati nell'arena degli NFT resta solo una promessa.

L'incontro tra arte e blockchain ha, senza dubbio, un potenziale utopico, un profumo di autonomia e di libertà. D'altra parte, come nota Brian Droitcour, "sarebbe ingenuo concentrarsi sul potenziale utopico della Crypto Art ignorando le strutture priramidali di potere economico che la governano. È meglio tenere un occhio su entrambi"[3]. Ma tenere un occhio non basta: lo spazio della blockchain, che un crescente numero di persone considera il fondamento del nuovo spazio di internet, deve essere riprogettato. La sua infrastruttura tecnica, la sua struttura sociale, le narrazioni su cui si fonda possono e devono essere ripensate. Come scrive Ruth Catlow, "NFT e tecnologie associate devono sfruttare il potenziale di decentralizzazione e ridistribuire il potere e la capacità intervento"[4] in maniera più equa e diversificata. La retorica del denaro, il mito fascista della celebrità finalmente traducibile in ricchezza economica, devono essere rimpiazzati da altre narrazioni.

Nel corso di questo libro, abbiamo fatto *surf* con Satoshi Nakamoto, cavalcando l'onda da lui stesso generata quando ha progettato una tecnologia che fosse in grado di rimpiazzare le strutture gerarchiche con un'infrastruttura decentralizzata e paritaria, la legge dello stato con la legge del codice. Come abbiamo visto, una volta resa operativa, la legge del codice può diventare immutabile: questa è la sua promessa, e la sua minaccia. Ma dietro al codice ci sono pensieri, e dietro i pensieri, persone. Questa è la ragione per cui critica culturale, scienze sociali, filosofia e arti sono tanto importanti nella definizione di questo nuovo spazio. Questa è la ragione per cui ogni mondo dell'arte ha il dovere di portarci la propria esperienza e la propria cultura.

Non sappiamo ancora in quale fase dell'onda ci troviamo in questo momento. Quello che sappiamo è che, in questa fase, le arti visive – in quanto contesto primario di produzione di immagini – hanno assunto un ruolo cruciale e inaspettato. E questa resta un'opportunità che artisti, professionisti e istituzioni non possono lasciarsi sfuggire.

1. Lewis Hyde, *The Gift: Creativity and the Artist in the Modern World*, New York, Vintage Books 1983.

2. Samantha Ayson, "K-HOLE gets sucked into NFTs", in *Foundation*, 13 aprile 2021, https://foundation.app/blog/k-hole.

3. In Brian Droitcour, "How to look at NFTs", cit.

4. Ruth Catlow, "NFTs and the 'Art' world: panic and possibility", in *The Art Newspaper*, 9 aprile 2021, https://www.theartnewspaper.com/comment/nfts-and-the-art-world-panic-and-possibility.

CRYPTO ART DATA

Total Crypto Art Value: $697,142,410.97 (199,950.212 ETH)   Total Artworks Sold: 204,874

Monthly crypto art volume

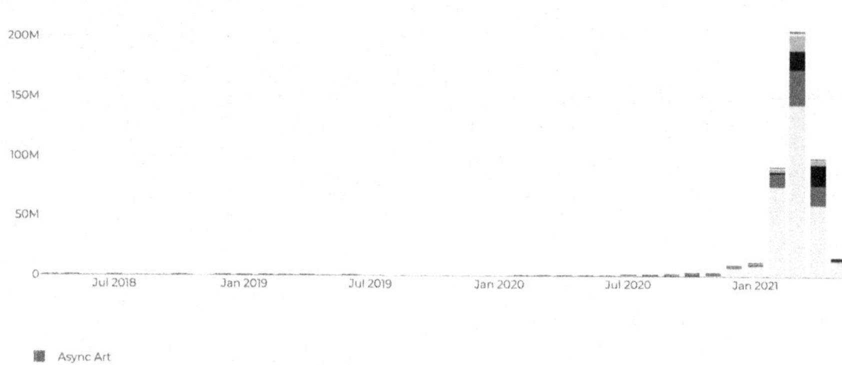

Il mercato degli NFT sui principali *marketplace* secondo il sito cryptoart.io

Bibliografia

LIBRI E CATALOGHI

Alterazioni Video (a cura di), *Turbofilm and the uncertain future of moving images*, Fausto Lupetti Editore, Bologna 2016

Beech Dave, *Art and Value: Art's Economic Exceptionalism in Classical, Neoclassical and Marxist Economics*, Brill, Leiden – Boston 2015

Beech Dave, *Art and Postcapitalism: Aesthetic Labour, Automation and Value Production*, Pluto Press 2019

Berger John, *Ways of Seeing*, Penguin Books 1972. Trad. italiana *Questione di sguardi. Sette inviti al vedere fra storia dell'arte e quotidianità*, Il Saggiatore, Milano 1998

Brand Stewart, *The Media Lab: Inventing the Future at MIT*, Viking Penguin 1987

Bratton Benjamin H., *The Stack. On Software and Sovereignty*, MIT Press, Cambridge – London 2016

Bridle James, *New Dark Age. Technology and the End of the Future*, Verso, New York 2018. Trad. italiana *Nuova era oscura*, NERO, Roma 2019

Brusadin Bani, Eva and Franco Mattes, Domenico Quaranta (a cura di), *The Black Chamber: Surveillance, Paranoia, Invisibility & the Internet*, Link Editions, Brescia e Aksioma, Ljubljana 2016

Cardenas Carlos, Vincent Justin, Marie Maertens, *Collect Digital Video Art*, Editions Digitales – Les Presses du réel 2015

Catlow Ruth, Marc Garrett, Nathan Jones, Sam Skinner (a cura di), *Artists Re:Thinking the Blockchain*, Torque Editions e Futherfield, Liverpool 2017

Catricalà Valentino (a cura di), *Media Art. Towards a New Definition of Arts in the Age of Technology*, Gli Ori, Pistoia 2015

Catricalà Valentino, Domenico Quaranta (a cura di), *Sopravvivenza programmata. Etiche e pratiche di conservazione, dall'arte cinetica alla Net Art*, Kappabit, Roma 2020

Celant Germano (a cura di), *Piero Manzoni*, cat. della mostra, Rivoli, Castello di Rivoli – Museo di Arte Contemporanea, 6 febbraio – 3 maggio 1992. Electa, Milano 1992

Chierico Alessio (a cura di), *Investigations on the Cultural Economy of Media Art*, Digicult Edition, Milano 2017

Colakides Yiannis, Mark Garrett, Inte Gloerich (a cura di), *State Machines. Reflections and Actions at the Edge of Digital Citizenship, Finance, and Art*, Institute of Networked Cultures, Amsterdam 2019

De Filippi Primavera, Aaron Wright, *Blockchain and the Law. The Rule of Code*, Harvard University Press, Cambridge London 2018

DuPont Quinn, *Cryptocurrencies and Blockchains*, Polity Press, Cambridge – Medford 2019

Gerard David, *Attack of the 50 Foot Blockchain: Bitcoin, Blockchain, Ethereum & Smart Contracts*, CreateSpace Independent Publishing, 2017

Goodman Nelson, *Languages of Art: An Approach to a Theory of Symbols*, Indianapolis, The Bobbs-Merril Company 1968. Trad. italiana *I linguaggi dell'arte*, Il Saggiatore, Milano 2017

Groys Boris, *Art Power*, The MIT Press 2008. Trad. italiana *Art Power*, Postmedia Books, Milano 2012

Groys Boris, *In the Flow*, Verso, New York – London 2016. Trad. italiana *In the Flow. L'arte nell'epoca della sua riproducibilità digitale*, Postmedia Books, Milano 2018

Hapgood Susan, Cornelia Lauf (a cura di), *In Deed: Certificates of Authenticity in Art*, catalogo della mostra, Roma Publications / SBKM / De Vleeshal, Amsterdam / Middelburg 2011

Herbert Zbigniew, *Still life with a bridle: essays and apocryphas*, The Ecco Press 1991

Joselit David, *After Art*, Princeton University Press 2013. Edizione italiana: *Dopo l'arte*, Postmedia Books, Milano 2015

Lolli Alessandro, *La guerra dei meme. Fenomenologia di uno scherzo infinito*, Effequ, Firenze 2017

Maigret Nicolas, Maria Roszkowska (a cura di), *The Pirate Book*, Aksioma, Ljubljana 2015

Presicci Roberto, *Arte 4.0 – Big Data, Blockchain e Social Media per l'arte*, Ethicando Edizioni, Milano 2020

Quaranta Domenico, *Net Art 1994 – 1998. La vicenda di äda'web*, Vita e Pensiero, Milano 2004

Quaranta Domenico, Yves Bernard (a cura di), *Holy Fire. Art of the Digital Age*, FPEditions, Brescia 2008 (Link Editions, Brescia 2011)

Domenico Quaranta, *Media, New Media, Postmedia*, Postmedia Books, Milano 2010 (2018)

Quaranta Domenico, Geraldine Juárez (a cura di), *THE F.A.T. MANUAL*, Link Editions, Brescia – MU, Eindhoven 2013

Quaranta Domenico, Janez Janša (a cura di), *Hyperemployment. Post-work, Online Labour and Automation*, NERO, Roma – Aksioma, Ljubljana 2020

Restany Pierre, *Yves Klein: Le feb au coeur du vide*, La différance, Paris 1990. Trad. italiana *Yves Klein. Il fuoco nel cuore del vuoto*, Giampaolo Prearo Editore, Milano 2008

Riout Denys, *L'arte del ventesimo secolo. Protagonisti, temi, correnti*, Einaudi, Torino 2002

Schwartz Eugene M., *Confessions of a Poor Collector. How to build a worthwhile art collection with the least possible money*, 1970. Edition Taube, Zurich 2011

Srnicek Nick, *Platform Capitalism*, Polity Press, Cambridge – Malden 2017

Stallabrass Julian, *Art Incorporated. The Story of Contemporary Art*, Oxford University Press 2004

Steyerl Hito, *Duty Free Art. Art in the Age of Planetary Civil World*, Verso, London – New York 2017. Trad. italiana *Duty free art. L'arte nell'epoca della guerra civile planetaria*, Johan & Levi, Milano 2018

Stuart Day Mark, *Bits to Bitcoin. How Our Digital Stuff Works*, The MIT Press, Cambridge – London 2018

Swan Melanie, *Blockchain. Blueprint for a New Economy*, O'Reilly Media, Sebastopol 2015

Szendy Peter, Emmanuel Alloa, Marta Ponsa (a cura di), *The Supermarket of Images*, catalogo della mostra, Gallimard – Jeu de Paume, Parigi 2020

Tanni Valentina, *Memestetica. Il settembre eterno dell'arte*, NERO, Roma 2020

Vaneigem Raoul, *The Movement of the Free Spirit*, Zone Books, New York 1994

Waelder Pau, *You Can Be a Wealthy / Cash-strapped Art Collector in The Digital Age*, Printer Fault Press, Frankfurt Am Main 2020

Zanni Carlo, *Art in the Age of the Cloud*, Diorama Editions, Milano 2017

ARTICOLI SU RIVISTA

AAVV, "Episode V. Toward a New Ecology of Crypto Art: A Hybrid Manifesto", in *Flash Art*, 26 febbraio 2021, flash---art.com/2021/02/episode-v-towards-a-new-ecology-of-crypto-art/

AAVV, "A Guide to eco-friendly Crypto-Art", in *Github*, s.d., github.com/memo/eco-nft

Akhtar Tanzeel, "Sotheby's Plans Its First NFT Auction With Artist Pak and Nifty Gateway", in *Coindesk*, 6 aprile 2021, www.coindesk.com/sothebys-plans-its-first-nft-auction-with-artist-pak-and-nifty-gateway

Akten Memo, "The Unreasonable Ecological Cost of #CryptoArt (Part 1)", in *Medium*, 14 dicembre 2020, memoakten.medium.com/the-unreasonable-ecological-cost-of-cryptoart-2221d3eb2053

Ayson Samantha, "K-HOLE gets sucked into NFTs", in *Foundation*, 13 aprile 2021, foundation.app/blog/k-hole

Bellacicca Andrea, "Decentraland: ecco il mondo virtuale che fa monetizzare", in *Blockchain4innovation*, 14 dicembre 2020, www.blockchain4innovation.it/mercati/media-entertainment/decentraland-ecco-il-mondo-virtuale-che-fa-monetizzare/

Beller Jonathan, "Fascism on the Blockchain? The Work of Art in the Age of NFTs", in *Coindesk*, 23 marzo 2021, www.coindesk.com/fascism-blockchain-art-nfts

Boddington Ruby, ""These are important visual moments": artist Robbie Barrat pushes, tests and breaks AI in his works", in *It is nice that*, 24 febbraio 2020, www.itsnicethat.com/features/ones-to-watch-2020-robbie-barrat-digital-240220

Boucher Brian, "Not to Be Left Out, Sotheby's Is Wading Into the NFT Fray With an Auction by the Anonymous Digital Artist Pak", in *Artnet News*, 16 marzo 2021, news.artnet.com/market/sothebys-auction-nft-collaboration-artist-pak-1952293

Brock Peter, "What Are NFTs and Why Are They Changing the Art World?", in *Frieze*, 9 aprile 2021, www.frieze.com/article/what-are-nfts-and-why-are-they-changing-art-world

Buist Kevin, "Chain Reaction", in *Artforum*, 10 marzo 2021, www.artforum.com/slant/kevin-buist-on-the-nft-boom-85221

Buterin Vitalik, *Ethereum. Libro bianco*, 2014. Tradotto in italiano da Leonardo Maria Pedretti, www.ethereum-italia.it/white-paper/

Buterin Vitalik, "Vitalik Buterin Introduction", s.d., in *Cypherhunter*, www.cypherhunter.com/en/p/vitalik-buterin/

Byrt Anthony, "Gaming the System", in *Artforum*, settembre 2019, www.artforum.com/print/201907/anthony-byrt-on-the-art-of-simon-denny-80520

Cabiscol Laura, "Insight: 'Portraits of a Mind', an enticing tribute to Bitcoin's history by Robert Alice", in *Clot*, 24 febbraio 2021, www.clotmag.com/news/insight-portraits-of-a-mind-an-enticing-tribute-to-bitcoins-history-by-robert-alice

Carroll Angela, "New Avenues for Black Creative Succe$$: NFTs and Art in the Digital Dimension", in *Sugarcane Mag*, 15 aprile 2021, sugarcanemag.com/2021/04/new-avenues-for-black-creative-succe-nfts-and-art-in-the-digital-dimension-by-angela-carroll/

Cascone Sarah, "A Collective Made NFTs of Masterpieces Without Telling the Museums That Owned the Originals. Was It a Digital Art Heist or Fair Game?", in *Artnet News*, 22 marzo 2021, news.

artnet.com/art-world/global-art-museum-nfts-1953404

Cascone Sarah, "Here Are the 10 Most Expensive NFT Artworks, From Beeple's $69 Million Opus to an 18-Year-Old's $500,000 Vampire Queen", in *Artnet News*, 23 marzo 2021, news.artnet.com/market/most-expensive-nfts-1952597

Cascone Sarah, "Phillips Is Entering the Digital Fray With the Sale of a Mad Dog Jones NFT That Will Generate New NFTs Every Month", in *Artnet News*, 2 aprile 2021, news.artnet.com/market/phillips-mad-dog-jones-nft-1956730

Cascone Sarah, "'It's Whiplash': After a Record-Setting Run, NFT Artwork Prices Have Plummeted Nearly 70 Percent in Four Weeks", in *Artnet News*, 13 aprile 2021, news.artnet.com/market/nft-market-1957770

Castor Amy, "Metakovan, the mystery Beeple art buyer, and his NFT/DeFi scheme", 14 marzo 2021, amycastor.com/2021/03/14/metakovan-the-mystery-beeple-art-buyer-and-his-nft-defi-scheme/

Catlow Ruth, "NFTs and the 'Art' world: panic and possibility", in *The Art Newspaper*, 9 aprile 2021, www.theartnewspaper.com/comment/nfts-and-the-art-world-panic-and-possibility

Cawrey Daniel, "How Monegraph Uses the Block Chain to Verify Digital Assets", in *Coindesk*, 15 maggio 2014, www.coindesk.com/monegraph-uses-block-chain-verify-digital-assets

Chatterley Julia, "Sotheby's CEO explains why NFTs are the future", in *CNN Business*, 15 aprile 2021, edition.cnn.com/2021/04/15/investing/sothebys-nft-first-move-chatterley/index.html

Christie's, "Robert Alice Block 21 Lot Essay", in *Christie's*, 2020, www.christies.com/lot/lot-robert-alice-block-21-6283759/

Chayka Kyle, "Bitcoin Is the New Birkin Bag", in *Garage*, 20 febbraio 2018, garage.vice.com/en_us/article/gy8xj4/bitcoin-is-the-new-bling

Chierico Alessio, "Media Art e mercato dell'arte: intervista a Wolf Lieser", in *Digicult*, 2017, digicult.it/it/news/media-art-art-market-interview-wolf-lieser/

Chohan Usman W., "A History of Bitcoin", in *SSRN*, 30 settembre 2017, ssrn.com/abstract=3047875

Connor Michael, "Before the Boom", in *Rhizome*, 12 marzo 2021, rhizome.org/editorial/2021/mar/12/before-the-boom/

Connor Michael, "Another New World. NFTs aren't just for cats anymore. What do they mean for digital art?", in *Rhizome*, 3 marzo 2021, rhizome.org/editorial/2021/mar/03/another-new-world/

Crispin Sterling, "NFTs and Crypto Art: The Sky is not Falling", 22 febbraio 2021, sterlingcrispin.blogspot.com/2021/02/crypto-art-sky-is-not-falling.html

Dafoe Taylor, "Christie's Will Offer 9 Multimillion-Dollar NFT CryptoPunks in Its May Evening Auction. Here's What That Means", in *Artnet News*, 9 aprile 2021, news.artnet.com/market/christies-will-offer-series-cryptopunks-auction-next-month-1958052

Dal Dosso Silvia, "Gatti, rane e criptoartisti. Se il .jpg d'autore diventa un bene di lusso", in *NOT*, 25 febbraio 2021, not.neroeditions.com/gatti-rane-e-criptoartisti/

Dash Anil, "NFTs Weren't Supposed to End Like This", in *The Atlantic*, 2 aprile 2021, www.theatlantic.com/ideas/archive/2021/04/nfts-werent-supposed-end-like/618488/

Davis Ben, "I Looked Through All 5,000 Images in Beeple's $69 Million Magnum Opus. What I Found Isn't So Pretty", in *Artnet News*, 17 marzo 2021, news.artnet.com/opinion/beeple-everydays-review-1951656

Davis Ben, "I Visited the Digital Beeple Art Museum and All I Got Was an Aggressive Pitch for My Money", in *Artnet News*, 25 marzo 2021, news.artnet.com/opinion/beeple-b-20-museum-review-1954174

Davis Ben, "The Buyers of the $69 Million Beeple Reveal Their True Identities – and Say the Purchase Was About Taking a Stand for People of Color", in *Artnet News*, 19 marzo 2021, news.artnet.com/art-world/beeple-buyers-metakovan-twobadour-1953418

Davis Ben, "What the NFT World Can Learn From the Great '90s Comic Book Bubble. (It's a Cautionary Tale)", in *Artnet News*, 30 marzo 2021, news.artnet.com/opinion/nfts-90s-comic-book-bubble-1955239

De Novellis Giorgio, "L'Arte Digitale e i Token. In dialogo con Ennio Bianco per capire l'NFT", in *Arte Go*, marzo 2021, www.arte.go.it/larte-digitale-e-i-token-in-dialogo-con-ennio-bianco-per-capire-lnft/

Drasin Eric Barry, "Love in the Time of Crypto-Art", in *Medium*, 24 aprile 2021, eric-drasin.medium.com/love-in-the-time-of-crypto-art-b124b1da1653

Droitcour Brian, "How to Look at NFTs", in *Art in America*, 4 marzo 2021, www.artnews.com/art-in-america/features/nft-art-1234585590/

Droitcour Brian, "Down in the Mine", in *Art in America*, 18 marzo 2021, www.artnews.com/art-in-america/features/simon-denny-nft-1234587232/

Droitcour Brian, "Generative Art and NFTs", in *Art in America*, 11 marzo 2021, www.artnews.com/list/art-in-america/features/generative-art-and-nfts-1234586572/billy-rennekamp-clovers-network/

Droitcour Brian, "NFT as Joke", in *Art in America*, 2 aprile 2021, www.artnews.com/art-in-america/features/nft-joke-1234588596/

Fazio Marie, "The World Knows Her as 'Disaster Girl.' She Just Made $500,000 Off the Meme", in *The New York Times*, 29 aprile 2021, www.nytimes.com/2021/04/29/arts/disaster-girl-meme-nft.html

Fernández María Paula, "A Conversation with Curator Lindsay Howard, Foundation's Head of Community", in *Medium*, 13 dicembre 2020, medium.com/ethberlin/a-conversation-with-curator-lindsay-howard-foundations-head-of-community-451456086df6

Finbow Acatia, "Tino Sehgal, This is propaganda 2002/2006", in *Performance At Tate: Into the Space of Art, Tate Research Publication*, 2016, www.tate.org.uk/research/publications/performance-at-tate/perspectives/tino-sehgal

Finzer Devin, "The Non-Fungible Token Bible: Everything you need to know about NFTs", in *Opensea Blog*, 10 gennaio 2020, opensea.io/blog/guides/non-fungible-tokens/

Franceschet Massimo, Giovanni Colavizza, Tai Smith, Blake Finucane, Martin Lukas Ostachowski, Sergio Scalet, Jonathan Perkins, James Morgan, Sebastián Hernández, "Crypto art: A decentralized view", in *arXiv.org*, 9 giugno 2019, arxiv.org/abs/1906.03263

Genç Ekin, "Why This DAO Bought Snowden's NFT for $5.4 Million", in *Decrypt*, 19 aprile 2021, decrypt.co/66933/why-this-dao-bought-snowden-nft

George Jack Apollo, "CARLO ZANNI, on how the art world doesn't know how to sell videos", in *Clot*, 22 aprile 2019, www.clotmag.com/interviews/carlo-zanni

Gerard David, "NFTs: crypto grifters try to scam artists, again", in *Attack of the 50 Foot Blockchain*, 11 marzo 2021, davidgerard.co.uk/blockchain/2021/03/11/nfts-crypto-grifters-try-to-scam-artists-again/

Ghorashi Hannah, "MAK Vienna Becomes First Museum to Use Bitcoin to Acquire Art, a Harm van den Dorpel", in *Artnews*, 24 aprile 2015, www.artnews.com/artnews/market/mak-vienna-becomes-first-museum-to-acquire-art-using-bitcoin-a-harm-van-den-dorpel-3995/

Giraud Claudia, "Crypto art da 100mila dollari: vendita record per opera d'arte su blockchain", in *Artribune*, 1 ottobre 2020, www.artribune.com/progettazione/new-media/2020/10/crypto-art-da-100mila-dollari-vendita-record-per-opera-darte-su-blockchain/

Goldberger Paul, "Eugene Schwartz, 68, Modern-Art Collector, Dies", in *The New York Times*, 7 settembre 1995, www.nytimes.com/1995/09/07/obituaries/eugene-schwartz-68-modern-art-collector-dies.html

Gompertz Will, "Everydays: The First 5000 Days – Will Gompertz reviews Beeple's digital work", in *BBC News*, 13 marzo 2021, www.bbc.com/news/entertainment-arts-56368868

Gopnik Blake, "The NFT craze encapsulates the absurdity of the art world—and its obsession with authenticity", in *The Art Newspaper*, 1 marzo 2021, www.theartnewspaper.com/comment/the-nft-craze-encapsulates-the-absurdity-of-the-art-world-and-its-obsession-with-authenticity

Graham Robert, "Deconstructing that $69million NFT", in *Security Boulevard*, 20 marzo 2021, securityboulevard.com/2021/03/deconstructing-that-69million-nft/

Grosser Ben, "Tokenize This", 2021, bengrosser.com/projects/tokenize-this/

Haigney Sophie, "When Crypto Meets Conceptual Art, Things Get Weird", in *The New York Times*, 5 giugno 2018, www.nytimes.com/2018/06/05/arts/design/cryptocurrency-blockchain-art-kevin-abosch.html

Hegenbart Sarah, "Zombie Formalism: Or, How Financial Values Pervade the Arts", in *Aesthetics for Birds*, 31 luglio 2019, aestheticsforbirds.com/2019/07/31/zombie-formalism-or-how-financial-values-pervade-the-arts/

Herbert Martin, "How the NFT Craze Reveals the Artworld's Snobbism", in *Art Review*, 10 marzo 2021, artreview.com/how-nft-craze-reveals-artworld-snobbism/

Holthaus Eric, "Bitcoin could cost us our clean – energy future", in *Grist*, 5 dicembre 2017, grist.org/article/bitcoin-could-cost-us-our-clean-energy-future/

Howard Lindsay, "PleasrDAO's $5.5M purchase of Edward Snowden's genesis NFT", in *Foundation*, 27 aprile 2021, foundation.app/blog/pleasrdao

Ivan on Tech, "What is Rarible – The Ultimate Guide to Rarible and RARI", in *Ivan on Tech Academy*, 24 settembre 2020, academy.ivanontech.com/blog/what-is-rarible-the-ultimate-guide-to-rarible-and-rari

Kastrenakes Jacob, "How many layers of copyright infringement are in Emily Ratajkowski's new NFT?", in *The Verge*, 24 aprile 2021, www.theverge.com/2021/4/24/22399790/emily-ratajkowski-nft-christies-copyright-nightmare-richard-prince

Kent Charlotte, "Talking about Art and the Blockchain", in *Clot*, 22 marzo 2021, www.clotmag.com/oped/talking-about-art-and-the-blockchain-by-charlotte-kent

Kent Charlotte, "John Gerrard, Blockchain and the Environment", in *Clot*, 24 marzo 2021, www.clotmag.com/oped/john-gerrard-blockchain-and-the-environment-by-charlotte-kent

Kent Charlotte, "Artists Have Been Attempting to Secure Royalties on Their Work for More Than a Century. Blockchain Finally Offers Them a Breakthrough", in *Artnet News*, 7 aprile 2021, news.artnet.com/opinion/artists-blockchain-resale-royalties-1956903

Kent Charlotte, "Digital art galleries that lead the conversation around blockchain art and digital art", in *Clot*, 26 aprile 2021, www.clotmag.com/oped/digital-art-galleries-that-lead-the-conversation-around-blockchain-art-and-digital-art-by-charlotte-kent

Kinsella Eileen, "Christie's Hopes to Open a New Frontier of the Art Market With the First-Ever Major Auction of a Wholly Digital Blockchain Artwork", in *Artnet News*, 16 febbraio 2021, news.artnet.com/market/christies-nft-blockchain-art-auction-1943697

Kinsella Eileen, "Is This the Next Art-Market Bubble? A Unique NFT for the Popular 'Nyan Cat' GIF Just Sold for a Whopping $560,000", in *Artnet News*, 22 febbraio 2021, news.artnet.com/market/nyan-cat-nft-sells-for-560000-1945679

Kinsella Eileen, "Rise of the Cyborg Art Dealers: How the Art Market Is Preparing to Adapt to a Hybrid Online-IRL Future", in *Artnet News*, 5 aprile 2021, news.artnet.com/market/intelligence-report-art-dealers-1956758

Kinsella Eileen, "Some of the World's Top Artists Are Trying Their Hand at NFTs. The World's Top Galleries Are a Bit More Skeptical", in *Artnet News*, 6 aprile 2021, news.artnet.com/market/galleries-give-green-light-nfts-artists-real-winners-1956422

Kinsella Eileen, "Urs Fischer's First NFT, Which Created Tension With His Longtime Dealer Gagosian, Sold for Nearly 100 Times Its Estimate on the Fair Warning App", in *Artnet News*, 12 aprile 2021, news.artnet.com/market/urs-fischers-first-nft-outing-nabs-98000-loic-gouzers-fair-warning-app-1958383

Kissick Dean, "The Downward Spiral: Popular Things", in *Spike*, 10 marzo 2021, www.spikeartmagazine.com/articles/downward-spiral-popular-things-dean-kissick?aggregates/dean-kissick-on-art-popular-things-i-spike-i

Klein Jessica, "How CryptoPunks' Creators Charmed the Art World and Paved the Way for Blockchain Art", in *Breakermag*, 23 gennaio 2019, breakermag.com/how-cryptopunks-creators-charmed-the-art-world-and-paved-the-way-for-blockchain-art/

Kochkodin Brandon, "NFT Mania Subsides After Breakout Month of Sales", in *Bloomberg*, 31 marzo 2021, www.bloomberg.com/news/articles/2021-03-31/digital-art-mania-subsides-after-breakout-month-of-sales

Kripto Moj, "Digital Art and NFT Tokens", in *Medium*, 16 aprile 2020, medium.com/@mojkripto.com/digital-art-and-nft-tokens-5ef32890bb4e

Lavigne Sam, Brian Clifton, Karl Ward, Jon Wasserman, Surya Mattu, "LazyCoin", 14 maggio 2014, lav.io/projects/lazycoin/lazycoin_whitepaper.pdf

Lemercier Joanie, "The problem of CryptoArt", 17 febbraio 2021, joanielemercier.com/the-problem-of-cryptoart/

Lescaze Zoë, "How Does a Museum Buy an Artwork That Doesn't Physically Exist?", in *The New York Times*, 8 novembre 2018, www.nytimes.com/2018/11/08/t-magazine/tino-sehgal-hirshhorn-museum-art.html

Lewis Parker, "Bitcoin is the Great Definancialization", in *The Bitcoin Times*, 19 dicembre 2020. nakamotoinstitute.org/mempool/bitcoin-is-the-great-definancialization/

LeWitt Sol, "Paragraphs on Conceptual Art", in *Artforum*, Summer 1967, www.artforum.com/print/196706/paragraphs-on-conceptual-art-36719

Longhi Lucia, "The Mine as Metaphor: An Interview with Simon Denny", in *Berlin Art Link*, 1 marzo 2021, www.berlinartlink.com/2021/03/01/simon-denny-mine-exhibition-k-21-interview/

Longhi Lucia, "Il dibattito sugli NFT e la prima mostra italiana di crypto arte", in *Collezione da Tiffany*, 1 aprile 2021, www.collezionedatiffany.com/nft-crypto-arte-italia-2021/

Lovink Geert, "Remarks on Crypto-Art by Rosa Menkman", in *Moneylab*, 3 marzo 2021, networkcultures.org/moneylab/2021/03/03/remarks-on-crypto-art-by-rosa-menkman/

Lütticken Sven, "The Coming Exception", in *New Left Review*, n. 99, maggio / giugno 2016, newleftreview.org/issues/ii99/articles/sven-lutticken-the-coming-exception

Lydiate Henry, "Authenticity Certificates Value", in *Artlaw*, 2012, www.artquest.org.uk/artlaw-article/authenticity-certificates-value/

Maggi Nicola, "Tra blockchain, token e NFT: aspettando il futuro del mercato dell'arte", in *Collezione da Tiffany*, 24 marzo 2021, www.collezionedatiffany.com/blockchain-token-nft-arte/

Maneker Marion, "Art Lasts, Markets Pass: Can NFTs Finally Make Art an Asset Class?", in *Artnews*, 20 aprile 2021, www.artnews.com/art-news/market/nfts-art-as-asset-class-1234590308/

Manetas Miltos, "Websites, the art of our time", 2002. http://www.manetas.com/eo/wb/files/man.htm

Manzoni Piero, "Libera dimensione", in *Azimuth*, n° 2, gennaio 1960

Meier Anika, "Wohin mit dem NFT-Hass?", in *Monopol Magazin*, 27 aprile 2021, www.monopol-magazin.de/wohin-mit-dem-nft-hass

Mirapaul Matthew, "Putting a Price Tag on Digital Art", in *The New York Times*, 19 novembre 1998, archive.nytimes.com/www.nytimes.com/library/tech/98/11/cyber/artsatlarge/19artsatlarge.html

Monti Stefano, "NFT, crypto arte e bolle speculative", in *Artribune*, 30 marzo 2021, www.artribune.com/progettazione/new-media/2021/03/nft-crypto-art/

Myers Rob, "'The Large Glass, Burned': a Tale of the Blockchain, Tokens and Art's Value", in *Art Review*, ottobre 2018, artreview.com/the-large-glass-burned-nft-blockchain-short-story/

Myers Rob, "Allographic, Fake, Information, Materiality", 9 settembre 2013, robmyers.org/2013/09/09/allographic-fake-information-materiality/

Nakamoto Satoshi, "Bitcoin: un sistema di moneta elettronica peer-to-peer", 2008, bitcoin.org/files/bitcoin-paper/bitcoin_it.pdf

Nathan, "The Early Evolution of (Some) Art On The Blockchain — Part 1", in *Medium*, 24 ottobre 2018, medium.com/kaleidoscope-xcp/the-early-evolution-of-art-on-the-blockchain-part-1-d52d1454e34b

Nepori Andrea, "NFT, ovvero l'opera d'arte nell'era della sua scarsità digitale", in *Domus*, 18 marzo 2021, www.domusweb.it/it/notizie/2021/03/19/nft-ovvero-lopera-darte-nellera-della-sua-scarsit-digitale.html

Nguyễn Michael, Sean Moss-Pultz, "Digital Property Rights with Bitmark NFTs — Evolving The Artist's Reserved Rights Transfer and Sale Agreement", in *Feral File*, 2021, feralfile.com/close-ups/Digital_Property_Rights_with_Bitmark_NFTs_Evolving_The_Artist_Reserved_Rights_Transfer_and_Sale_Agreement

Nichole Kelani, "Exhibition Statement", 2021, piecesofme.online/exhibition_statement.html

Nirvana Damato Christian, "Il Nyan Cat battuto all'asta per 590mila dollari. Come funziona il mercato della crypto art", in *Artribune*, 27 febbraio 2021, www.artribune.com/progettazione/new-media/2021/02/vendita-asta-nyan-cat-crypto-art/

Nirvana Damato Christian, "Merci immateriali e gattini digitali. La crypto art tra novità e pericoli", in *Artribune*, 16 marzo 2021, www.artribune.com/progettazione/new-media/2021/03/crypto-art-nft-mercato/

OpenSea, "Announcing OpenSea", in *Medium*, 29 dicembre 2017, medium.com/opensea/announcing-open-sea-4e90daa8c84

Ostachowski Martin Lukas, "History of Crypto Art", s.d., ostachowski.com/about/what-is-crypto-art-or-nft-art/history-of-crypto-art/

Parker Kimberly, "Fees for the Top 5 CryptoArt Sites", in *Medium*, 28 marzo 2021, thatkimparker.medium.com/fees-for-the-top-5-cryptoart-sites-574b8816ec44

Parker Kimberly, "Most artists are not making money off NFTs and here are some graphs to prove it", in *Medium*, 19 aprile 2021, thatkimparker.medium.com/most-artists-are-not-making-money-off-nfts-and-here-are-some-graphs-to-prove-it-c65718d4a1b8

Pipkin Everest, "Here Is The Article You Can Send To People When They Say "But The Environmental Issues With Cryptoart Will Be Solved Soon, Right?"", in *Medium*, 4 marzo 2021, everestpipkin.medium.com/but-the-environmental-issues-with-cryptoart-1128ef72e6a3

Pritchard Will, "They were ancient internet memes. Now NFTs are making them rich", in *Wired*, 16 aprile 2021, www.wired.co.uk/article/nft-memes-2010s

Quaranta Domenico, "Net art en valise Altarboy di Carlo Zanni", in *Exibart*, 2003, www.exibart.com/exiwebart/exiwebart_focus-net-art-en-valise-altarboy-di-carlo-zanni/

Quaranta Domenico, "My Life Without Technoviking: an Interview with Matthias Fritsch", in *Rhizome*, 5 dicembre 2013, rhizome.org/editorial/2013/dec/05/interview-matthias-fritsch/

Quaranta Domenico, "Between Hype Cycles and the Present Shock. Art at the End of the Future", in *Nero Magazine*, 2020, www.neroeditions.com/docs/between-hype-cycles-and-the-present-shock/

Raustiala Kal, Christopher Jon Sprigman, "The One Redeeming Quality of NFTs Might Not Even Exist", in *Slate*, 14 aprile 2021, slate.com/technology/2021/04/nfts-digital-art-authenticity-problem.html

Reyburn Scott, "The cost of a single tulip bulb surged to the same price as a mansion 400 years ago: are NFTs the 'tulipmania' of the 21st century?", in *The Art Newspaper*, 16 aprile 2021, www.theartnewspaper.com/analysis/nfts-and-tulipmania

Rivers Ryan Tina, "Token Gesture", in *Artforum*, maggio 2021, pp. 65 – 66

Robinson Walter, "Flipping and the Rise of Zombie Formalism", in *Artspace*, 3 aprile 2014, www.artspace.com/magazine/contributors/see_here/the_rise_of_zombie_formalism-52184

Rozendaal Rafael, "Art Website Sales Contract", 2011 – 2014, http://www.artwebsitesalescontract.com/

Salmon Felix, "Exclusive: The first-ever NFT from 2014 is on sale for $7 million plus", in *Axios*, 25 marzo 2021, www.axios.com/nft-sale-art-blockchain-millions-90238222-e702-4df2-a24f-1f7256ec3809.html

Saltz Jerry, "Think of NFTs As a Brush", in *Vulture*, 15 aprile 2021, www.vulture.com/2021/04/nfts-will-be-an-artistic-tool-as-powerful-as-any-other.html

Sayej Nadja, "Simon Denny: the artist explaining blockchain with Pokémon", in *The Guardian*, 26 agosto 2016, www.theguardian.com/artanddesign/2016/aug/26/simon-denny-artist-blockchain-pokemon

Schachter Kenny, "Kenny Schachter Gets Sucked Into the Surreal NFT Vortex… and Makes a Fortune Overnight in the New Virtual Art Market", in *Artnet News*, 24 febbraio 2021, news.artnet.com/opinion/kenny-schachter-tk-1946256

Schachter Kenny, "Are NFTs the Next Tulip Bubble? Kenny Schachter Doesn't Care – and He Sold His Own Grandma on the Crypto Web to Prove It", in *Artnet News*, 10 marzo 2021, news.artnet.com/opinion/kenny-schachter-on-nfts-continued-1950407

Schachter Kenny, "Kenny Schachter on the NFT Scheme He Cooked Up With Jerry Saltz to Make Some Big Money (for Charity), and Why It Made Jerry… Less Than Ecstatic", in *Artnet News*, 21 aprile 2021, news.artnet.com/opinion/jerry-saltz-nft-1960774

Schneider Tim, "Will NFTs Revolutionize the Art Market or Repeat Its Greatest Failures? These 4 Factors Will Determine Their Fate", in *Artnet News*, 11 marzo 2021, news.artnet.com/market/nft-revolution-four-factors-1950645

Schneider Tim, "The Gray Market: Why the Hack of Nifty Gateway Raises Far-Reaching Questions About the Entire NFT Market (and Other Insights)", in *Artnet News*, 22 marzo 2021, news.artnet.com/opinion/nifty-gateway-nft-hack-gray-market-1953549

Schneider Tim, "The Gray Market: How Deep-Pocketed Crypto-Collectors Are Rushing Into an Old Art-Market Trap (and Other Insights)", in *Artnet News*, 29 marzo 2021, news.artnet.com/opinion/gray-market-cryptocollectors-japan-1980s-1955318

Schneider Tim, "The Gray Market: How a Brazen Hack of That $69 Million Beeple Revealed the True Vulnerability of the NFT Market (and Other Insights)", in *Artnet News*, 21 aprile 2021, news.artnet.com/opinion/sleepminting-nfttheft-monsieur-personne-1960744

Schwartz Drew, "NFT Art Isn't as Groundbreaking as It Seems", in *Vice*, 5 marzo 2021, www.vice.com/en/article/4ad9ww/nft-crypto-digital-blockchain-art-explainer

Shaw Anny, "NFT breakthrough: Ethereum co-founder Joe Lubin creates 99% energy efficient blockchain – and Damien Hirst is its first artist", in *The Art Newspaper*, 30 marzo 2021, www.theartnewspaper.com/news/nft-breakthrough-ethereum-co-founder-joe-lubin-creates-energy-efficient-blockchain-and-damien-hirst-is-its-first-artist

Siegelaub Seth, Robert Projansky, "The Artist's Reserved Rights Transfer And Sale Agreement", 1971. primaryinformation.org/product/siegelaub-the-artists-reserved-rights-transfer-and-sale-agreement/

Silberling Amanda, "The Work of NFT Art in the Age of Blockchain Production", in *Observer*, 15 marzo 2021, observer.com/2021/03/nft-max-osiris-foundation-art-dadaism-cryptoart/

Singer Andrew, "Tokenized art: NFTs paint bright future for artists, blockchain tech", in *Cointelegraph*, 25 settembre 2020, cointelegraph.com/news/tokenized-art-nfts-paint-bright-future-for-artists-blockchain-tech

Sotheby's, "NFTs: Redefining Digital Ownership and Scarcity", in *Sotheby's*, 6 aprile 2021, www.sothebys.com/en/articles/nfts-redefining-digital-ownership-and-scarcity

Spagnuolo Eugenio, "Storia breve del bitcoin", in *Wired*, 3 gennaio 2019, www.wired.it/economia/finanza/2019/01/03/bitcoin-2009-trasformazione-storia/

Steinwold Andrew, "The History of Non-Fungible Tokens (NFTs)", in *Medium*, 7 ottobre 2019, medium.com/@Andrew.Steinwold/the-history-of-non-fungible-tokens-nfts-f362ca57ae10

Steyerl Hito, "Duty-Free Art", in *e-flux Journal*, n. 63, marzo 2015, www.e-flux.com/journal/63/60894/duty-free-art/

Steyerl Hito, "If You Don't Have Bread, Eat Art!: Contemporary Art and Derivative Fascisms", in *e-flux Journal*, n. 76, ottobre 2016, www.e-flux.com/journal/76/69732/if-you-don-t-have-bread-eat-art-contemporary-art-and-derivative-fascisms/

SuperRare Team, "It's SuperRare's First Birthday!", in *Medium*, 2 aprile 2019, medium.com/superrare/its-superrare-s-first-birthday-c160ee26ee63

Tanni Valentina, "Le sfide del mercato dell'arte digitale oltre il boom degli NFT. Intervista a Pau Waelder", in *Artribune*, 1 aprile 2021, www.artribune.com/progettazione/new-media/2021/04/nft-crypto-art-intervista-pau-waelder/

Takahashi Dean, "CryptoKitties explained: Why players have bred over a million blockchain felines", in *Venture Beat*, 6 ottobre 2018, venturebeat.com/2018/10/06/cryptokitties-explained-why-players-have-bred-over-a-million-blockchain-felines/

Tarmy James, Olga Kharif, "These Crypto Bros Want to Be the Guggenheims of NFT Art", in *Bloomberg Businessweek*, 15 aprile 2021, www.bloomberg.com/news/features/2021-04-15/nft-collectors-this-is-who-s-buying-beeple-pak-mad-dog-jones-micah-johnson

Tehranian Kayvon, "This is Foundation", in *Foundation*, 27 maggio 2020, foundation.app/blog/this-is-foundation

Tonkin Casey, "Cryptovoxels: a virtual world built on blockchain, in Information Age", 7 aprile 2021, ia.acs.org.au/article/2021/cryptovoxels--a-virtual-world-built-on-blockchain-.html

Van Den Dorpel Harm, "Tokenizing Sustainability", 2021, harm.work/news/tokenizing-sustainability

Vartanian Hrag, "Lindsay Howard Talks About the Burgeoning Market for NFTs", in *Hyperallergic*, 9 marzo 2021, hyperallergic.com/628046/lindsay-howard-talks-about-the-burgeoning-market-for-nfts/

Venkateswaran Anand, "Why DeFi needs NFTs", in *Lendroid*, 28 novembre 2020, lendroid.com/why-defi-needs-nfts/

Volpicelli Gian, "NFTs Boom as Collectors Shell Out to 'Own' Digital Art", in *Wired*, 27 febbraio 2021, www.wired.com/story/nfts-boom-collectors-shell-out-crypto/

Wagenknecht Addie, "HOW TO: Licenses Your Artworkz", in *fffff.at*, luglio 2012, fffff.at/how-to-liscenes-your-artworkz/

Walsh Theadora, "Generating Community", in *Art in America*, 12 aprile 2021, www.artnews.com/art-in-america/features/social-codes-casey-reas-community-generative-art-1234589396/

Wood Gavin, "Ethereum: A Secure Decentralised Generalised Transaction Ledger", 2014. gavwood.com/paper.pdf

Yap Chin-Chin, "Undocumented Tino Sehgal", in *Art Asia Pacific*, maggio-giugno 2009, artasiapacific.com/Magazine/63/UndocumentedTinoSehgal

Zanardelli Riccardo, "Due o tre cose che non ci siamo ancora detti su NFT e fiducia, raccontate da Alice e da un coniglio", in *Medium*, 5 aprile 2021, rzanardelli.medium.com/due-o-tre-cose-che-non-ci-siamo-ancora-detti-su-nft-e-fiducia-raccontate-da-alice-e-da-un-e67f7b92172c

[Guest Author], "The History and Evolution of Proof-of-Stake", in *Coin Telegraph*, 15 ottobre 2017, cointelegraph.com/news/the-history-and-evolution-of-proof-of-stake

PRINCIPALI MARKETPLACE E METAVERSI

Async Art: async.art/
Cryptovoxels: www.cryptovoxels.com/
Decentraland: decentraland.org/
Ephimera: ephimera.com/
Foundation: foundation.app/
Hic et Nunc: www.hicetnunc.xyz/
KnownOrigin: knownorigin.io/
KodaDot: kodadot.xyz/
MakersPlace: makersplace.com/
Mintable: mintable.app/
Mintbase: mintbase.io/
Nemesis: thenemesis.io/
Nifty Gateway: niftygateway.com
OpenSea: http://www.opensea.io/
Paras: paras.id/
Rarible: rarible.com/
The Sandbox: www.sandbox.game/
Sign.art: sign-art.app/
Snark.art: snark.art/
Somnium Space: somniumspace.com/
SuperRare: superrare.co/
Verisart: verisart.com/

SITI DI INFORMAZIONE, STATISTICHE,
ECC.

Crypto Art: cryptoart.io
NFT.art: nft.art/
NFT Crypto News: nftcryptonews.com/
Nifties: nifties.com/
Non Fungible: nonfungible.com/

Miwon Kwon

Un luogo dopo l'altro
One Place after Another
Arte site-specific e identità
localizzativa

Postmedia Books 2020
isbn 9788874902606

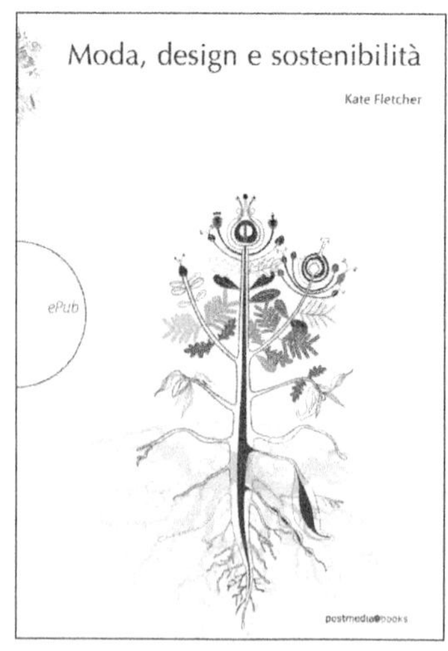

Kate Fletcher

Moda, design e sostenibilità

Postmedia Books 2018
isbn 9788874902057

Nicolas Bourriaud

Inclusioni
Estetica del capitalocene

Postmedia Books 2020
isbn 9788874902866

Domenico Quaranta
Media, New Media, Postmedia

Postmedia Books 2015
isbn 9788874900558

Surfing con Satoshi
Arte, blockchain e NFT
di Domenico Quaranta

postmedia books 2021
250 pp. 87 ill.
isbn 9788874903030

Finito di stampare nel mese di giugno 2021
presso *Sartoria editoriale*, Milano

Postmedia Srl
Milano
www.postmediabooks.it

Made in the USA
Las Vegas, NV
20 August 2022

53579103R00138